2019
长江航运发展报告

交通运输部长江航务管理局　编

人民交通出版社股份有限公司
北　京

图书在版编目（CIP）数据

2019长江航运发展报告 / 交通运输部长江航务管理局编. — 北京：人民交通出版社股份有限公司，2020.7

ISBN 978-7-114-16657-0

Ⅰ. ①2… Ⅱ. ①交… Ⅲ. ①长江—航运—研究报告—2019 Ⅳ. ①F552.75

中国版本图书馆CIP数据核字（2020）第107144号

2019 Changjiang Hangyun Fazhan Baogao

书　　名：**2019长江航运发展报告**

著 作 者：交通运输部长江航务管理局

责任编辑：钱悦良

责任校对：席少楠

责任印制：刘高彤

出版发行：人民交通出版社股份有限公司

地　　址：（100011）北京市朝阳区安定门外外馆斜街3号

网　　址：http：//www.ccpcl.com.cn

销售电话：（010）59757973

总 经 销：人民交通出版社股份有限公司发行部

经　　销：各地新华书店

印　　刷：北京盛通印刷股份有限公司

开　　本：880×1230　1/16

印　　张：16.5

字　　数：369千

版　　次：2020年7月　第1版

印　　次：2020年7月　第1次印刷

书　　号：ISBN 978-7-114-16657-0

定　　价：238.00元

主 编 单 位

交通运输部长江航务管理局

参 编 单 位

上海市航务管理处
江苏省交通运输厅
浙江省港航管理中心
安徽省交通运输厅
江西省港航管理局
山东省交通运输厅
河南省交通运输厅航务局（地方海事局）
湖北省交通运输厅港航管理局
湖南省水运事务中心
重庆市港航海事事务中心
四川省交通运输厅航务管理局
贵州省地方海事（航务管理、通航管理）局
云南省航务管理局
陕西省水路交通事业发展中心
长江海事局
江苏海事局
长江航道局
长江口航道管理局
长江三峡通航管理局
长江航运公安局
上海海事局
上海组合港管理委员会办公室
舟山市港航和口岸管理局
武汉新港管理委员会
上海航运交易所
重庆航运交易所

编 委 会

编 委 会

编　委　会

编 委 会

编辑人员

主　　编：唐冠军　长江航务管理局

副 主 编：邱健华　长江航务管理局

执行主编：阮成堂　长江航运发展研究中心
　　　　　彭书华　长江航运发展研究中心

常务编辑：刘　涛　长江航运发展研究中心
　　　　　易巧巧　长江航运发展研究中心
　　　　　胡　裕　长江航运发展研究中心
　　　　　姜丰怡　长江航运发展研究中心
　　　　　欧阳帆　长江航运发展研究中心
　　　　　邓中辉　长江航运发展研究中心
　　　　　翟　静　长江航运发展研究中心
　　　　　胡　勋　长江航运发展研究中心
　　　　　胡　方　长江航运发展研究中心

编　　辑：郁晓敏　上海市航务管理处
　　　　　成　旭　江苏省交通运输厅
　　　　　付昌辉　浙江省港航管理中心
　　　　　刘　勇　安徽省交通运输厅
　　　　　付　俊　江西省港航管理局
　　　　　周永盼　山东省交通运输厅
　　　　　李慧毓　河南省交通运输厅航务局（地方海事局）

编辑人员

马　静　湖北省交通运输厅港航管理局
陈红梅　湖南省水运事务中心
张鑫欣　重庆市港航海事事务中心
王晓明　四川省交通运输厅航务管理局
陈德蔚　贵州省地方海事（航务管理、通航管理）局
赵　刚　云南省航务管理局
刘冬冬　陕西省水路交通事业发展中心
胡安羚　长江海事局
曹　巍　江苏海事局
朱元章　长江航道局
付　桂　长江口航道管理局
朱晶晶　长江三峡通航管理局
高　乐　长江航运公安局
林青涛　上海海事局
杨泽慧　上海组合港管理委员会办公室
於明敏　舟山市港航和口岸管理局
黄　冲　武汉新港管理委员会
王海虹　上海航运交易所
黎　智　重庆航运交易所
金其强　长江航务管理局办公室
姜鸿燕　长江航务管理局法规处

编辑人员

郭　君　长江航务管理局规划基建处
云　越　长江航务管理局人事教育处
张旭东　长江航务管理局运输处
刘　斌　长江航务管理局运输处
文　璋　长江航务管理局安全处
徐以刚　长江航务管理局保卫处
马　奕　长江航务管理局航道通航处
陆　薇　长江航务管理局科技处
刘尊稳　长江航务管理局机关党委（宣传处）
殷惠广　长江水上交通监测与应急处置中心
冯　凯　长江航运发展研究中心
陈淑媚　长江航运发展研究中心
张海泉　长江航运发展研究中心
李　恒　长江航运发展研究中心
董鸿瑜　长江航运发展研究中心
谢　静　长江航运发展研究中心
刘海嵩　长江航运发展研究中心

校　　核： 韦之杰　长江航务管理局专家委员会
胡利民　长江航务管理局专家委员会
沈友竹　长江航务管理局专家委员会

前　言

2019年，党中央、国务院印发《交通强国建设纲要》，标志着党的十九大提出的交通强国战略正式进入到实施推进阶段。交通运输部印发《关于推进长江航运高质量发展的意见》，明确将长江航运打造成交通强国建设先行区、内河水运绿色发展示范区和高质量发展样板区。一年来，长江航运业在新发展理念引领下，坚持“生态优先、绿色发展”，坚持服务国家战略，坚持稳步推进高质量发展，基础设施规模、技术装备水平、运输服务质量、安全监管成效、行业治理能力等持续提升，绿色发展不断取得更多突破性进展、标志性成果，技术进步对长江航运发展的推进作用愈加明显，长江航运服务国家战略实施的运输保障能力愈发强大。

为全面反映2019年长江航运发展状况，揭示长江航运发展的时期特点、内在规律、未来态势，更好掌握推进长江航运高质量发展的主动权，交通运输部长江航务管理局组织编写了《2019长江航运发展报告》。报告由综合篇、省域篇、专题篇、附录篇组成，为保持整体性，报告统计口径不仅包括长江水系，还包括涉及省市的其他水系和沿海港口水运。涉及上海、江苏、浙江、安徽、江西、山东、河南、湖北、湖南、重庆、四川、贵州、云南、陕西等14省市（全文内容涵盖14省市全口径水运发展），客观系统地再现2019年本区域航运发展形势和对未来的展望。

本报告全面回顾总结了2019年长江航运在基础设施、运输服务、安全发展、绿色发展、创新发展和行业治理等方面取得的成效，展望了2020年长江航运的发展趋势和预期工作重点。2019年，14省市抓重点、补短板、强弱项，完成内河建设固定资产投资560多亿元，武汉至安庆6米水深航道整治工程等一批重大港航工程有序推进，截至年底内河航道通航里程达9.65万公里，港口泊位通过能力达56.62亿吨。2019年，14省市完成水路货运量53.17亿吨、货物周转量62078.5亿吨公里（其中，内河货运量31.76亿吨、货物周转量14665.3亿吨公里），港口吞吐量83.6亿吨（其中，内河港口吞吐量44.1亿吨），均实现了同比增长；长江干线全年完成货物通过量29.3亿吨，港口吞吐量32.3亿吨，三峡枢纽通过量1.48亿吨，有力支撑了长江经济带建设和经济社会持续快速发展。2019年，长江航运运输组织更加注重江海联运和多式联运发展，航运服务创新步伐不断加快；长江干线水上安全监管与应急救助体系建设成效明显，水上安全监管与应急救助水平不断提高，管理运行制度化、队伍装备正规化、决策指挥科学化等取得显著成果，长江航运安全形势稳定。2019年，坚持实施创新驱动战略，围绕促进先进信息技术与长江航运深度融合，加快实践探索，数字化、智能化应用体系

前 言

不断拓展。2019年，大力推进绿色航运发展，强化船舶和港口污染防治，大力推进污染物接收处置设施、岸电等绿色基础设施建设应用，大力推进绿色航道、绿色港口、绿色船舶建设。2019年，聚焦加快提升行业治理体系和治理能力现代化水平，完善行业制度体系，强法治、优环境，监管执法更加精确、精准、精细，公共服务更加规范、便利、精心。同时，报告还从航运管理体制改革、市场运行的阶段特征、航运中心建设成就、创新发展的新突破等方面进行了专题分析，并且对长江航运要素基础数据进行了系统梳理。

2020年初，突如其来的新冠肺炎疫情对我国乃至全球经济社会发展带来前所未有的冲击，也对长江航运造成较大冲击。疫情发生以来，长江航运各部门紧急动员部署，优先保障疫情防控急需的电煤、成品油、鲜活农产品、应急物品等重点物资运输，长江黄金水道成为打赢疫情防控阻击战的水上运输“生命线”。在党中央坚强领导下，全国人民众志成城、顽强拼搏，境内疫情得到有效控制，在常态化疫情防控中经济社会运行逐步趋于正常，生产生活秩序加快恢复。长江航运经济运行经受住了疫情的冲击和考验，主要指标在一季度大幅下降后不断恢复，积极因素持续增多，正在朝着正常轨道运行，为统筹推进疫情防控和经济社会发展提供了坚强支撑和保障。

2020年是决胜全面建成小康社会、决战脱贫攻坚之年，也是加快建设交通强国的紧要之年。在新的一年里，长江航运业将在以习近平同志为核心的党中央坚强领导下，坚定不移贯彻执行党和国家的各项决策部署，全面落实交通强国建设新要求，着力推动长江航运高质量发展，积极推进交通强国试点工作和重大工程建设，提升行业治理体系和治理能力现代化水平，充分发挥长江航运比较优势，不断提升长江黄金水道功能，提高运输服务能力，确保长江航运安全畅通运行，奋力当好交通强国建设排头兵，当好全面建成小康社会先行官。

本报告编制工作由交通运输部长江航务管理局长江航运发展研究中心具体组织，上海、江苏、浙江、安徽、江西、山东、河南、湖北、湖南、重庆、四川、贵州、云南、陕西等14省市港航管理部门及长江海事局、江苏海事局、长江航道局、长江口航道管理局、长江三峡通航管理局、长江航运公安局、上海海事局、上海组合港管理委员会办公室、舟山市港航和口岸管理局、武汉新港管理委员会、上海航运交易所、重庆航运交易所等单位参与编撰。

交通运输部长江航务管理局

目　录

综合报告

2019年长江航运发展回顾与展望

目　录

省域报告

2019年14省（市）水运发展回顾与展望

目　录

专题报告

目　录

附　录

2019年

长江航运发展回顾与展望

综合报告

第1章 发展环境

1.1 宏观经济环境

1.1.1 宏观经济形势

2019年，受全球经济增长放缓、主要经济体增速出现回落的影响，国际航运市场低位震荡。国际货币基金组织（IMF）发布的《世界经济展望》显示，世界经济增长率、贸易量增长率分别由2018年3.6%、3.7%下降到2019年2.9%、1.0%。面对国内外风险挑战明显上升、国内经济下行压力加大的复杂局面，中央出台了一系列政策稳就业、稳金融、稳外贸、稳外资、稳投资、稳预期，多措并举促消费，深化供给侧结构性改革，内需潜力不断释放，国民经济运行总体平稳，经济结构和区域布局继续优化，科技创新为经济发展赋予了全新动能，改革开放迈出重要步伐，三大攻坚战取得关键进展。

据国家统计局初步核算，2019年我国国内生产总值99.1万亿元（图1.1-1），增长6.1%。分产业看，三次产业增加值分别为7.05万亿元、38.62万亿元和53.42万亿元，分别增长3.1%、5.7%和6.9%。制造业采购经理人指数（PMI）（图1.1-2）自2019年11月起重回扩张区间，高技术制造业、战略性新兴产业增加值分别增长8.8%、8.4%。服务业生产指数增长6.9%。消费对经济增长的拉动作用增强，全年社会消费品零售额41.16万亿元，增长8.0%。工业生产和投资较为稳定，固定资产投资（不含农户）55.15万亿元，增长5.4%。进出口规模扩大，全年货物进出口总额31.54万亿元，增长3.4%。其中，出口17.23万亿元，增长

图1.1-1　全国国内生产总值及增速（2015-2019年）

5.0%；进口14.31万亿元，增长1.6%。全年全国居民消费价格同比上涨2.9%，价格总水平保持基本稳定。

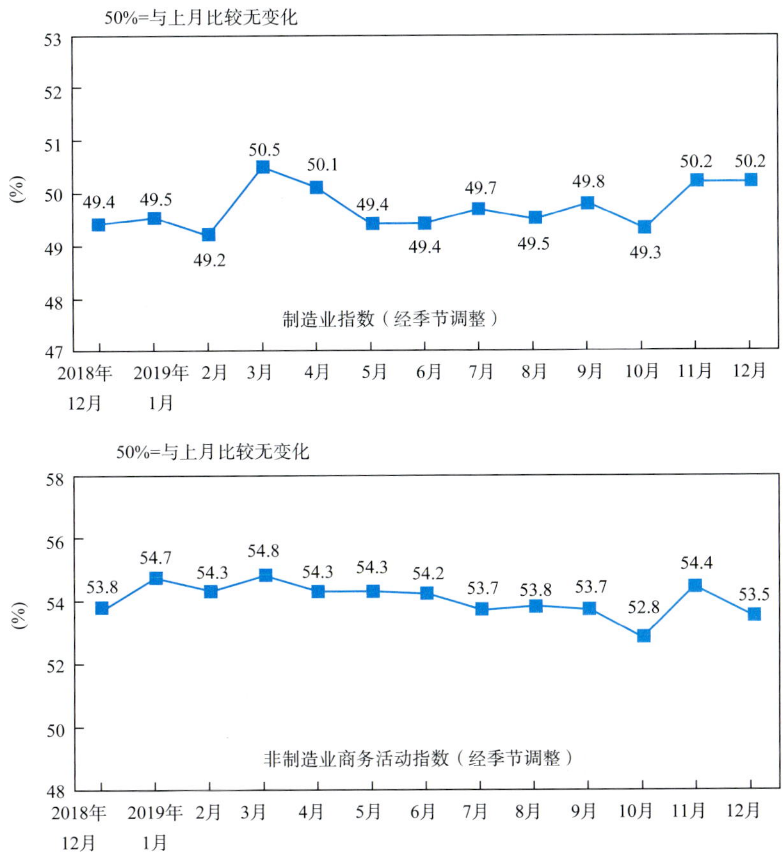

图1.1-2　PMI变化

一年来，交通运输业聚焦交通强国建设，聚焦服务国家重大战略实施，聚焦当好经济发展“先行官”，加大基础设施补短板力度，持续提升运输服务能力，加快培育交通运输发展新动能，稳步推进综合交通融合发展，为经济社会平稳运行提供了有力支撑。全国全年货运量462亿吨，货物周转量194045亿吨公里；客运量176亿人次，旅客周转量35349亿人公里。全国港口完成货物吞吐量140亿吨，同比增长5.7%。其中外贸吞吐量43亿吨，增长4.7%；集装箱吞吐量2.6亿TEU，增长4.4%。完成集装箱铁水联运量516万TEU，增长14.2%。全年交通固定资产投资完成32451亿元，同比增长3.1%，其中公路水路投资23132亿元、增长2.6%。表1.1-1为2019年全国各种运输方式运输量完成情况。

全国各种运输方式完成运输量及其增长速度（2019年）　　表1.1-1

指　标	货　物			旅　客		
	单位	绝对数	比上年增长（%）	单位	绝对数	比上年增长（%）
运输量	亿吨	462.0	4.8	亿人次	176.0	−1.9
铁路	亿吨	43.9	7.2	亿人次	36.6	8.4

续上表

指　标	货　物			旅　客		
	单位	绝对数	比上年增长（%）	单位	绝对数	比上年增长（%）
公路	亿吨	343.6	4.2	亿人次	130.1	-4.8
水运	亿吨	74.7	6.3	亿人次	2.7	-2.6
民航	万吨	753.2	2.0	亿人次	6.6	7.9
管道	亿吨	9.1	1.8			
周转量	亿吨公里	194045.0	3.4	亿人公里	35349.0	3.3
铁路	亿吨公里	30182.0	4.3	亿人公里	14706.6	4.0
公路	亿吨公里	59636.4	0.4	亿人公里	8857.1	-4.6
水运	亿吨公里	103963.0	5.0	亿人公里	80.2	0.8
民航	亿吨公里	263.2	0.3	亿人公里	11705.1	9.3
管道	亿吨公里	5352.2	1.0			

2019年国际航运市场延续回升态势，供需不平衡矛盾略有缓解，班轮公司经营业绩普遍改善，但总体仍处于低迷的长周期。全年中国航运企业经营保持稳定，上海国际航运研究中心发布的中国航运景气指数报告显示，自一季度跌破景气分界线探底后回升，保持在微景气区间，复苏态势缓慢；中国航运信心指数在景气分界线上下徘徊，中国航运企业家经营信心基本稳定。

1.1.2　区域经济形势

党的十八大以来，党中央提出了京津冀协同发展、长江经济带发展、共建“一带一路”、粤港澳大湾区建设、长三角一体化发展等一系列新的区域发展战略，促使区域协调发展扎实推进。分区域看，全年东部地区生产总值51.11万亿元，增长6.2%；中部地区生产总值21.87万亿元，增长7.3%；西部地区生产总值20.52亿元，增长6.7%；东北地区生产总值5.02万亿元，增长4.5%。京津冀地区生产总值8.46万亿元，增长6.1%；长江经济带地区生产总值45.78万亿元，增长6.9%；长江三角洲地区生产总值23.73万亿元，增长6.4%。

在新的区域发展战略指引下，本报告涉及的14省市经济发展的空间结构正在发生深刻变化，上海、南京、武汉、重庆等中心城市和长三角、长江中游、成渝等城市群正在成为承载发展要素的主要空间形式。东部沿海地区经济增长方式由过去过多依赖外部环境支撑，向内生性、集约型增长方式转变。长三角地区初步走上高质量发展轨道，正在构建具有全球影响力的先进制造业基地和现代服务业基地。以武汉城市圈、长株潭城市群、环鄱阳湖城市群、皖江城市带为主体的长江中游城市群，着力打造科技创新、先进制造、现代服务业基地和承接东部地区产业转移的核心区域。以成渝、黔中、滇中城市群为主体的长江上游城市群，着力打造长江经济带与“一带一路”建设的重要支点与纽带，建设面向中国—东盟自由贸易区开放的区域性国际交通枢纽。

2019年，各省市加快新旧动能转换和结构调整，推进经济迈向高质量发展。根据各省市统计局公布的数据，14省市全年完成地区生产总值60.89万亿元，占全国的61.8%，比2018年增加1.5个百分点。区域增长格局继续呈现“东强西弱、西快东慢”态势，城市群成为经济增长的新平台，区域经济运行总体向高质量发展迈进，东部地区经济总量占据领先地位，江苏省接近10万亿元。各地经济增速较2018年均有所下降，西南部地区增速最高、中部次之、东部最低，贵州、云南、江西三省增速居前，山东、陕西、上海三地增速低于全国平均水平。表1.1-2为2019年分地区主要经济指数统计。

2019年分地区主要经济指标数据 表1.1-2

省市	2018年修订GDP（亿元）	2019年初步核算GDP（亿元）	GDP同比增速（%）	工业增加值同比增速（%）	固定资产投资同比增速（%）	社会消费品零售总额同比增速（%）	进出口同比增速（%）	CPI同比增速（%）
上海	36011.8	38155.3	6.0	0.4	5.1	6.5	0.1	2.5
江苏	93207.6	99631.5	6.1	6.2	5.1	6.2	–1.0	3.1
浙江	58003.0	62352.0	6.8	6.6	10.1	8.7	8.1	2.9
安徽	34010.9	37114.0	7.5	7.3	9.2	10.6	9.3	2.7
江西	22716.5	24757.5	8.0	8.5	9.2	11.3	11.1	2.9
山东	66648.9	71067.5	5.5	1.2	–8.4	6.4	5.8	3.2
河南	49935.9	54259.2	7.0	7.8	8.0	10.4	3.6	3.0
湖北	42022.0	45828.3	7.5	7.8	10.6	10.3	13.1	3.1
湖南	36329.7	39752.1	7.6	8.3	10.1	10.2	41.2	2.9
重庆	20363.2	23605.8	6.3	6.2	5.7	8.7	11.0	2.7
四川	42902.1	46615.8	7.5	8.0	10.2	10.4	13.8	3.2
贵州	15353.2	16769.3	8.3	9.6	1.0	5.1	–9.5	2.4
云南	17881.1	23223.8	8.1	8.1	8.5	10.4	17.9	2.5
陕西	24438.3	25793.2	6.0	5.2	2.5	7.4	0.1	2.9

2019年，各省市交通运输系统围绕服务国家战略实施和交通强国建设，以补齐交通短板为着力点，加快重大项目建设，综合交通网络更加完善。以更高标准更严措施抓监管，本质安全水平全面提升。以污染防治和科技创新为重点，绿色智慧交通建设不断深化。推进交通运输行业改革，治理体系不断完善，治理能力持续提升。扎实推进“公转铁”“公转水”多式联运，货类结构持续优化，公众出行服务品质不断提高。14省市全年完成铁公水综合货物运输量313.9亿吨、货运周转量115910亿吨公里，同比分别增长5.7%、5.8%，客运量107.2亿人次、客运周转量14278亿人公里，同比下降3.2%和增长0.5%。铁、公、水货运量比重为4.0：79.2：16.8，货运周转量比重为9.5：37.2：53.2；客运量比重为18.6：79.7：1.7，客运周转量比重为61.3：38.3：0.4。

1.2 产业政策环境

1.2.1 加快推进交通强国建设

交通强国建设纲要。2019年9月，中共中央、国务院印发《交通强国建设纲要》，明确以“四个一流”为标准要求，建设一流设施、一流技术、一流管理、一流服务的交通强国；以“安全、便捷、高效、绿色、经济”为价值取向，构建现代化综合交通体系；以“人民满意、保障有力、世界前列”为总体目标，分两个阶段建设交通强国，到2035年基本建成交通强国，到本世纪中叶全面建成交通强国。

关于建设世界一流港口的指导意见。2019年11月，交通运输部联合国家发展改革委等八部门印发《关于建设世界一流港口的指导意见》，明确到2025年，世界一流港口建设取得重要进展；到2035年，全国港口发展水平整体跃升，引领全球港口绿色发展、智慧发展；到2050年，全面建成世界一流港口，形成若干个世界级港口群，发展水平位居世界前列。

推进国家物流枢纽建设。国家发展改革委、交通运输部联合印发《关于做好2019年国家物流枢纽建设工作的通知》（发改经贸〔2019〕1475号），共有23个物流枢纽入选2019年国家物流枢纽建设名单。其中，南京、宁波舟山、宜昌、重庆入选港口型国家物流枢纽。

1.2.2 推进数字化智能化发展

数字交通发展规划纲要。2019年7月，交通运输部印发《数字交通发展规划纲要》，明确到2025年，交通运输基础设施和运载装备全要素、全周期的数字化升级迈出新步伐，数字化采集体系和网络化传输体系基本形成。交通运输成为北斗导航的民用主行业，5G等公网和新一代卫星通信系统初步实现行业应用；到2035年，交通基础设施完成全要素、全周期数字化，天地一体的交通控制网基本形成，按需获取的即时出行服务广泛应用。

推进综合交通运输大数据发展行动纲要。2019年12月，交通运输部印发《推进综合交通运输大数据发展行动纲要（2020—2025年）》，明确到2025年，综合交通运输大数据标准体系更加完善，基础设施、运载工具等成规模、成体系的大数据集基本建成。政务大数据有效支撑综合交通运输体系建设，交通运输行业数字化水平显著提升。综合交通运输信息资源深入共享开放。大数据在综合交通运输各业务领域应用更加广泛。大数据安全得到有力保障。符合新时代信息化发展规律的大数据体制机制取得突破。综合交通大数据中心体系基本构建。

智能航运发展指导意见。2019年5月，交通运输部、中央网信办、国家发展改革委、教育部、科技部、工业和信息化部、财政部联合印发《智能航运发展指导意见》，明确了到2020年、2025年、2035年和2050年的战略目标。

1.2.3 推进长江航运高质量发展

关于推进长江航运高质量发展的意见。2019年7月，交通运输部印发《关于推进长江航运高质量发展的意见》，提出将长江航运打造成交通强国建设先行区、内河水运绿色发展示范区和高质量发展样板区，为推动长江经济带高质量发展提供坚实支撑和有力保障。明确到2025年，基本建立发展绿色化、设施网络化、船舶标准化、服务品质化、治理现代化的长江航运高质量发展体系；到2035年，建成长江航运高质量发展体系，长江航运发展水平进入世界内河先进行列，在综合运输体系中的优势和作用充分发挥，为长江经济带提供坚实支撑。

港口岸线资源集约节约利用。2019年6月，交通运输部办公厅、国家发展改革委办公厅联合印发关于严格管控长江干线港口岸线资源利用的通知，从严防非法码头现象反弹、优化已有港口岸线使用效率、严格管控新增港口岸线、保障集约绿色港口发展岸线和推进港口岸线精细化管理等方面提出了具体意见。2019年9月，交通运输部、自然资源部、生态环境部、水利部联合下发关于做好长江主要支流非法码头整治工作的通知，明确2020年底前全面清理取缔以岷江、沱江、赤水河、嘉陵江、乌江、清江、湘江、汉江、赣江等为重点的支流非法码头。

长三角港航一体化发展。长三角三省一市交通运输主管部门、海事管理机构及各港航企业，建立健全工作机制，制订完善工作方案，形成了上下联动、互通有无的工作体系，从内河航道网络化、区域港口一体化、运输船舶标准化、绿色发展协同化、信息资源共享化、航运中心建设联动化入手，协同推进长三角港航一体化发展各项任务。

第2章 基础设施

2.1 水运投资

2019年，各省市聚焦补短板，持续加大水路交通固定资产投资，加快推进基础设施建设。据交通运输部2019年公路水路交通固定资产投资完成情况统计，14省市全年完成水运建设投资828.03亿元（图2.1-1），占全国水运建设投资的72.8%。其中，内河建设完成投资568.78亿元，同比下降0.1%；沿海建设完成投资259.25亿元，同比增长4.1%。全年完成支持系统及其他建设投资（含公路水路）250.47亿元。交通运输部长江航务管理局（简称“长航局”）系统全年落实中央固定资产投资计划42.8亿元，完成投资40亿元。

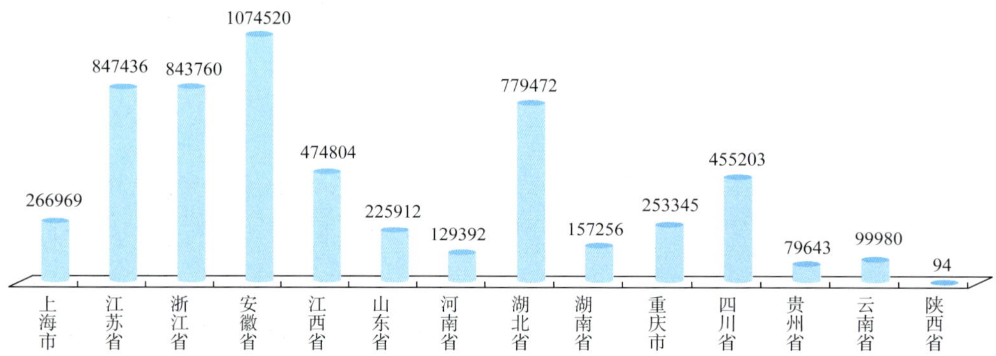

图2.1-1　2019年分地区内河建设投资（单位：万元）

2.2 航道

2.2.1 内河航道基本情况

本报告所含14省市地跨长江水系、淮河水系、黄河水系、珠江水系，包括西南诸河、钱塘江水系等。截至2019年底，14省市内河航道通航里程9.65万公里，等级航道里程4.89万公里，分别占全国的75.8%和73.3%；Ⅲ级及以上航道里程9493.4公里，占总里程9.8%，较2018年提高了0.2个百分点。内河航道分布及分等级、分地区内河航道通航里程结构如图2.2-1所示。

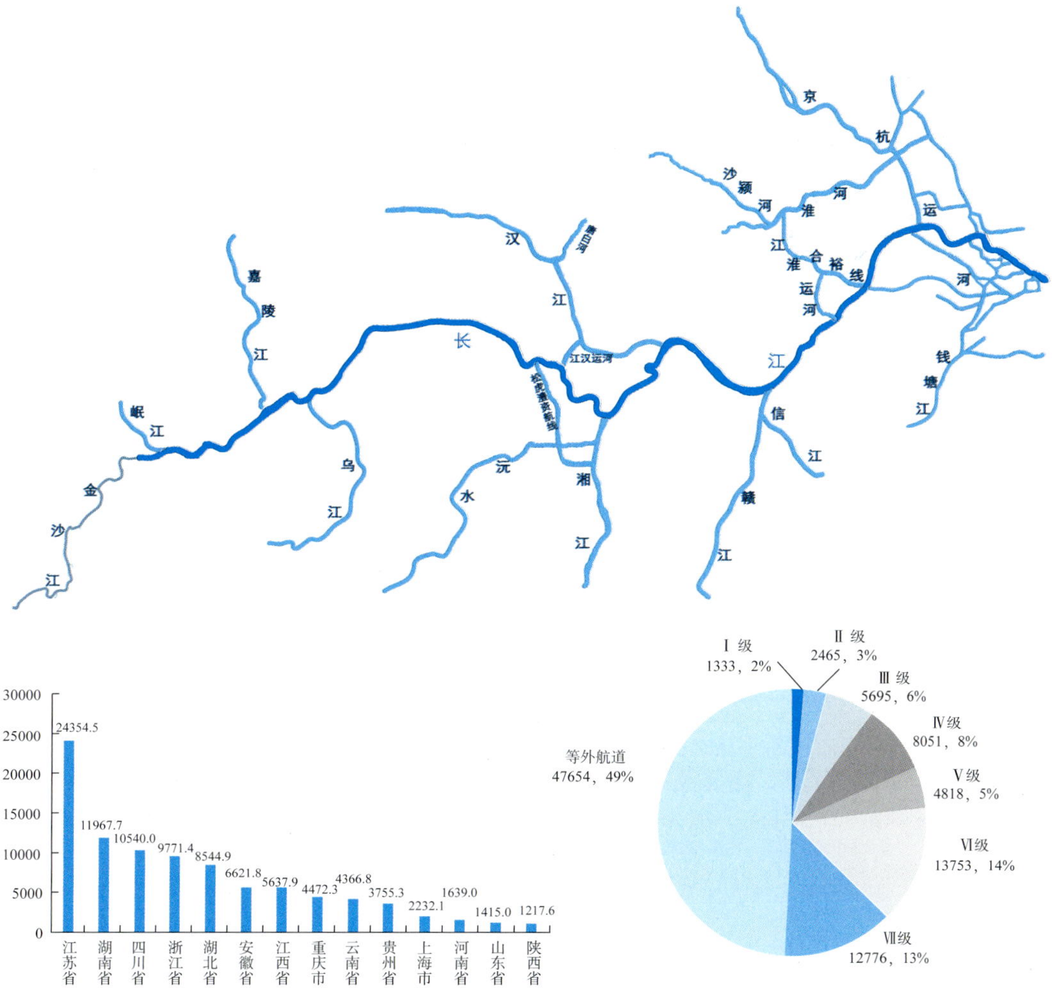

图2.2-1　内河航道分布及分等级、分地区内河航道通航里程结构（2019年）

其中，长江水系通航里程64825公里，京杭运河1438公里，合计占总里程的68.4%，形成以长江干线为主轴，以京杭运河、长江三角洲高等级航道网[1]和岷江、嘉陵江、乌江、沅水、湘江、汉江、江汉运河、赣江、信江、合裕线等为骨干的航道网络布局。长江干线云南水富至长江口通航里程2838公里，京杭运河山东梁山至浙江杭州全长1052公里，淮河水系以淮河、沙颍河为核心的航道网络通航里程17472公里。

2.2.2　长江干线航道建设与养护

项目前期工作。完成长江干线航道发展规划修编环境影响评价报告书并报生态环境部；完成长江干线"十四五"生态航道建设规划初步成果。长江上游朝天门至涪陵河段航道整治工程工可获国家发展改革委批复，长江上游羊石盘至上白沙河段航道整治工程工可报交通运输部审查，完成长江上游涪陵至丰都、界石盘至九龙坡、合江门至界石盘生态航

[1] 长江三角洲高等级航道网由"两纵六横"组成，两纵：京杭运河—杭甬运河（含锡澄运河、丹金溧漕河、锡溧漕河、乍嘉苏线）、连申线（含杨林塘）；六横：长江干线（南京以下）、淮河出海航道—盐河、通扬线、芜申线—苏申外港线（含苏申内港线）、长湖申线—黄浦江—大浦线、赵家沟—大芦线（含湖嘉申线）、钱塘江—杭申线（含杭平申线）。

道建设工程和长江中游荆江河段航道整治二期、长江下游土桥水道航道整治二期工程等5个项目工可编制，推进项目防洪影响评价、涉渔工程环境影响评价等前期工作，开展南京以下12.5米深水航道建设后续完善工程前期工作招标。推进三峡枢纽水运新通道和葛洲坝航运扩能工程相关项目前期工作，长航局编制了三峡枢纽水运新通道建设航运工作方案，继续推进新通道航运关键技术比较研究。

长江黄金水道建设。长江南京以下12.5米深水航道正式运行。长江下游东北水道、江心洲水道、安庆二期等3个项目竣工验收；中游宜昌至昌门溪二期、三峡水库变动回水区碍航礁石炸除二期工程及上游九龙坡至朝天门河段航道整治工程部分单位工程交工验收。长江下游江心洲至乌江河段航道整治二期工程、长江口南坝田加高完善工程开工。续建项目正常推进，武汉至安庆河段6米、蕲春水道、新洲至九江河段二期、芜湖至裕溪口河段、长江口南槽航道治理一期工程、三峡库区莲沱段等航道整治工程有序开展施工。表2.2-1为长江干线航道整治在建项目基本情况。

长江干线航道整治在建项目基本情况（2019年） 表2.2-1

序号	项 目 名 称	开工时间	项目进展
1	长江下游江心洲河段整治工程	2015.8	竣工验收
2	长江下游东北水道航道整治工程	2016.6	竣工验收
3	长江下游安庆河段航道整治二期工程	2016.12	竣工验收
4	长江下游黑沙洲水道航道整治二期工程	2016.12	交工验收，试运行
5	三峡水库变动回水区碍航礁石炸除二期工程	2016.12	交工验收，试运行
6	长江中游宜昌至昌门溪河段航道整治二期工程	2017.12	交工验收，试运行
7	长江上游朝天门至九龙坡段航道整治工程	2016.2	部分交工验收
8	长江中游蕲春水道航道整治工程	2017.11	续建
9	长江中游新洲至九江河段航道整治二期工程	2018.9	续建
10	长江干线武汉至安庆段6米水深航道整治工程	2018.10	续建
11	长江下游芜裕河段航道整治工程	2018.9	续建
12	长江口南槽航道治理一期工程	2018.12	续建
13	长江下游江心洲至乌江河段航道整治二期工程	2019.12	开工建设
14	长江口12.5米深水航道减淤工程南坝田挡沙堤加高完善工程	2019.12	开工建设

长江干线航道养护。科学组织长江干线航道及船闸日常养护，加强航标养护管理与优化配布、航道探测与观测，合理开展维护疏浚，及时发布航道信息，保障了干线航道畅通安全。强化枯、洪水期和重要活动、重要节假日及三峡蓄水期、船闸检修期等重点时段航道航标维护，继续开展枯水期“三保一创”专项活动，对福北、口岸直（鳗鱼沙、落成洲）、仪征、宝塔、嘉鱼、界牌、尺八口、周公堤、太平口、反咀、枝江、大埠街、苦竹碛、鱼洞、巫木桩、纳溪等37处重点水道实施了疏浚，疏浚施工土方量3219万立方米；强化长江口深水航道维护，全年完成深水航道和南槽航道维护疏浚工程量分别为5358万立方米、210万立方米。加快长江干线助航设施大型化建设，继续实施岸标改造工作。做好长江

南京以下12.5米深水航道二期工程试运行期维护工作，制定《南京以下12.5米深水航道维护工作办法（试行）》。抓好航道整治建筑物跟踪监测和维护，保证了整治建筑物的安全稳定。完成三峡—葛洲坝两坝间河段所有岸标和浮标更新改造并新建10座水位站，推进三峡后续规划库尾炸礁、库区航标完善、维护疏浚、坝区待闸锚地等项目实施，推进三峡船闸下引航道疏浚，组织开展锚地水深集中测量，完成安全指泊65920艘次。长江干线航道全年航道水深保证率、航标维护正常率、信号揭示正常率、信息发布准确率均达100%。全年最大设标数5609座天（长江浏河口以上，不含庙河至中水门段，下同），完成航标养护222.9万座天；各信号台实际开班5899台天；完成航道测绘面积4.73万换算平方公里；完成航道整治建筑物检查7185座次，观测工程量14008换算平方公里。长江口12.5米深水航道和南槽5.5米航道通航水深保证率100%。

航道尺度维护。自2019年3月1日起，正式提高黄石上巢湖—安庆吉阳矶河段枯水期航道维护尺度；自11月1日起，武汉长江大桥—黄石上巢湖河段枯水期航道维护水深由原4.5米试运行提高至5.0米。重点河段、重点时段航道维护尺度预报频次由每周1次增加至每周2次。开展了武汉段航道尺度潜力、城陵矶至武汉河段深水推荐航道、宜昌下临江坪至陈二口河段及常年库区河段航道维护尺度、长江江阴水道航道水深条件及利用方案等研究。

海轮航道上延保障。武汉至城陵矶河段海轮航道开放期为5月1日至9月30日，安庆（钱江嘴）至武汉河段海轮航道开放期为4月1日至11月15日。表2.2-2为长江干线城陵矶至安庆段海轮航道分月维护水深计划表。

长江干线航道城陵矶至安庆海轮航道分月维护水深计划表（2019年）　　表2.2-2

河　段	分月养护水深（米）											
	1月	2月	3月	4月	5月	6月	7月	8月	9月	10月	11月	12月
城陵矶—武汉长江大桥					5.0	6.0	6.5	6.5	6.0			
武汉长江大桥—安庆皖河口				5.5	6.5	7.0	7.5	7.5	7.0	6.0	5.0	
安庆皖河口—安庆钱江嘴	6.0	6.0	6.0	6.5	7.5	8.5	9.0	9.0	8.0	7.0	6.5	6.5

三峡船闸/升船机运行维护。加强集控运行和设备维护，统筹实施两坝船闸及升船机停航同步保养、日常运行检修、应急抢修，研究优化C型止水、充压止水快速检修技术，有序开展升船机工程通航暨竣工验收、升船机加强性消防改造及其实船试验、两坝枢纽定检、船闸航道常规性修理等工作，三峡船闸安全运行10627闸次，三峡升船机安全运行2902厢次，葛洲坝船闸安全运行18767闸次，三峡船闸和葛洲坝一、二号船闸平均闸室面积利用率70%以上。

2.2.3　其他内河航道建设与养护

内河航道建设。各地航道管理机构加强省管航道建设，以内河高等级航道为重点，加快改善航道等级结构，完善航道网络布局，不断提高航道连通度和通过能力。

——**金沙江**。向家坝升船机试通航，向家坝翻坝转运系统不断完善。乌东德、白鹤滩、溪洛渡水电站翻坝转运系统建设及金沙江高坝通航建筑物工程技术方案研究论证工作、溪洛渡至水富段航道建设工程（四川段）前期工作稳步推进。金沙江中游库区航运基础设施综合建设一期、二期工程及溪洛渡至向家坝库区航道整治工程有序推进。

——岷江。犍为船闸通航，尖子山、老木孔、东风岩枢纽实质性开工，龙溪口、汤坝枢纽主体工程和龙溪口枢纽至合江门航道整治工程开工。成都至乐山段航运发展规划环评通过审查。

——嘉陵江。实现全江通航，航道主要技术指标达到Ⅳ级标准。四川段14级枢纽、49个滩险整治和航标等支持保障系统全部建成，航运配套工程加快实施，推进马回船闸改造。重庆段利泽航运枢纽开工，草街库尾航道整治一期工程基本完成，上石盘船闸二期工程完成通航验收。支流渠江达州—广安段航运建设工程开展前期工作，渠江风洞子航运枢纽工程建设继续推进。

——乌江。基本建成乌江渡库区航运工程，开工建设乌江索风营库区航运工程停靠点，沙沱升船机完成1.8米吃水500吨级标船过闸试验。完成贵州境内乌江航道提等扩能一期工程工可报告编制，乌江沙沱第二线1000吨级通航建筑物建设工程开展前期工作，构皮滩水电站通航工程全面调试。重庆境内白马航电枢纽开工建设，白马至彭水枢纽航道整治工程持续推进。

——湘江。湘江2000吨级航道建设一期工程竣工验收、二期工程大源渡航电枢纽二线船闸建成通航，蒸水河口至城陵矶河段435公里航道由Ⅲ级提升至Ⅱ级，株洲、大源渡航电枢纽船闸年单向通过能力均由1260万吨提升至3710万吨。永州至衡阳Ⅲ级航道建设一期工程继续推进。

——沅水。常德至鲇鱼口2000吨级航道建设工程工可通过审查，浦市至常德航道建设工程、洪江至辰溪段航道整治工程基本建成。贵州境内清水江干流平寨、旁海等航电枢纽工程继续推进。

——汉江。陕西段加快推进旬阳、蜀河、白河等水电枢纽过船设施和汉江瀛湖火石岩至紫阳汉王智慧航道建设，洋县至安康航运建设工程完工。湖北境内兴隆至汉川段航道整治工程通过竣工验收，雅口枢纽船闸试通航，碾盘山枢纽开工建设，夹河、孤山、新集等枢纽工程建设继续推进，汉川至蔡甸航道整治工程、蔡甸至河口段航道整治工程继续推进，支流唐白河（唐河）航运开发工程开展前期工作。湖北省启动研究汉江2000吨级航道建设方案。

——赣江。基本建成新干航电枢纽，建成龙头山、井冈山枢纽船闸工程，石虎塘—神岗山Ⅲ级航道整治工程交工验收，万安二线船闸稳步推进，赣江已具备Ⅲ级航道通航条件。

——信江。八字嘴航电枢纽、双港航运枢纽、界牌枢纽船闸改建工程和界牌至双港渠化航道整治工程稳步推进。

——合裕线。合裕线扩能改造工程（裕溪一线船闸、巢湖一线船闸扩容改造工程）继续推进。

——引江济淮航运工程。枞阳船闸开展上闸首灌注桩支护桩、船闸主体基坑开挖及加固水泥搅拌桩施工，蜀山船闸开展下游引航道土石方开挖，完成上下闸首底板浇筑，东淝河船闸开展上、下闸首及船闸主体工程施工。

——淮河干流及重要支流。淮河干流河南段淮滨至息县航运工程和安徽段三河尖至蚌埠闸整治工程、蚌埠闸至红山头整治工程、临淮岗复线船闸工程继续推进。淮河入海水道二期配套通航工程（江苏段）前期工作加快推进。沙颍河周口至省界航道升级改造工程、耿楼复线船闸工程及沙河漯河至平顶山航运工程继续推进，周口至漯河航运工程建成，阜阳船闸试通航。沱浍河航道河南段一期、安徽段整治工程等继续推进，临涣至南坪段整治工程完成交工验收。

——京杭运河。山东段主航道“三改二”升级改造和湖西航道整治工程全线推进，万年复线船闸工程交工验收，韩庄复线船闸主体工程基本完工，东平湖区段航道工程疏浚工程完成。苏北徐扬段续建二期整治工程竣工验收，达到Ⅱ级航道标准；施桥船闸至长江口门段航道整治工程开工。镇江段Ⅲ级航道整治工程通过竣工环保验收，苏州市区段Ⅲ级航道整治完善工程开工建设。浙江段湖州、杭州“四改三”主体基本完成，京杭运河新开挖航道段开工。

——长江三角洲高等级航道网。长三角一体化建设项目有序推进，芜申线、长湖申线、杭平申线、苏申外港线、苏申内港线航道及浙北高等级航道网集装箱运输通道项目按计划推进（表2.2-3）。

长三角内河高等级航道网建设工程进度表 表2.2-3

航　道	建设进度
芜申线	安徽境内芜湖中江桥竣工通车，安徽段航道整治工程全面建成。江苏境内溧阳城区段航道整治工程开展前期工作
长湖申线	上海境内长湖申线航道已全线建成，跨航道老朱枫公路桥新桥结构贯通，完成年度投资2.71亿元。江苏段航道整治工程工可已上报江苏省发改委待审
杭平申线	上海境内航道整治工程已完成航道及护岸工程。浙江境内平湖、海盐段主线和沪昆铁路桥段投入使用，黄姑塘支线、海塘支线基本完工，五长段全线通航，桐乡段累计完成总投资的80%
苏申内港线	上海段西段整治工程老白石路段—油墩港初步设计已编制上报，启动京沪铁路蕰藻浜桥改造工程，完成年度投资0.44亿元。江苏段航道整治工程完成年度投资0.56亿元，累计完成投资6.70亿元，占总投资的42.4%
苏申外港线	江苏段航道整治工程完成年度投资1.65亿元，累计完成投资10.10亿元，占总投资的69.0%
大芦线	航道整治二期工程完成年度投资6.25亿元，完成全线航道疏浚，护岸结构全线贯通；跨航道桥梁已达标改建13座
赵家沟	东段航道整治工程完成年度投资1.87亿元，建成航道护岸结构约4.5公里、开挖土方80万立方米，东川公路桥、顾曹公路桥建成
通扬线	九圩港复线船闸及通江连接段航道整治工程航道工程交工验收；运东船闸扩容工程竣工验收；运东至海安段航道整治工程海安段交工验收，泰州段、高邮段继续推进；南通市区段通栟线至幸福竖河段航道整治工程开工
连申线	灌河西段航道整治护岸工程交工验收，东台段航道整治工程通过竣工档案专项验收
申张线	青阳港段航道整治工程完成年度投资6.11亿元，累计完成投资9.01亿元，占总投资的36.3%

续上表

航　道	建设进度
杨林塘	杨林塘航道整治工程累计完成投资46.55亿元，占总投资的93.2%。三千湾桥、新浦路桥交工验收，杨林船闸工程竣工验收
丹金溧漕河	金坛段航道整治工程和丹金船闸工程竣工验收。丹阳段航道整治工程扫尾工作继续推进
湖嘉申线	嘉兴段一期工程通过竣工质量评定，二期工程建设继续推进
其他	锡溧漕河常州段航道整治工程竣工验收，锡澄运河航道整治工程交工验收，锡溧漕河大桥改造工程继续推进，宜兴段前期工作加快推进。上海市大治河西枢纽新建二线船闸建设工程交工验收。钱塘江中上游航道全线通航。杭申线“四改三”、乍嘉苏线“五改三”等工程前期工作加快推进。丁诸线航道整治工程完成投资1.25亿元

内河航道养护。各地健全航道养护标准规范，加强航道巡查，强化养护装备与养护工程建设，合理配布航标，做好航道尺度信息发布，加强航道应急维护，保障了支流航道畅通安全（表2.2-4）。全年维护航道里程7.4万公里，一类、二类、三类维护分别占15%、22%和63%。14省市内河航道养护情况如图2.2-2所示。

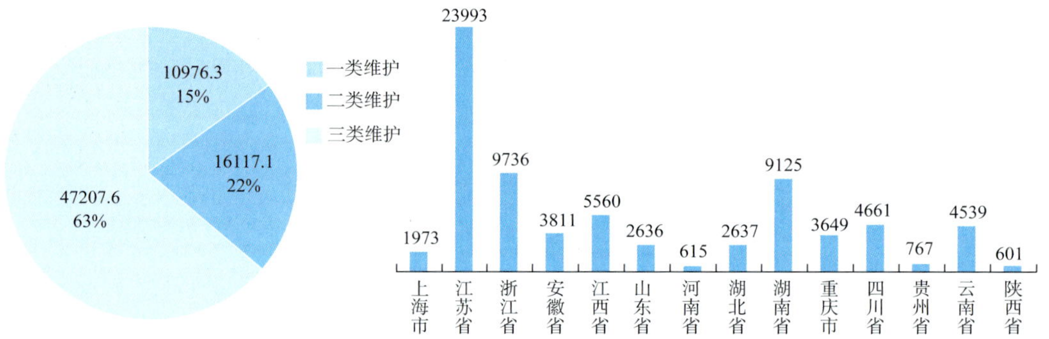

图2.2-2　14省市内河航道养护情况（2019年，右为各省市维护里程，单位：公里）

各省市内河航道养护工作动态　　表2.2-4

省市	内河航道养护动态
上海市	实施苏申外港线、平申线、淀浦河等护岸维修工程
江苏省	完成各类航标新改建9座，疏浚航道里程20.6公里，疏浚土方65.5万立方米，新改建护岸13.6公里，补贴地方拆建碍航桥梁7座，先后完成6座船闸大修工程。全年全省干线航道通航保证率达98%以上，船闸通航时间保证率达99%以上，航标正常率达99.5%以上
浙江省	完成航道养护投资3.5亿元，整治建筑物修复2.6万平方米，新建、加固护岸25公里，疏浚土方511万立方米，杭申线杨庙大桥至杨树浜段养护工程通过设计审查，衢江（衢州段）航运开发工程航道配套工程航标工程交工验收
安徽省	航道维护疏浚量0.7万立方米，12座船闸停航维修共519天，设标总里程2489.14公里
江西省	定期向社会公布航道水深，加强洪水期巡航力度和航标管理，及时发布航行通告，赣江、信江和鄱阳湖区干线航道等重点水域安全畅通，通航率达到95%；开展了赣江丰城河段磨盘滩等应急抢通工程，全年恢复和补充航标500余座，疏浚土方42万立方米
河南省	对淮河、沙颍河等干线航道及丹江、小浪底等重要库区航道进行维护，航道维护尺度及保证天数全部达到计划要求，完成7座船闸养护，航标维护正常率达到99%以上

续上表

省市	内河航道养护动态
湖北省	落实汉江航道应急抢通工作，凡航道尺度不足的，及时采取疏浚措施；每日在网站发布丹江口以下重要站点的水位、流量信息，完善汉江航道巡航机制和信息报送机制
湖南省	全省1406公里干线航道航标维护工作量92.67万座天，维护正常率达到99.49%。湘江兴马洲航段实现客货运输分道航行；碍航险滩应急抢通及时实施，公益助航995艘次
四川省	加强嘉陵江、岷江高等级航道养护工作，建成高等级航道专项养护工程项目14个、在建10个，完成嘉陵江、岷江枯水期和犍为枢纽断航施工期通航保障
贵州省	完成赤水河白杨坪至合江段248公里航道日常养护工作
云南省	组织航道疏浚及应急保通，全省重点航段通航保障率达95%以上
陕西省	完成航道整治16处，工程量5200立方米；完成航道测绘面积3.79换算平方公里

2.3 港口

2.3.1 码头泊位和能力状况

泊位能力。截至2019年底，14省市港口共拥有生产用码头泊位16868个，占全国的73.7%；散货、件杂货物年综合通过能力56.62亿吨，集装箱年综合通过能力6227万TEU。其中，内河港口共拥有生产用码头泊位14982个（图2.3-1），占全国的86.4%，散货、件杂货物年综合通过能力36.28亿吨（图2.3-2），集装箱年综合通过能力2702万TEU。

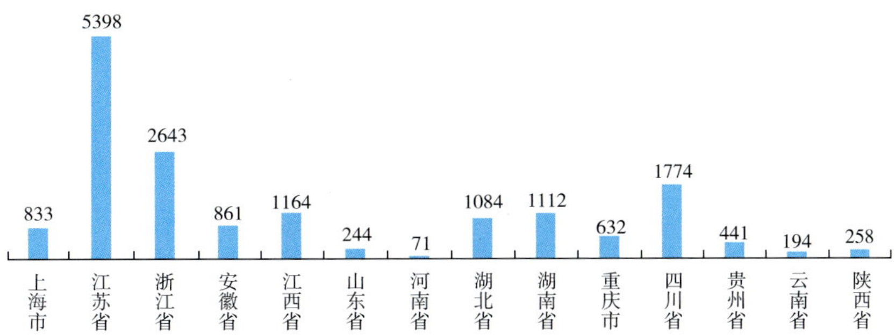

图2.3-1 14省市内河港口生产用码头泊位数（个）

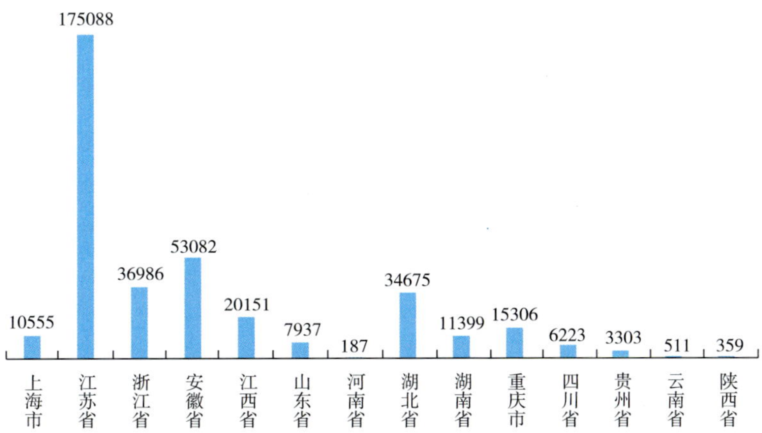

图2.3-2 14省市内河港口散装件杂货物年通过能力（万吨）

泊位结构。千吨级以上泊位主要分布在长江干线，内河支流港口以中小码头和自然岸坡码头为主。据不完全统计，上游地区500吨级及以下泊位占比为69.7%，1000吨级以上泊位占比为19.8%；中下游地区500吨级及以下泊位占比为50.8%，1000吨级以上泊位占比为25.3%。截至2019年底，内河港口拥有专业化泊位3066个，客运/客货泊位1558个，通用散货泊位5965个，通用件杂货泊位1386个，专业化码头泊位占25.1%。14省市内河港口泊位用途和能力结构如图2.3-3、图2.3-4所示。

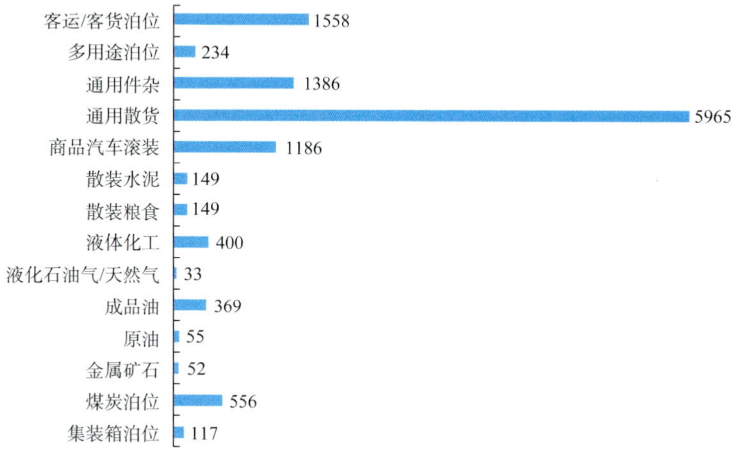

图2.3-3　14省市内河港口泊位用途结构（个）

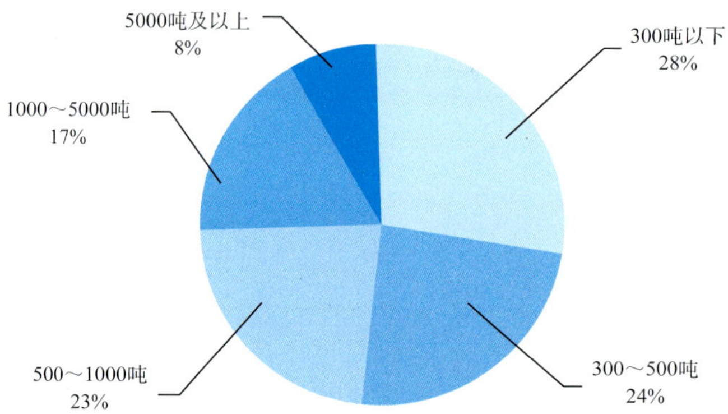

图2.3-4　14省市内河港口泊位能力结构（%）

长江干线泊位能力。截至2019年底，长江干线港区拥有生产用码头泊位2769个（表2.3-1），散货、件杂货物年综合通过能力19.4亿吨，集装箱年综合通过能力2245.4万TEU。长江干线拥有万吨级及以上泊位435个，其中江苏419个、安徽16个。

长江干线港口生产用码头泊位和能力基本情况（2019年） 表2.3-1

省市	泊位长度（米）	泊位个数（个）	泊位设计年通过能力					
			散装件杂货物	集装箱		旅客	滚装汽车	
			（万吨）	（万TEU）	（万吨）	（万人）	（万标辆）	（万吨）
合计	338955.0	2769.0	193968.0	2245.4	18403.0	7595.2	392.2	4677.0
江苏省	162721.0	1152.0	106197.0	1057.0	8316.0	22.0	80.0	800.0

续上表

省市	泊位长度（米）	泊位个数（个）	泊位设计年通过能力					
			散装件杂货物	集装箱		旅客	滚装汽车	
			（万吨）	（万TEU）	（万吨）	（万人）	（万标辆）	（万吨）
安徽省	39612.0	382.0	35419.1	63.6	552.0	390.0	14.0	140.0
江西省	15600.0	141.0	10415.0	38.5	309.0	320.0		
湖北省	56895.0	478.0	25711.0	422.0	3513.0	1902.0	136.2	1362
湖南省	4351.0	42.0	2435.0	33.3	265.0	405.0	8.0	80.0
重庆市	49966.0	492.0	11867.9	481.0	3848.0	4237.2	124.0	1995.0
四川省	9570.0	79.0	1893.0	150.0	1600.0	269.0	30.0	300.0
云南省	240.0	3.0	30.0			50.0		

2.3.2 港口综合服务能力建设

港口基础设施体系建设。重点推进江海直达、江海联运配套港口设施建设。强化舟山江海联运服务中心和长江南京以下沿江港口的干散货江海联运服务功能，完善分工协作的干散货江海联运系统，统筹推进以长江干线及长三角地区至上海洋山、宁波舟山江海直达运输系统为重点的江海直达和江河海联运发展。表2.3-2为各省市港口码头建设动态统计。

各省市港口码头泊位工程建设动态（2019年）　　表2.3-2

省市	建设动态
上海市	上港集团和浙江海港集团签署《小洋山港区综合开发合作协议》，共同推进小洋山综合开发，小洋山北侧开发Ab区成陆工程开工建设
江苏省	全年新增沿江沿海万吨级以上泊位12个。基本建成连云港港30万吨级航道二期工程徐圩3区、4区围堤主体结构，盐城港一批码头加快实施，南通港通州湾港区疏港航道、码头建设等前期工作加快推进。南通港通海港区、吕四港区、天生港区，苏州港张家港港区集装箱码头改扩建工程、太仓港集装箱四期工程，镇江港高桥港区、扬中港区、高资港区，泰州港泰兴港区，扬州港仪征港区、扬州港区，南京港龙潭港区、七坝港区等一批码头建设加快推进。淮安港淮阴港区、涟水港区，徐州港邳州港区、徐州港区，镇江内河港丹阳港区，南京内河港溧水港区、高淳港区、泰州内河港兴化港区、连云港内河港灌南港区等一批内河作业区加快建设
浙江省	建成绿色石化配套码头等万吨级及以上泊位12个，梅山港区7号泊位、嘉兴港独山港区A9泊位完成交工验收，北仑港区冠保通用码头、乐清湾港区C区一期工程、金塘大浦口集装箱码头工程二阶段开工建设，梅山港区8号泊位水工主体建成，中宅矿石码头水工主体全面施工。杭州港萧山港区义桥作业区一阶段码头共6个泊位基本建成，建德港区十里埠综合作业区（一期）竣工验收，德清临杭物流园码头作业区二期工程交工验收。衢州港龙游港区桥头江作业区一期工程试运营、衢江港区大路章作业区开港。湖州长兴铁公水综合物流园区码头工程一期、金华港婺城港区罗洋作业区开工建设
安徽省	全年新改（扩）建码头泊位42个（其中万吨级1个），新增年吞吐能力4975吨。合肥港巢城港区二期工程、淮南港皖江物流综合码头、宣州综合码头二期工程等项目稳步推进。池州港牛头山港区中电建安徽长九公司矿石码头一期工程、宣城港定埠综合码头、安庆市汽车整车进口口岸工程等项目建成

续上表

省市	建设动态
江西省	九江港红光码头主体工程基本完成，湖口港区银砂湾作业区江西神华九江电厂新建工程配套码头工程、彭泽港区彭郎矶作业区长峰码头工程、龙头岗综合码头一期工程项目竣工验收。赤湖公用码头鹰潭港余江港区中童作业区综合码头一期工等项目开工建设
山东省	沿海港口年内新增万吨级泊位19个。青岛港前湾港区自动化码头二期工程、日照港岚山港区北作业区大宗散货泊位等投产运营，青岛港30万吨级原油码头二期工程、日照港岚山港区30万吨级原油码头三期工程等新开工建设。济宁、枣庄、菏泽、泰安等内河港口码头工程加快推进
河南省	推进沙颍河周口港中心港中作业区码头项目，新开工建设沈丘港口物流园区和商水县临港产业园
湖北省	全年新增港口吞吐能力2058万吨。武汉金口重件二期、车阳河二期龙欣物流码头等9个重点港口项目完工，武汉新港三江港区综合码头一期工程水工主体工程完工，宜昌港主城港区白洋二期工程8#~11#泊位水工及陆域工程完成主体工程施工，湖北荆州煤炭铁水联运储配基地一期工程3#~4#泊位码头平台基本完成，5#~6#泊位码头平台正在施工。武穴盘塘港、襄阳新港、黄石新港二期、宜昌港宜都港区洋溪作业区临港物流园综合码头等项目建设持续推进。世行贷款三峡物流集装箱泊位工程开工
湖南省	长沙港铜官港区一期工程竣工验收，二期工程开工；长沙港霞凝港区三期工程南片区滚装泊位投入试运营，2个多用途泊位主体工程完成；岳阳港城陵矶港区（松阳湖）二期工程下游片区3个泊位（含汽车滚装功能）投入试运营，上游片区4个泊位主体工程基本完工。加快推进湘阴港区城关作业区（漕溪港）二期工程、汨罗港区推山咀作业区一期工程等项目建设
重庆市	重庆港果园作业区二期工程及其扩建工程、重庆港合川港渭沱作业区一期、忠县港区新生作业区一期工程、奉节夔门港区一期工程、涪陵港区龙头山作业区二期工程等续建工程或新开工工程加快建设
四川省	开展乐山港老江坝作业区一期工程等多个港口项目前期工作
贵州省	建成21座便民码头，推进乌江瓮安港口项目建设，开工建设乌江索风营等四库区航运工程24个停靠点
云南省	新改（扩）建码头泊位11个。水富港扩能工程一期投入试运营、二期开工建设。关累港港口扩能改造工程有效推进
陕西省	加强安康港、旬阳港、蜀河港、白河港等汉江沿线中心港口建设，汉江洋县至安康航运建设工程全面完成建设任务，完成码头18座，已经通过第三方质量检测，交工验收和竣工验收准备就绪

集装箱航线布局。港航企业不断优化集装箱组织方式，积极推进长江集装箱江海联运系统建设，优化近洋、远洋航线布局，完善干支联动、江海直达航线，促进与长江干线枢纽港及沿海集装箱干线港的有效衔接，促进集装箱港口枢纽化、集约化发展。表2.3-3为各省市港口集装箱航线布局动态统计。

各省市港口优化完善集装箱航线布局动态（2019年）　　表2.3-3

省市	优化完善集装箱航线布局动态
上海市	上海港集装箱支线班轮已对接长江中下游主要港口，与芜湖、南京、九江港航企业合作开发至上海的点对点直达航线，实现与洋山深水港区江海直达班轮化；与大丰港设立集装箱码头公司，共同经营大丰港的集装箱业务，实现大丰港与上海港集装箱航线“天天班”服务

续上表

省市	优化完善集装箱航线布局动态
江苏省	全省徐州、无锡、淮安和宿迁等10个内河港口开展集装箱业务，开行至南京、扬州、太仓、连云港和上海等沿江沿海港口的达39条、107班/周；全省港口已开辟运行国际集装箱航线69条，包括美西线、非洲线和波斯湾线3条远洋航线和集中在连云港港、南京港、太仓港、张家港港、南通港、大丰港的66条集装箱近洋航线
浙江省	推动海港集团开展进长江、拓内陆、联大洋行动，在南京组建长江区域公司，实现长江内支线班轮稳定运营；宁波舟山港长江内支线已形成一周九班的集装箱航班服务，挂靠港口包括南京港、镇江港等，业务辐射重庆、武汉、合肥、芜湖、马鞍山、南昌等区域。杭甬运河集装箱航线、营口—嘉兴—龙游集装箱海河联运航线和台州龙门港区至甬舟、嘉兴港独山港区至上海集装箱内支航线开通
安徽省	开通芜湖至上海"两港一航"直达核心航线、合肥至芜湖"港航巴士"、皖江小支线"港航巴士"；以蚌埠为中心开通淮河干流首条外贸航线和蚌埠至上海直达航线；重庆通过芜湖中转至上海航线完成首航
江西省	构建全省集装箱内支线班轮运输网络，九江港实现江海直达运输集装箱天天班
湖北省	新增江海直航航线1条，江海联运（含外高桥）、江海直达航线累计达6条。首条集装箱国际直航航线武汉—日本开通
湖南省	开通岳阳—日本、韩国、中国台湾接力航线，通过城陵矶港—上海（太仓）支线对接上海（太仓）—日本、韩国、中国台湾港口干线，形成岳阳—日本（东京港和大阪港）、韩国（釜山港）、中国台湾（基隆港）的精品航线服务品牌
四川省	"天天直航快班（升船机）"稳定开行，"水水中转航班"持续加密，宜宾—水富公共集装箱班轮实现常态化运行，新开通宜宾—上海"五定"集装箱班轮航线。全省有10条集装箱班轮航线，每周34班

港口集疏运系统及多式联运项目建设。大力发展铁路专用线，实施长江干线港口铁水联运设施联通行动计划（表2.3-4），落实《深入推进长江经济带多式联运发展三年行动计划》。列入国家《推动长江干线港口铁水联运设施联通的行动计划》的14个重点项目全部开工。南京港龙潭港区、西坝港区和徐州港顺堤河作业区、双楼作业区、邳州作业区铁路专用线加快施工，上合组织（连云港）国际物流园专用铁路竣工验收。浙江宁波舟山港穿山港铁路支线开通运营，温州乐清湾港区铁路支线进入收尾阶段，头门港铁路支线二期头门新区至头门港段加快推进。安徽马鞍山郑蒲港铁路专用线工程施工，安庆皖河新港铁路专用线一期工程开展前期工作。江西彭泽港区（红光）、彭浪矶作业区铁路专用线开展前期工作。湖南华容煤炭铁水联运项目加快推进、长沙新港（三期）铁路专用线开工。湖北持续推进武汉港集装箱铁水联运二期工程、荆州煤炭铁水联运储配基地一期工程铁路专用线，武汉新港江北铁路香炉山至黄州段开工建设。河南周口中心港集疏运铁路专用线及漯河港区、平顶山港区、鹿邑港区、永城港区、南阳港社旗港区马店作业区等铁路专用线开展前期工作。重庆万州新田港集疏运系统建设有序推进。四川宜宾港进港铁路建设持续推进，泸州港大件路拓宽改造工程、广安港至襄渝铁路前锋站快速通道、广元港红岩作业区（一区）进港公路、遂宁港至城区通港大道等4个项目启动实施。

列入国家《推动长江干线港口铁水联运设施联通的行动计划》的14个重点项目开工情况 表2.3-4

序号	项目名称	进展情况
1	上海港外高桥港区装卸线	2017年底开工。沪通铁路二期工程的一部分，铁路等级为国铁Ⅰ级双线，规划年货运量2000万吨
2	太仓港疏港铁路专用线	12月18日开工。总投资18.12亿元，由沪通铁路太仓港站引出，向东延伸至港区集装箱作业区，正线全长约13.1公里。建设工期18个月。预测本线货流密度近期达到388万吨/年，远期达到603万吨/年
3	南通港通海港区至通州湾港区铁路专用线一期工程	9月28日开工。初步概算29.1亿元，起自宁启铁路海门站，终点通海港站，新建正线全长24.48公里，正线桥梁长19.2公里。建设工期30个月。预计年度货运量为初期150万吨、近期550万吨、远期950万吨
4	池州东至经开区铁水联运设施联通项目（铁路专用线）	12月28日开工。总投资12.15亿元，起自铜九铁路香隅站，向北上跨530国道，至园区装卸站，止于码头装卸站，正线全长7.86公里。建设工期18个月。将新建园区铁路专用线、园区装卸站、码头装卸站和2个5000吨散货码头，对香隅站实施改扩建
5	安庆长风港区铁路专用线	12月28日开工。总投资29亿元，自怀宁县合九铁路安庆支线月山站引出，终至长风港区，全长33.5公里
6	铜陵港江北港区铁路专用线	12月28日开工。总投资34.6亿元，Ⅲ级单线铁路，北起庐铜铁路庐江南站，南至铜陵江北港站，正线全长52.11公里
7	九江城西港区铁路专用线	8月31日开工。总投资22.5亿元，自东向西依次设九鼎作业区、上港作业区、物流作业区和保税区作业区，长11.34公里。计划2021年2月竣工
8	湖北阳逻港二期工程	从香炉山车站接岔，自东端咽喉南侧接轨后以300米半径折向东南进入集装箱装卸作业区，分为三股道、六条线路，全长1.92公里
9	宜昌茅坪港疏港铁路	三峡枢纽铁水联运项目，2019年5月纳入《国家推动长江干线港口铁水联运设施联通的行动计划》。白洋港疏港铁路项目8月28日开工，总投资2.6亿元，线路全长2.11公里，到发运量8万TEU/年，建设工期18个月，是国内首创的将铁路引上码头平台，实现铁水联运无缝连接的示范项目
10	宜昌白洋港疏港铁路	
11	城陵矶港松阳湖铁路专用线	5月17日开工。总投资5.15亿元，利用城陵矶工业站地方铁路和华能电厂三期既有线6.125公里，近期新建线路全长2.457公里，预留城陵矶站至岳阳北站疏解线4.028公里。建设工期22个月
12	重庆万州港新田港区进港铁路专用线	2019年底开工。总投资6.7亿元，从新田港区出发，经百安坝进入联合坝，在江南沱口与现宜万铁路万州长江大桥相接，融入万州铁路货运主线，全长16.2公里，计划工期36个月
13	涪陵龙头港铁路专用线	2019年底开工建设。总投资21.67亿元，自渝怀铁路引出，龙头港车站出站后并行于渝怀铁路接入涪陵西站，线路全长2.97公里
14	宜宾港铁路集疏运中心项目	1月1日开工。总投资25亿元，线路总长22.6公里，按国铁II级铁路设计，正线为单线。建设工期36个月

第3章

运输服务

3.1 船舶运力和运量情况

3.1.1 运力总体状况

截至2019年底，14省市拥有水上运输船舶10.86万艘（图3.1-1），同比减少3.8%；净载重量1.93亿吨，同比增加2.0%；载客量54.91万客位，同比减少5.5%；集装箱箱位156.0万TEU，同比增加16.4%；分别占全国的82.5%、75.1%、62.0%和69.7%。其中，机动船9.9万艘，同比减少3.1%；驳船0.96万艘，同比减少10.2%。图3.1-2为14省市2013—2019年水上运输船舶运力变化情况。

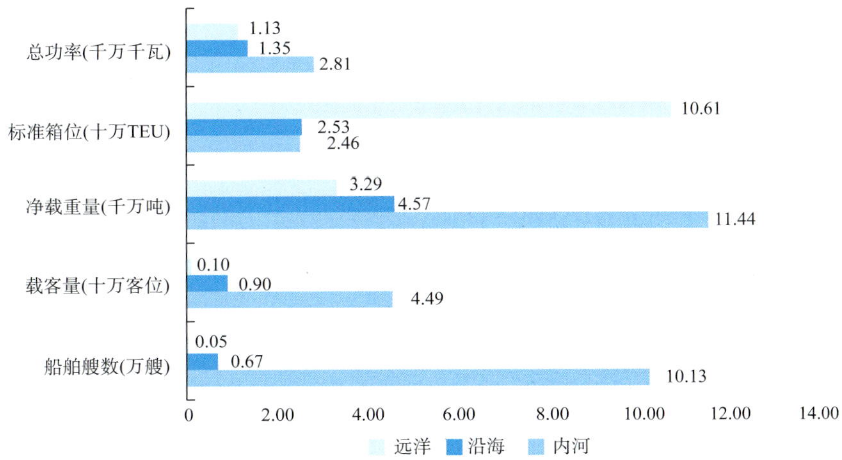

图3.1-1 14省市水上运输船舶运力情况（2019年）

按航行区域分，内河运输船舶10.13万艘（图3.1-3），载客量44.91万客位，净载重量1.14亿吨，分别减少4.1%、7.9%和1.5%；沿海运输船舶6743艘，载客量9.04万客位，净载重量0.46亿吨，分别减少0.5%和增长2.7%、4.9%；远洋运输船舶501艘，净载重量0.33亿吨，分别增长24.3%、11.6%。14省市内河、沿海、远洋船舶净载重量分别占全国的87.0%、64.8%和60.0%。

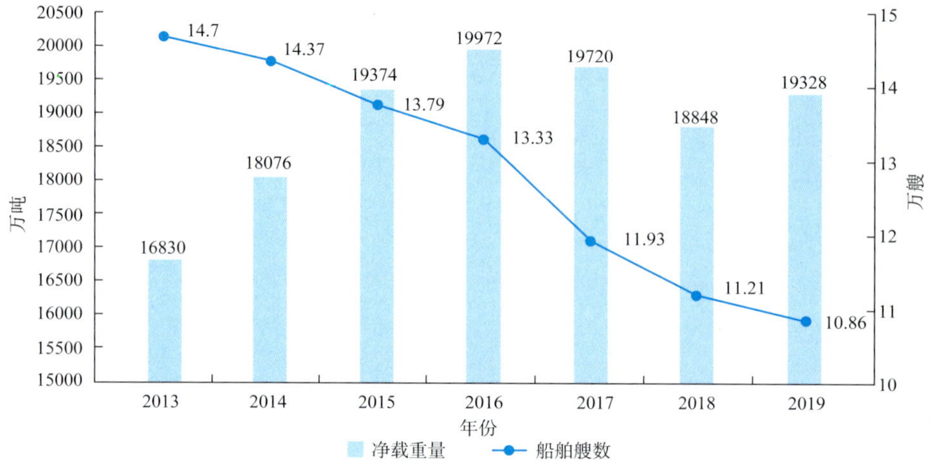

图3.1-2　14省市水上运输船舶运力变化情况（2013—2019年）

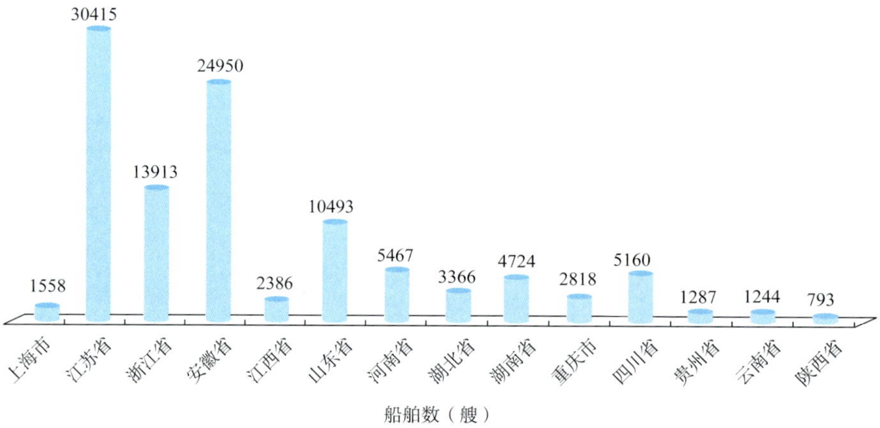

图3.1-3　分地区内河船舶艘数（2019年）

客运船舶。客运船舶（包括客船、客货船，不含客运驳船）艘数、载客量分别为1.06万艘、54.89万客位，减少4.3%、1.1%。其中，内河客船0.999万艘、44.89万客位，减少4.6%、2.7%。内河客运船舶艘数超过1000艘的省份有湖南、四川、浙江和云南（图3.1-4）。

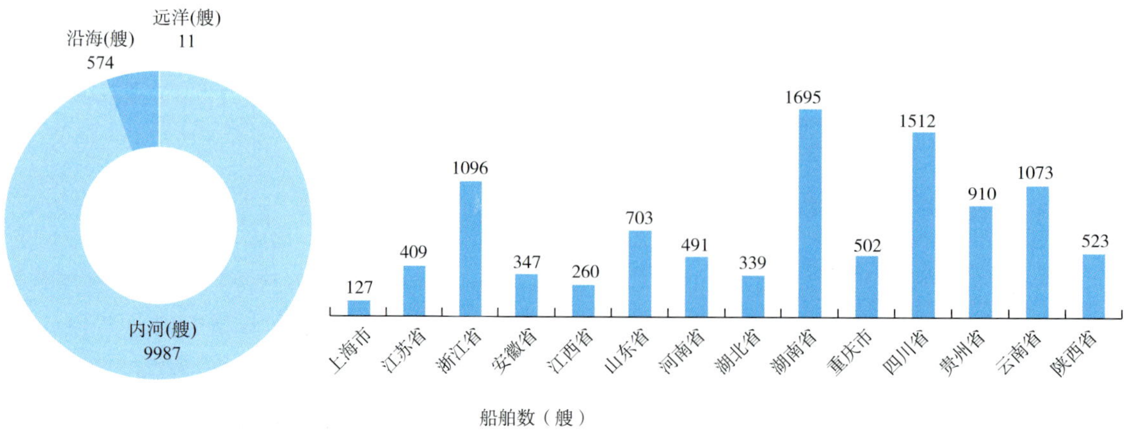

图3.1-4　14省市客运船舶运力情况（2019年，右为分地区内河客船数量）

货运船舶。货运船舶（包括货船、驳船）艘数、净载重量分别为9.63万艘、1.93亿吨，分别减少2.9%和增加2.5%。其中，内河货船9.05万艘、1.14亿吨，减少2.4%、0.9%。内河货运船舶艘数超过5000艘的省份有江苏、安徽、浙江和山东（图3.1-5）。

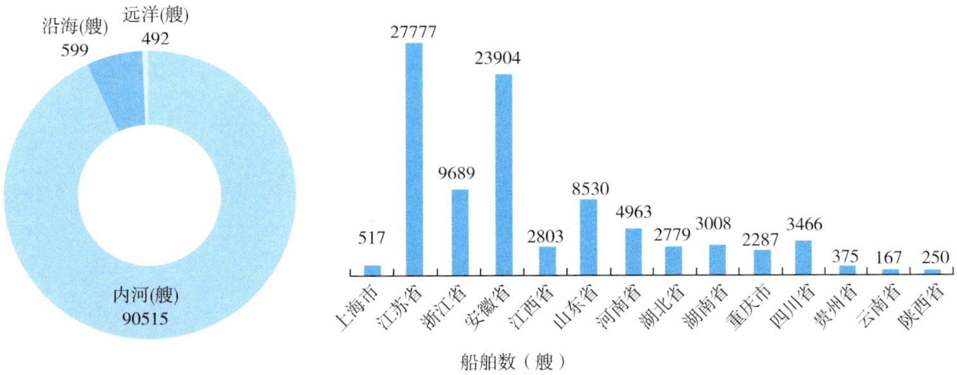

图3.1-5　14省市货运船舶运力情况（2019年，右为分地区内河货船数量）

集装箱船舶。集装箱运输船舶（不包含驳船）833艘，标准箱位131.09万TEU；其中，内河集装箱运输船舶428艘（图3.1-6），标准箱位6.26万TEU。

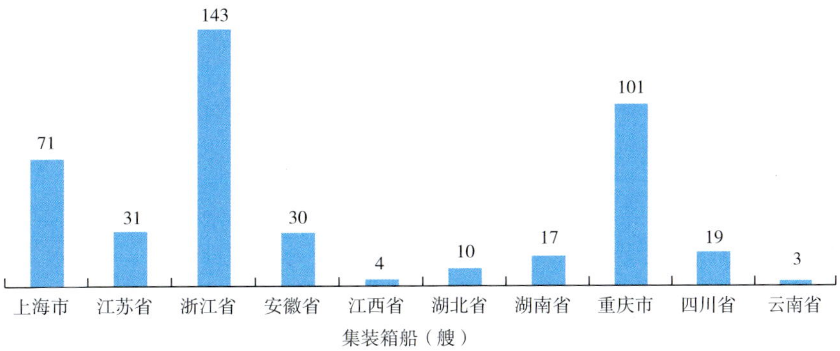

图3.1-6　分地区内河集装箱船舶艘数（2019年）

3.1.2　船舶运力结构

船舶吨位结构。2019年，14省市货运船舶（包括货船、驳船）平均吨位2005吨，同比增长5.65%；集装箱船舶（不包含驳船）平均箱位1579TEU。其中，内河货运船舶平均吨位1264吨，增长1.6%，内河集装箱船舶平均箱位147TEU。长江干线货船平均吨位1880吨，同比增长5.6%；通过三峡船闸船舶平均额定吨位4582吨，同比增长2.5%。内河货运船舶平均吨位超过1000吨的有重庆市、湖北省、河南省、安徽省、湖南省和山东省，分别达到3300吨、2003吨、1976吨、1864吨、1353吨和1027吨。图3.1-7为14省市2013—2019年货运船舶平均吨位变化情况。

运输船舶标准化。落实国家内河船型标准化政策，积极争取政策支持和资金补助，共同推进船型标准化。宜昌“130米三峡船型”正式享受国家内河船型标准化财政补贴。重庆推动内河船型标准化大长宽比示范船新建工作，新开工示范船25艘、10艘拟开工船舶处于图纸审核阶段，投入营运示范船达151艘。四川建立船舶退出市场机制，清理取缔各类船舶1320艘，817艘客货船舶退出运输市场，研究推出适合嘉陵江、岷江等符合川江特点的标准船型及主尺度系列11型，过三峡船闸船舶标准化率89%。云南制定6套船舶标准化改造图纸，选定2种应急搜救小型船艇船型。上海巩固黄浦江核心段小型散货船疏导整治成果，推动玻璃钢船舶全部退出浦江游览市场运营。

图3.1-7　货运船舶平均吨位（2013—2019年）

江海直达船型研发推广。上海市扩大124TEU集装箱船江海联运服务范围，运行船舶2艘、在建2艘，形成每周三班的苏州至洋山的定期班轮航线。河南商会新设江海直达运输企业落户舟山，拟建8艘江海直达船，首艘1.4万吨船舶开建。全国首艘宁波舟山港—马鞍山港2万吨级江海直达船累计完成76航次、货运量161.37万吨。川江航线首艘投入运营的万吨级船舶"亲河1068"轮下水，运营宜宾至上海航线。湖北省江海联运1140TEU集装箱船建造项目继"汉海1号"于2018年底下水营运后，"汉海2号""汉海3号""汉海7号"投入常态化营运，"汉海5号"处于建造中，"华航汉亚1号"交船投入武汉直航日本的500TEU汉亚航线。浙江省推进内河集装箱船型优选工作，加快内河集装箱运输主通道标准系列船型推广，推动海河联运三层集装箱船舶应用。

专业化特种船舶发展。集装箱船、滚装船、液化气船等专业化特种船舶快速发展。截至2019年底，长江水系共有省际液货危险品运输船舶2955艘，较2018年减少76艘，总载重吨367.3万吨，平均吨位为1243载重吨/艘。载货汽车滚装运输船45艘/2695车位，与2018年持平。省际旅客运输船53艘/17158客位，平均324客位/艘，较2018年增加3艘。

3.1.3　水路运输情况

客运完成情况。14省市全年完成水路客运量1.81亿人、旅客周转量50.5亿人公里，为2018年的94.5%和99.2%，分别占全国的66.3%和63.0%；平均运距27.9公里，同比增加1.3公里。其中，内河水路客运量1.27亿人、旅客周转量28.23亿人公里，分别减少9.3%和9.0%；平均运距22.3公里，与2018年持平。内河客运量超过1000万人次的省份有贵州、江苏、四川、湖南、浙江和云南（图3.1-8）。

货运完成情况。14省市全年完成水路货运量53.17亿吨、货物周转量62078.5亿吨公里，为2018年的106.7%和106.8%，分别占全国的71.2%和59.7%；平均运距1167.5公里，同比增加1.6公里。其中，内河水路货运量31.76亿吨、货物周转量14665.3亿吨公里，分别增长3.8%和5.1%，分别占全国的80.8%和90.0%；平均运距461.7公里，增长1.2%。内河货运量超过1亿吨的省份有安徽、江苏、湖北、浙江、重庆、湖南和河南（图3.1-9）。

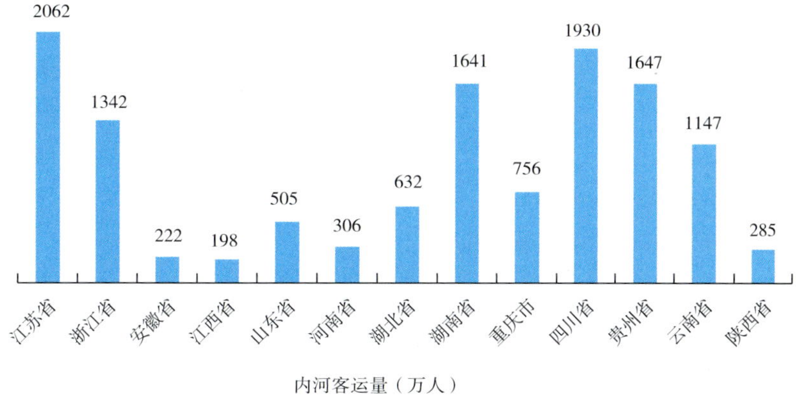

图3.1-8　分地区内河客运量（2019年）

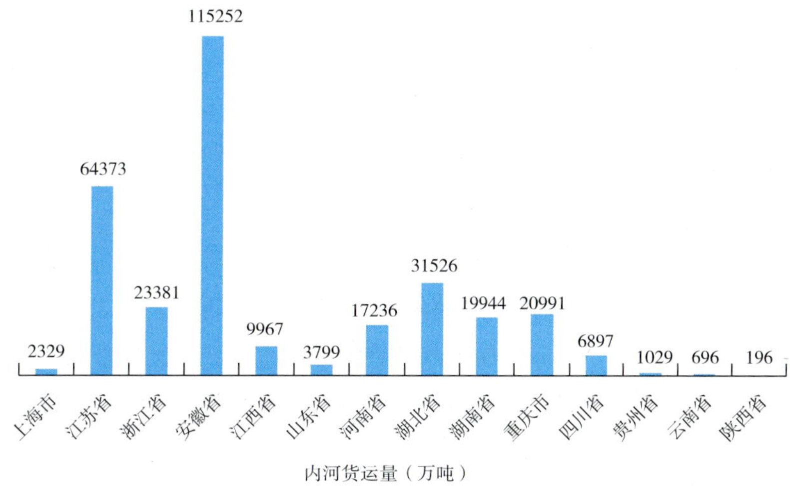

图3.1-9　分地区内河货运量（2019年）

3.2 港口生产情况

3.2.1 港口吞吐量

货物吞吐量。14省市全年完成港口吞吐量83.6亿吨（图3.2-1），同比增长12.0%，占全国港口的59.8%。其中，沿海港口完成39.4亿吨，同比增长6.5%；内河港口完成44.1亿吨，同比增长17.4%。沿海、内河港口货物吞吐量分别占全国的42.9%和92.4%。

外贸吞吐量。14省市全年完成外贸吞吐量24.0亿吨（图3.2-2），增长4.9%，占全国的55.5%。其中，沿海港口完成19.7亿吨，增长4.8%；内河港口完成4.3亿吨，增长5.6%。沿海、内河港口外贸吞吐量分别占全国的51.1%和92.5%。

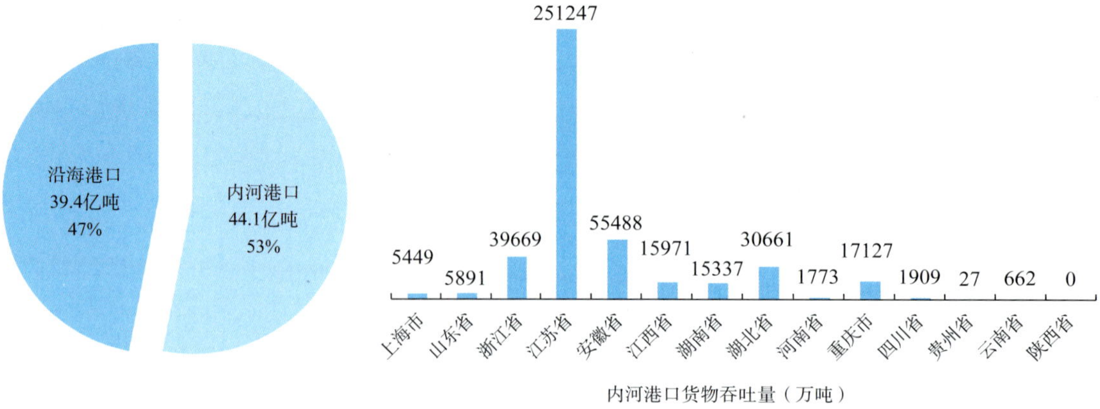

图3.2-1　港口货物吞吐量（2019年，右为分地区内河港口货物吞吐量）

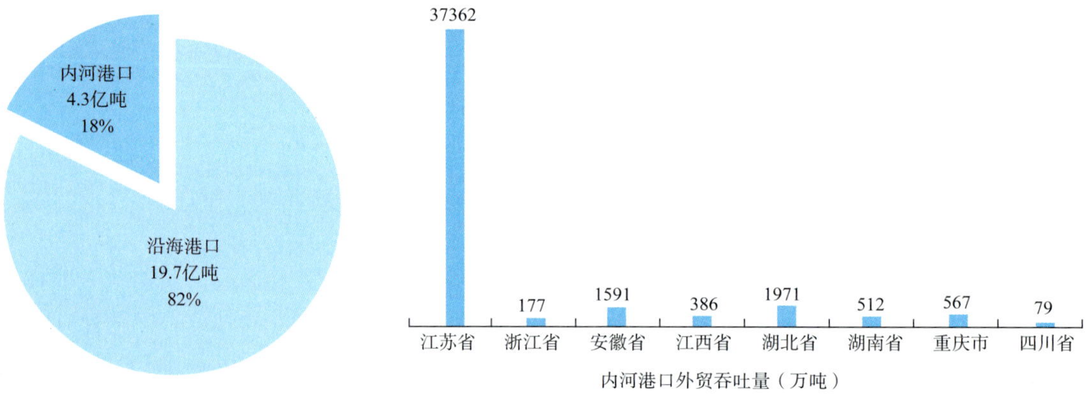

图3.2-2　港口外贸吞吐量（2019年，右为分地区内河港口外贸吞吐量）

集装箱吞吐量。14省市全年完成集装箱吞吐量13074万TEU（图3.2-3），增长5.3%，占全国的50.1%。其中，沿海港口完成10908万TEU，增长5.3%；内河港口完成2166.5万TEU，增长5.4%。沿海、内河港口集装箱吞吐量分别占全国的47.2%和71.9%。

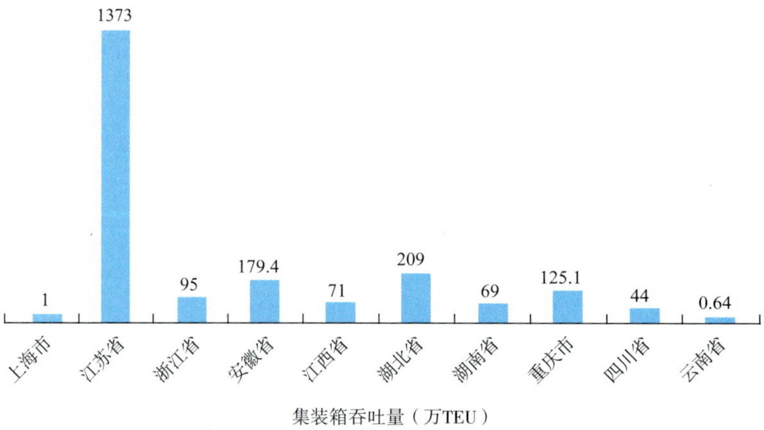

图3.2-3　分地区内河港口集装箱吞吐量

分货类吞吐量。2019年，14省市内河港口完成煤炭及制品吞吐量9.2亿吨，占总量的21.7%。完成石油天然气及制品1.4亿吨，占总量的3.3%。完成金属矿石吞吐量6.7亿吨，占总量的15.6%。完成钢铁吞吐量2亿吨，占总量的4.7%。完成矿建材料吞吐量13.1亿吨，占总量的30.8%。完成滚装汽车吞吐量0.2亿吨，占总量的0.5%。图3.2-4为14省市内河港口主要货类吞吐量情况。

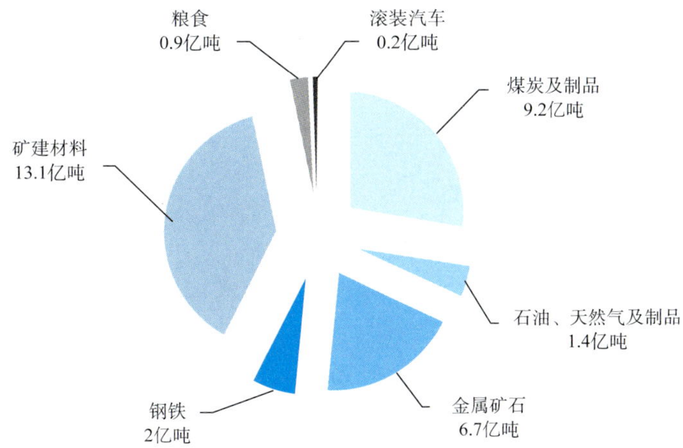

图3.2-4　2019年14省市内河港口主要货类吞吐量

3.2.2　重点港口吞吐量

沿海港口。沿海有山东的滨州、东营、潍坊、烟台、威海、青岛、日照，江苏的连云港、盐城，上海，浙江的嘉兴、宁波舟山、台州、温州等港口。上海港（不含内河）全年完成货物吞吐量达到6.6亿吨，同比下降1.7%；集装箱吞吐量4330万TEU，同比增长3.1%，连续十年保持全球第一。宁波舟山港完成货物吞吐量11.2亿吨，同比增长7.9%，连续十一年居世界首位，集装箱吞吐量2753万TEU，同比增长4.5%，连续两年保持全球前三。图3.2-5为主要沿海港口吞吐量完成情况。

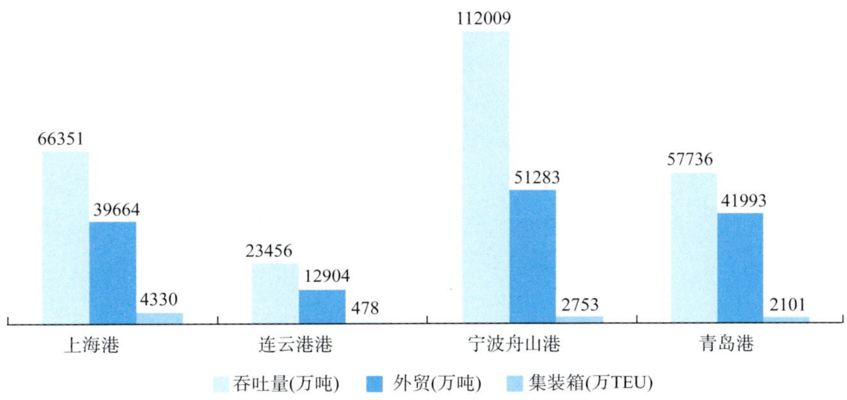

图3.2-5　主要沿海港口吞吐量情况（2019年）

长江干线港口。长江干线港口完成货物吞吐量32.3亿吨，同比增长11.3%；外贸吞吐量4.2亿吨，同比增长3.0%；集装箱吞吐量1941万TEU，同比增长10.9%。主要货种吞吐量均呈现增长态势，其中煤炭及制品7.3亿吨，同比增长10.8%；石油、天然气及制品1.3亿吨，同比增长4.2%；金属矿石6.2亿吨，同比增长5.3%；矿建材料7.7亿吨，同比增长45.7%。吞吐量过亿吨的港口有12个，苏州港太仓、张家港、常熟三个港区均过亿吨（常熟港区含5000

万吨江中过驳量）。图3.2-6为长江干线各港口吞吐量完成情况。

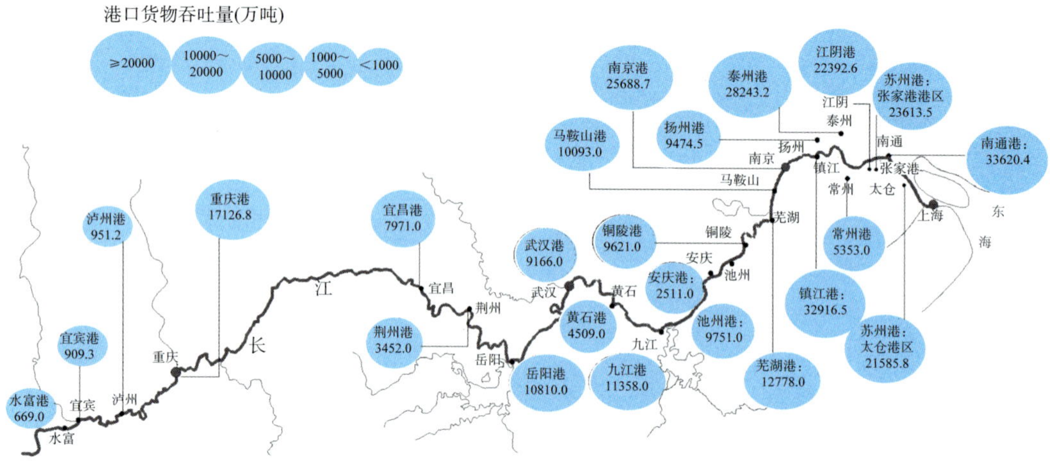

图3.2-6　长江干线港口吞吐量（2019年）

支流港口。杭嘉湖三港吞吐量均过亿吨。南昌、宿迁、苏州内河、徐州、淮安等港口增长较快，均超过20%；乐山和江苏南通、常州、扬州等内河港下降幅度较大。集装箱吞吐量除南昌港外均呈快速增长态势。浙江省完成集装箱海河联运量22.4万TEU，增长47.2%。江苏省苏北至连云港港、苏北经苏中至太仓港和苏南至太仓港三条内河集装箱运输示范航线完成24.3万TEU。图3.2-7为支线重点港口吞吐量完成情况。

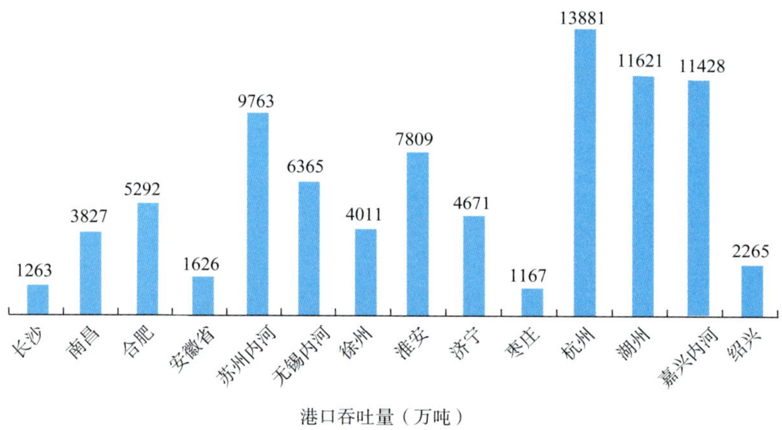

图3.2-7　支流重点港口吞吐量（2019年）

3.3 重点航道运输情况

3.3.1　长江干线

货物通过量。2019年，长江干线完成货物通过量29.3亿吨，同比增长8.9%。矿建材料、煤炭及制品、金属矿石、集装箱、钢铁、水泥、石油天然气及制品等货类通过量超亿吨，合计占长江干线货物通过量的87.8%。图3.3-1为2009—2019年长江干线货物通过量完成情况。

图3.3-1　长江干线货物通过量（2009—2019年）

船舶流量。长江干线航道宜宾至长江口段年平均日船舶流量598艘（图3.3-2），下降12.2%。其中，上游航道江津至三峡大坝段年平均日船舶流量234艘，增长1.7%；中游航道枝城至黄石段年平均日船舶流量276艘，与2018年基本持平；下游航道九江至芜湖段年平均日船舶流量935艘，增长2.8%；南京以下深水航道年平均日船舶流量1164艘，下降22%。长江南京以下12.5米深水航道5万吨级及以上海轮进出港1.8万艘次，同比增长12.5%。全年通过长江口深水航道船舶约6.4万艘次。

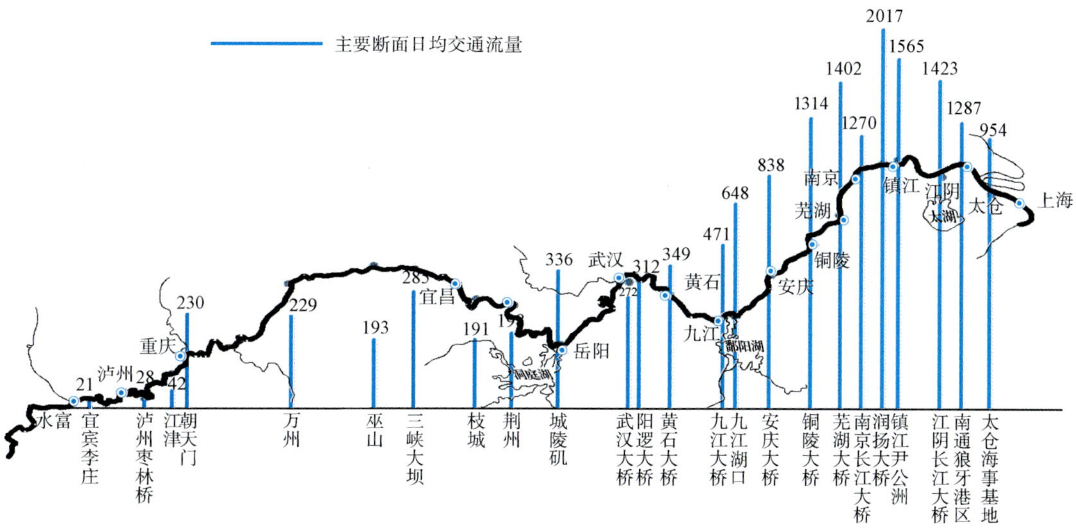

图3.3-2　长江干线主要断面日均交通流量统计（单位：艘次）

三峡枢纽通过量。三峡枢纽通过量1.48亿吨，增长2.8%；其中三峡船闸通过量1.46亿吨，增长3.1%；三峡升船机旅客通过量14.7万人次，货物通过量114.2万吨，分别下降4.5%、24.6%。三峡坝上港口进出滚装船4669艘次，同比下降8.9%。葛洲坝船闸通过量1.53亿吨，增长2.82%。表3.3-1为三峡枢纽船舶交通流量统计。

三峡枢纽船舶交通流量状况（2019年）　　表3.3-1

通　过　量		2019年			同比变幅（%）
		上行	下行	合计	
三峡船闸	艘次	21490	21758	43248	1.6
	通过量（万吨）	7341.3	7297.0	14638.3	3.1
三峡升船机	艘次	1628	1302	2930	-31.8
	通过量（万吨）	59.1	55.1	114.2	-24.6
	客运量（万人）	8.2	6.5	14.7	-4.5
葛洲坝船闸	艘次	24023	23983	48006	-0.9
	通过量（万吨）	7641.7	7691.4	15333.1	2.8

3.3.2　重要支流

上游地区。主要包括金沙江、岷江、嘉陵江、乌江等。其中，金沙江云南境内完成货运量306万吨，同比增长9.3%，集装箱6364TEU，翻坝转运428万吨；四川境内完成货运量226万吨、货物周转量68678万吨公里，同比分别增长9.81%、33.32%。岷江完成货运量44万吨、货物周转量17459万吨公里，同比分别下降25.46%、0.91%；完成大件运输89批次、19724.24吨；完成客运量238万人、旅客周转量1422万人公里。嘉陵江四川境内完成货运量1972万吨、货物周转量26174万吨公里，同比分别下降6.11%和6.87%；完成客运量684万人、旅客周转量5848万人公里；支流渠江完成货运量525万吨、货物周转量23339万吨公里，同比分别增长2.86%和下降6.93%；亭子口以下船闸实现联合运行，过闸船舶累计1600艘次。表3.3-2为上游地区主要支流船闸船舶通过量统计。

上游地区主要支流船闸船舶通过量（2019年）　　表3.3-2

航道	通航建筑物	通过船舶数量（艘次）			船舶通过量（万吨）		
		合计	上行	下行	合计	上行	下行
金沙江	向家坝升船机	2365	1184	1181	83.0	16.3	66.7
嘉陵江	草街船闸	1000	538	462	209.3	0.1	209.2
乌江	彭水	29	15	14			
	银盘	29	15	14			
	思林	24					
	沙沱	16					

中游地区。主要包括湘江、沅水、汉江、江汉运河、赣江、信江等。其中，湘江长沙综合枢纽船闸自2012年10月10日通航近七年来，累计开启7.9万闸次，船舶通过43万艘次，集装箱船10750 过闸艘次，5000吨级以上货轮过闸653艘次，货运通过量累计 5.38亿吨，年均过闸货运量7685万吨。表3.3-3为中游地区主要支流船闸船舶通过量统计。

中游地区主要支流船闸船舶通过量（2019年）　　表3.3-3

航道	通航建筑物	通过船舶数量（艘次）			船舶通过量（万吨）		
		合计	上行	下行	合计	上行	下行
汉江	丹江口水利枢纽	34	22	12	0.5	0.3	0.2
	王甫洲船闸	177	114	63	4.5	3.1	1.4
	崔家营船闸	1677	855	822	31.8	6.7	25.1
	兴隆水利枢纽	10643	5314	5329	570.2	160.1	410.1
江汉运河	高石碑船闸	4501	2413	2088	235.7	160.5	75.2
	龙洲垸船闸	4104	2045	2059	231.8	157.1	74.7
赣江	新干枢纽	41	25	16	1.6	1.2	0.4
	石虎塘枢纽	118	66	52	4.9	2.6	2.3
	龙头山枢纽	10	6	4	1.0	0.2	0.8
信江	界牌枢纽	14763	7372	7391	201.4	112.0	89.4
	红卫坝	5355	3632	1723	278.0	152.0	126.0

下游地区。主要包括合裕线、京杭运河及长江三角洲航道网。京杭运河江苏段货运量5.5亿吨，通过船舶144.8万艘次，过闸货物16.1亿吨；其中，苏北运河完成货运量3.2亿吨，货物周转量667亿吨公里，同比分别增长1.6%和3.9%。浙江省全年各地船闸总计安全运行7.3万闸次，过闸船舶27.4万艘，货物过闸量10165.6万吨，同比分别增长22.7%、5.7%、13.5%。杭甬运河全线货运量达2938.1万吨，同比增长26.9%；全线船闸过闸船数总计17.2万艘，过闸货量总计4042.2万吨，同比增加12.1%、17.7%。表3.3-4、表3.3-5、表3.3-6为下游地区主要支流船闸船舶通过量统计。

合裕线船闸船舶通过量（2019年）　　表3.3-4

航道	通航建筑物	通过船舶数量（艘次）			船舶通过量（万吨）		
		合计	上行	下行	合计	上行	下行
合裕线	巢湖复线船闸	40329	19902	20427	5565.0	2738.3	2826.7
	巢湖船闸	5259	2578	2681	685.0	336.7	348.3
	裕溪船闸	7065	3554	3511	941.2	474.2	467.0
	裕溪复线船闸	57529	28855	28674	7870.8	3959.8	3911.0

京杭运河船闸船舶通过量（2019年）　　表3.3-5

区段	通航建筑物	通过船舶数量（艘次）			船舶通过量（万吨）		
		合计	上行	下行	合计	上行	下行
枣庄段	台儿庄一线船闸	82270	39583	42687	8404.4	4116.4	4288.0
	万年闸船闸	75046	36048	38998	7780.1	3725.5	4054.6
济宁段	微山二线船闸	85513	42836	42677	8031.0	4041.0	3990.0
	韩庄船闸	68821	31677	37144	6691.0	3091.0	3600.0

续上表

区段	通航建筑物	通过船舶数量（艘次）			船舶通过量（万吨）		
		合计	上行	下行	合计	上行	下行
苏北段	施桥	206211	94564	111647	34592.7	16598.1	17994.7
	邵伯	199198	91390	107808	32424.6	15535.2	16889.4
	淮安	225930	113404	112526	31548.5	15785.2	15763.3
	淮阴	145569	69832	75737	18848.6	9030.5	9818.1
	泗阳	127163	61334	65829	16995.7	8076.7	8919.0
	刘老涧	144426	72005	72421	18909.3	9434.1	9475.2
	宿迁	143473	71471	72002	18876.2	9407.2	9469.1
	皂河	143461	71434	72027	18848.7	9395.4	9453.3
	刘山	54757	29086	25671	8174.7	4161.6	4013.1
	解台	49974	26633	23341	7405.4	3762.9	3642.5
镇江段	谏壁一线	181437	116849	64588	9187.3	5043.6	4143.7
	谏壁二线	105598	46525	59073	9506.6	4159.3	5347.3
浙江段	三堡船闸	73323	37026	36297	4986.0	2516.0	2470.0

长江三角洲航道网江苏境内船闸船舶通过量（2019年） 表3.3-6

区域	通航建筑物	通过船舶数量（艘次）			船舶通过量（万吨）		
		合计	上行	下行	合计	上行	下行
常州	丹金	75290	36834	38456	5457.0	2595.3	2861.7
南通	海安	61170	34145	27025	3564.1	2051.3	1512.7
	吕四	23727	11884	11843	1251.0	617.2	633.9
	焦港	88889	55693	33196	4929.5	3132.5	1797.0
	九圩港	92171	39827	52344	2998.1	2644.4	353.7
	南通	49488	29536	19952	4428.5	2696.9	1731.6
泰州	周山河	78400	43867	34533	3036.1	1710.3	1325.8
	口岸	87239	47061	40178	3393.2	1845.3	1548.0
徐州	沙集	2193	1469	724	157.6	106.6	51.0
	刘集	4391	2655	1736	445.3	303.4	141.9
	蔺家坝船闸	38930	21153	17777	4922.1	1695.8	3226.3
南京	秦淮河	4789	2402	2387	465.3	234.6	230.7
宿迁	成子河	15660	10819	4841	2160.3	1672.7	487.6
扬州	宝应	5436	2430	3006	384.9	169.7	215.2
	运西	13109	7755	5354	952.2	508.2	444.0
	运东	29189	17456	11733	2351.7	1425.6	926.1
	芒稻	52179	29251	22928	3685.6	2100.5	1585.2

续上表

区域	通航建筑物	通过船舶数量（艘次）			船舶通过量（万吨）		
		合计	上行	下行	合计	上行	下行
无锡	江阴一线	93850	93850		7284.5	7284.5	
	江阴二线	125344		125344	9003.5		9003.5
苏州	张家港	99500	46351	53149	7340.6	3416.8	3923.8
	虞山	56267	27943	28324	2482.5	1233.0	1249.4
	杨林	36920	20386	16534	2621.7	1424.1	1197.6
盐城	刘庄船闸	43207	20088	23119	3182.5	1458.0	1724.4
	阜宁船闸	17143	9419	7724	1137.6	617.0	520.6
	滨海船闸	517	165	352	16.3	4.7	11.6

淮河水系。淮河建材运输逐步恢复，建筑原材料需求明显增长，矿建运输船舶流量大幅增加；盐河航道通行条件改善，建材、煤炭、矿粉等大宗物资运量呈现增长态势。表3.3-7为淮河水系主要干支流船闸船舶通过量统计。

淮河水系船闸船舶通过量（2019年） 表3.3-7

航道	通航建筑物	通过船舶数量（艘次）			船舶通过量（万吨）		
		合计	上行	下行	合计	上行	下行
沙颍河	沈丘船闸	7125	3539	3586	511.5	257.6	253.9
	郑埠口船闸	2821	1447	1374	278.4	143.0	135.4
	周口船闸	383	194	189	10.0	4.1	5.9
	耿楼船闸	17483	8655	8828	1380.3	980.0	400.3
	阜阳船闸	22318	11114	11204	1524.0	1257.0	267.0
	颍上复线船闸	41376	20481	20895	4688.4	2367.8	2320.6
淮河（含盐河）	蚌埠船闸	12323	6132	6191	1427.0	729.0	698.0
	临淮岗船闸	7000	3500	3500	400.0	200.0	200.0
	蚌埠复线船闸	61615	30658	30957	7125.0	3586.0	3539.0
	高良涧	105849	56549	49300	6384.1	3467.8	2916.3
	朱码	43163	20751	22412	1977.9	979.6	998.3
	杨庄	38699	18755	19944	1679.9	812.9	867.0
	盐灌	5229	2525	2704	379.6	171.6	208.0

3.4 运输市场发展情况

3.4.1 经营主体结构

经营主体基本情况。2019年，14省市内河水路运输企业共3658家，约90%为民营企业；个体工商户10124家。长江干线共有省际客船企业13家，液货危险品船企业154家。各省市取得经营资格的国内水路运输及其辅助业务经营者情况（包括国内水路运输、船舶管理、船舶代理、水路旅客运输代理、水路货物运输代理业务经营者）见表3.4-1。

各省市经营主体情况

表3.4-1

省　市	水路运输企业数（家）			个体工商户（家）
	合　计	省　际	省　内	
总计	3658	2597	1060	10124
上海市	84	57	27	10
江苏省	774	671	103	12
浙江省	165	83	83	5847
安徽省	712	684	28	1169
江西省	158	133	25	35
山东省	281	180	101	
河南省	123	87	36	1
湖北省	300	256	44	187
湖南省	281	135	146	555
重庆市	282	224	58	372
四川省	346	71	275	1396
贵州省	78	5	73	270
云南省	11	11		23
陕西省	62	1	61	247

3.4.2 运输市场形势

长江航运景气状况。2019年，长江水路运输市场运行平稳、稳中有进，长江干线港口货物吞吐量同比稳步增长，港口企业经营效益提升，航运企业经营效益略有下降。全年长江航运景气指数、企业信心指数均呈震荡走势。四个季度景气指数分别为97.68点、107.51点、103.85点、101.47点，信心指数分别为98.26点、110.93点、104.71点和101.98点，景气指数、信心指数除一季度外均处于景气区。从企业类型看，港口企业景气指数均高于航运企业，一季度航运企业和港口企业景气均处于不景气区。

干散货运输市场。长江航运发展研究中心发布的2019年12月长江干散货综合运价指数为810.7点，较2018年同期下降8.0%；全年均值793.6点（表3.4-2），同比下跌9.0%；全年维持在731~855点之间呈“W”型波动走势，最高为1月份的854.1点，最低出现在4月份的731.1点。

长江干散货综合运价指数表

表3.4-2

指数分类	2018年平均	2019年平均	同比（%）	2019年12月
综合指数	871.9	793.6	-9.0	810.7
煤炭	795.4	793.3	-0.3	810.3
铁矿石	792.5	662.5	-16.4	680.2
矿建材料	1410.6	1290.9	-8.5	1295.3
非金属矿石	1146.1	1051.7	-8.2	1083.1

液货危险品运输市场。全国化工品进出口格局保持稳定。长江干线液体化学品运输行业低端产品运输竞争激烈，高端产品运输较为平稳，部分细分市场货运需求略有下降，企业盈利能力有所下滑，部分企业效益和船舶效率处于较低水平。长江成品油市场销售较为低迷，部分油化两用船转向化学品市场，对化学品运输市场冲击较大，运价有一定幅度下跌。长江原油运输主要航线呈由下游往上游运输态势。长江化工品运输主要航线整体呈由上游往下游运输态势。

集装箱运输市场。长江沿江地区特别是中上游地区依托自身优势，加快对外开放步伐，积极承接东部地区产业转移，外贸呈现快速增长势头，保障了集装箱内支线运输市场稳定。探索“散改集”多式联运新模式，扩大适箱货物“散改集”规模，集装箱船舶大型化和经营联盟化的航运新格局基本形成，集运市场集中度进一步提高。长江航运发展研究中心发布的2019年12月长江集装箱综合运价指数（YCFI）为1056.2点，全年均值1069.6点，较2018年下跌4.9%。

滚装汽车运输市场。武汉港发集团商品车年吞吐量首次突破100万辆，成为我国内河第一个年商品车吞吐量达100万辆的港口。湖南省首个汽车滚装码头投入试运行，“港达6号”在长沙新港汽车滚装码头实现首航。武汉航运交易所2019年12月27日发布的中国长江商品汽车滚装运输综合运价指数（CARFI）为1009.15点，较2018年同期（12月28日）下跌15.6%。

旅游客运市场。长江干线实际营运的省际客运公司共13家、省际客船53艘、17518客位。全年长江干线游轮共运行5765航次，比2018年增加662航次，接待游客109万人，增长10%。长江三峡豪华游轮完成旅客发送量66.5万人次，同比增长2%。邮轮发展方面，全年上海港接待国际邮轮靠泊259艘次，邮轮旅客吞吐量189.4万人次，同比下降31.2%；其中以上海为母港的邮轮226艘次，邮轮母港旅客吞吐量占95.6%。温州作为浙江省唯一常态化运营国际邮轮始发港，已累计运营12航次、4.3万人次，年增速33%。

3.4.3 多式联运服务

多式联运发展。长江港口优化基础设施功能，合理设计联运方案，创新联运组织模式，推广“单一窗口”服务模式，整体提升了多式联运效率。武汉阳逻港多式联运、江苏省新亚欧大陆桥集装箱多式联运等12个示范工程项目验收，并正式命名为“国家多式联运示范工程”。四川省交通、铁路部门联合制定铁公、铁水多式联运运营机制，建立场站建设规划项目通报机制，共同推进货物联运客运联程；四川东出铁水联运班列达州—万州港开通，泸州—广州双向班列、宜宾—钦州班列、广西防城港—广安铁海联运班列开行。湖北省推进阳逻港区疏港铁路二期、疏港专用公路和多式联运海关监管中心等重点工程建设，5个国家多式联运示范工程进入实际运营阶段。湖南省推动发展集装箱铁路线进港，优化集装箱“水上巴士”运输模式，长沙新港“公铁水”多式联运模式进一步完善。安徽省实现与中欧班列等铁路班列衔接。江苏省国家级、省级多式联运示范项目分别达到4个、22个。2019年，长江干线四川、重庆、湖北、江西、安徽、江苏等主要港口集装箱铁水联运总量快速增长（图3.4-1），全年完成集装箱铁水联运量约57.6万TEU，占全国港口完成集装箱铁水联运量的11.2%。

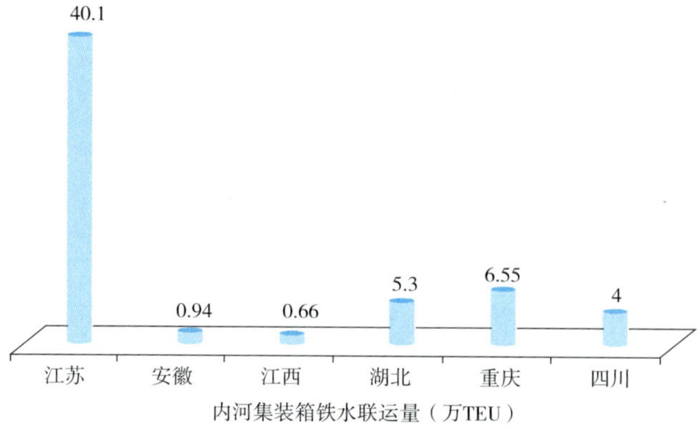

图3.4-1 分地区主要港口集装箱铁水联运量（2019年）

3.5 现代航运服务

航运交易服务。上海航运交易所推进与联合产权交易所在船舶公估方面的合作，被普华永道与德勤会计师事务所列入船舶评估专业机构名录，全年完成船舶交易鉴证和中介126艘次、价值20多亿元；评估69艘次、金额逾30亿元；运价交易平台共有交易商逾4000名，实现单边成交量5万余手、金额逾4亿元。武汉航运交易所新增进场交易企业5家，二手船舶交易103艘，新增航运人才招募基地9个；收集储备专利439项，完成5项专利交易，达成知识产权服务12项；全年完成交易额72.8亿元，同比增长34.7%。重庆航运交易所开发建设了航运物资交易系统V2.0，创新V1.0航运燃油交易模式，引入船用设备、船用物资的互联网交易，全年完成交易额20.26亿元，其中船舶交易9.15亿元、邮轮交易1.76亿元、油料交易1.28亿元、航运交易8.07亿元。浙江船交市场推进集船舶产权交易、船舶拍卖、船舶评估、船舶进出口代理等功能于一体的一条龙服务平台建设，开展实际船舶处置业务和金融服务合作，拓宽船舶拍卖配套融资渠道，全年交易各类船舶1061艘，成交额46.13亿元，评估船舶366艘次，总价值达72.8亿元，均创历史新高。浙江国际油气交易中心已集聚企业超过1500家，实现年贸易额1422.23亿元。

航运金融保险服务。金融机构对接港航企业，开辟金融服务绿色通道，推出一系列绿色金融服务。浦发银行为航运企业提供能效融资、清洁能源融资、环保融资、碳金融、绿色装备供应链融资等一揽子金融服务。湖州市引入“绿色金融 船舶防污染”贷款服务项目，助力船舶防污染工作。上海加快推进北外滩金融港建设，进一步集聚金融总部机构、财富管理机构和金融配套服务企业，打造上海航运和金融服务核心品牌。武汉长江国际航运金融港项目2019年实现营收125亿，武汉航运交易所“e航宝”航运供应链金融服务平台与“e订舱”长江集装箱公共订舱平台、“e航运”干散货交易服务平台等实现无缝对接，形成多层次、多路径的资金供应系统。重庆航运交易所全年开展债券分保业务6.4亿元；提供融资贷款担保5487万元、委托贷款2528万元，同比分别增长50.41%、461.78%；与船东互保协会建立良好的合作关系，为96艘船舶提供风险保障14.6亿元。

航运法律服务。海事法院发挥审判职能，为长江大保护、长江经济带发展、长三角一体化发展、航运中心和自贸区建设等提供司法保障。上海海事法院制定《上海海事法院服务保障中国（上海）自由贸易试验区临港新片区建设的实施意见》《上海海事法院服务保障长江三角洲区域一体化发展的实施意见》，发布全国首份服务保障长三角一体化发展海事审判白皮书、船舶碰撞案件审判与航行安全情况白皮书。武汉航运交易所与武汉仲裁委共同推动新设航运仲裁庭审中心。武汉海事法院全年共受理各类案件3396件，结案3569件，其中受理海事行政案件8件、审结10件；全年执结涉民生案件133件，为船员追回拖欠劳动报酬385.8万元，执结率95%；押扣船舶181艘，拍卖船舶112艘，成交金额4.43亿元。南京海事法院自2019年12月4日起履行法定职责，武汉、上海海事法院不再受理南京海事法院管辖区域内的案件。

航运指数服务。上海航运交易所强化指数研发和指数应用，联合货讯通公司发布“全球集装箱班轮（主干航线）准班率指数”（GCSP）；发布沿海散货运价指数挂钩合同范本；在“一带一路”航贸指数下新增中国（上海）自“一路”沿线国家进口集装箱海运量分类指数，并于11月试运行；与上海期货交易所联合开发航运指数期货，航运集装箱运价指数期货立项申请获批。宁波航运交易所发布的海上丝路系列指数被写入《共建“一带一路”倡议：进展、贡献与展望》报告，并列入第二届“一带一路”国际合作高峰论坛成果清单；升级发布海上丝路贸易指数（STI），分析范围由30多个国家扩大至240个国家和地区；每月10日对外发布由港口景气指数（NPPI）和港口企业信心指数（NPCI）组成的宁波港口指数（NPI）。武汉航运交易所长江煤炭运价、长江出口集装箱综合运价和商品汽车滚装运输景气等指数应用不断深入，发布中国商品汽车滚装运输综合指数。长江航运发展研究中心发布长江干散货运价及长江集装箱运价指数，向国家统计局报送季度长江运价指数，定期发布长江船东满意度指数，编制长江海事局社会满意度指数报告；根据国家统计局《交通运输和邮政业价格统计报表制度》相关要求，形成“长江航运价格统计调查制度”，通过交通运输部审定，向国家统计局申请正式调查制度，长江航运运价指数与民航、铁路、公路、海运价格指数共同构成我国首个服务业生产者价格指数SPPI。

第4章

安全发展

4.1 安全生产体系建设

4.1.1 安全治理体系建设

安全管理体制机制建设。推动实施安全监管规范化标准化，健全安全生产责任制、安全生产事故和重大隐患问责追责制度，完善安全生产警示约谈和督查检查办法，落实安全监管职责。长航局出台《安全生产督查检查工作办法》《长航局系统单位安全生产约谈实施办法（试行）》等制度文件。三峡通航管理局制定完善了《三峡局消防安全管理规定》《三峡局安全生产约谈实施办法》《三峡局安全生产督查检查工作办法》等6项安全管理工作制度。各地交通运输管理部门进一步明确涉水活动安全管理主体，指导督促港航企业完善全员安全生产责任制、落实安全生产主体责任，加强对企业全员安全生产责任制的监督检查，推进企业安全生产标准化建设。开展安全生产信用管理，加大安全生产失信行为惩戒力度，强化评价结果应用。江苏海事局推进“法规标准一体化、交通组织一体化、安全生态一体化、服务保障一体化”建设，打造“共建共治共享共赢”的海事治理共同体。上海海事局制定《上海海事局巡航管理工作规定》，构建海巡、空巡、电子巡航三位一体的立体巡航模式，修订《上海海事局船舶交通管理系统运行管理办法》，进一步提升VTS（船舶交通管理系统）管理的规范化水平。

安全生产风险隐患双重预防体系建设。强化长江航运重大风险防范化解工作，制定实施《长航局防范化解安全生产重大风险工作方案》《长江航运安全生产风险管理和隐患治理暂行办法》，编写了《长江航运企业安全生产风险评估与防控指南》，组织开展试运行。深化事故风险分级管控和隐患排查治理双重预防机制，初步构建了三峡通航“七个风险”的防控体系。长江航道局开展了长江航道维护安全双重预防体系测试运行工作，制订印发《长江航道维护安全风险管控和隐患排查治理双重预防体系建设与运行导则》和《长江航道维护安全风险评估指南》《长江航道维护事故隐患治理指南》等规范性文件。各地加强《公路水路行业安全生产风险辨识评估管控基本规范（施行）》《港口安全生产风险辨识管控指南》宣贯，组织落实好港口安全生产风险辨识管控工作，重点加强重大风险的辨识管控，督促港航企业建立健全隐患排查、告知（预警）、整改、评估验收、报备、奖惩考核、建档等制度。

安全应急宣传教育体系建设。长航局和各地港航系统开展以“防风险、除隐患、遏事故”为主题的“安全生产月”活动。通过“安全生产大讲堂”“安全发展论坛”“安全生产公开课”“安全知识进校园”等形式加强水上安全宣传，深入航运公司、培训机构开展典型事故案例主题宣讲。加强对“四类重点船舶”和重点水域的安全管理，开展自查、互查、督查，督办整改检查出的水上安全监管薄弱环节、风险隐患。深化事故规律性研究及成果应用，依法公开事故调查报告。

4.1.2 安全监管装备设施建设

通航安全保障能力建设。持续推进安全监管基础设施与装备建设，宜昌VTS扩建工程新建8个雷达站，利用原有3个雷达站接入三峡VTS系统，形成“11站1中心”的规模，建设4个VHF（甚高频通信系统）基站和15个CCTV（视频监管系统）监控点。江苏海事局VTS改扩建工程新建138个固定监控点、12个监控分中心、5个监控终端、1个监控中心，更新现有43个监控点视频采集设备，接入长江航运公安局等单位的视频资源。完成南津关救助基地改扩建工程、电话交换及视频会议系统更新改造工程和17米级巡航救助船交船验收。三峡河段船舶吃水检测设施、上游待闸锚地完善建设等工程有序推进，船闸监测管理设施、升船机候工设施改造、葛洲坝左岸土石坝区域改造工程开工。截至2019年12月，长江海事局现有机动船舶220艘、趸船128艘；江苏海事局建成8艘巡逻船、3艘趸船。四川地方海事系统现有海事监督车235辆，海事监督艇、应急抢险救助艇301艘，海事工作船码头61个，视频监控点1561个，AIS基站31个。

渡运运行监测监控系统建设。江苏省交通运输厅、江苏海事局联合印发《长江江苏段渡运单位岸基监控系统建设与运行规范》，推动渡运单位全面实施岸基监控制度，打造“平安渡运”。南京市汽渡管理处岸基监控系统建成，长江南京段渡运单位岸基监控实现100%上线运行；长江南通段6家渡运企业岸基监控系统通过验收并全面运行，渡运企业信息化自主监控能力进一步提升。四川省推进市级水上交通安全管理系统和县级视频监控中心建设，全省76个一二类重点渡口视频监控接入交通运输厅应急指挥系统。

港口危险化学品安全监管系统。各地积极推进港口危化品安全监管信息化建设，增强港口危化品作业安全管控能力。江苏省加快海江河全覆盖的港口安全智慧监管平台和港口重大危险源监测预警系统建设。山东省建成省级港口危险货物安全监管信息平台，形成省级安全监管统一门户。

4.2 安全监管

4.2.1 水上交通安全监管

（1）水上交通安全形势

2019年，长江干线共发生运输船舶一般及以上等级事故19件，死亡失踪14人，沉船10

艘，直接经济损失3309万元，事故四项指标同比全面下降，分别下降29.6%、60.0%、47.4%和15.7%。未发生一次性死亡10人以上的重大水上交通事故。14省市内河、沿海通航水域运输船舶全年共发生一般等级及以上水上交通事故73.5件，未发生一次性死亡10人以上的重大水上交通事故和重大船舶污染事故，未发生重大群体性事件。长江干线航道全年未发生航道维护责任事故和堵航事件。三峡通航水域未发生一般及以上等级水上交通事故，连续八年实现零死亡、零沉船、零污染；未发生航道维护责任事故和堵航事件；未发生船闸、升船机管理责任事故和船舶漂流撞坝事故。表4.2-1为2019年14省市水上交通事故“四项指标”基本情况统计。

水上交通事故“四项指标”基本情况（2019年） 表4.2-1

区域		四项指标				比上年同期（%）			
		一般等级以上交通事故（件）	死亡失踪人数（人）	沉船艘数（艘）	直接经济损失（万元）	一般等级以上交通事故	死亡失踪人数	沉船艘数	直接经济损失
部直属海事局辖区	长江海事局	19	14	10	3309	–29.6	–60.0	–47.4	–15.7
	其中：江苏海事局	12	11	6	2561	–36.8	–56.0	–62.5	–22.7
	上海海事局	8	12	3	1280	–52.9	–70.0	–80.0	–80.7
	浙江海事局	23	45	17	5556	–34.3	–11.8	–26.1	–33.1
地方海事辖区	上海地方海事	4	4	2		100.0	100.0	–71.4	–
	江苏地方海事	7	12	1	64	40.0	71.4	100.0	26.6
	浙江地方海事	6	6	4	15	–53.8	–60.0	–75.0	–77.7
	安徽地方海事	3.5	4	8	512	16.7	300.0	–20.0	–47.6
	江西地方海事	0	0	0	0				
	山东地方海事	0	0	0	0				
	河南地方海事	0	0	0	0				
	湖北地方海事	1	1	1	0				
	湖南地方海事	2	3	2	160	–50.0	–66.7	–66.7	–18.0
	重庆地方海事	0	0	0	0	–100.0	–100.0	–100.0	–100.0
	四川地方海事	0	0	0	0	–100.0	–100.0	–100.0	–100.0
	贵州地方海事	0	0	0	0				
	云南地方海事	0	0	0	0				
	陕西地方海事	0	0	0	0				

（2）加强重点领域安全监管

渡船、危险品船、涉砂船舶、进江海船等重点船舶安全监管。继续加强长江干线渡口渡船安全管理，长江海事局持续深化渡船“116”长效管理机制，深入开展“斑马线”行动，推进渡口渡船自主管控、“船名亮化”“一渡一策”等精细化管理，撤销（整合、调整）渡线59条、减少渡口78处、渡船80艘。地方各级海事管理机构突出对短途客船、渡船和旅游船舶的监管，强化“非运输船舶”管理，坚决整治打击农用船、渔船等非法载客和在航道内非法作业行为，督促涉水乡镇落实属地管理责任。强化危险品船舶分级分类管理与动态监控，长江海事局评定发布A级危险品船舶458艘、C级危险品船舶96艘。统筹推进危化品货主（码头）高质量选船机制和干散货船选船机制，江苏海事局开展选船检查8932艘次，选船检查率92.7%，淘汰船舶94艘，推动辖区77家危险货物航运公司船舶AIS监控全覆盖。深化砂石船舶长效管理机制，长江海事局加强砂石装载源头管控，严禁船舶靠泊非法砂石码头装载作业砂石，规范涉砂船舱单开具流程，严厉打击非法采砂、非法运输等违法行为，联合地方政府和地方海事部门，合理设置砂石船舶锚泊基地。各海事机构开展内河船涉海运输整治专项行动，集中力量对内河船非法从事海上运输实施打击，长江海事局召回70艘次涉海非法运输内河船舶，安徽省、江苏省分别召回船舶400余艘次、211艘次。加强进江海船安全管理，江苏海事局开展“2019进江海船安全管理年”专项活动，主要针对船员、船舶和航运公司开展专项治理。长江海事部门加强长江沿线运输植物油船舶安全管理，推进相关植物油运输船舶改造或者淘汰进程，船检机构严格按照技术规范要求开展相关船舶的定期和改建检验。

重点水域巡航巡查。长江海事部门对重点水域实施动态分级管理，强化35处一级水域和168处二级水域重点监管。江苏海事局强化对“三口两区”等重点水域巡航检查。

突出违法行为监控。各级海事机构强化船舶横越、追越、掉头、进出锚地、靠离泊等行为的监控力度，严厉打击水上突出违法行为，特别是打击冒雾航行、超载航行、配员不足、污染水体等突出违法行为。江苏海事局组织开展中小型船舶突出违法行为整治、船舶进出港报告专项整治等行动，长江三峡通航管理局开展了危险品锚地秩序联合整治、葛洲坝下渔船清理行动、非法运输煤气罐和无证小快艇集中整治等行动。

涉水工程建设期现场通航安全监管。长江海事部门强化了浩吉铁路洞庭湖特大桥、商合杭铁路芜湖长江公铁大桥、常泰长江大桥等涉水工程建设期间现场通航安全监管，加强施工船舶现场监管，强化施工水域电子巡查力度，提高气象信息服务水平，保障重点工程建设水域通航安全。

（3）加强季节性及特殊时段安全监管

汛期、枯水期、三峡175米蓄水期等季节性时段安全监管。长航局系统继续开展“一战三保”等专项活动及“汛期百日安全”“‘2+7’冬季安全”“三峡通航‘1+9’冬季安全”等专项行动，强化联防共治，保障重点时段长江航运安全。航道部门加强汛期、枯水期航道和航标巡查，实时掌控航道水情变化和适航状况，及时处置航道和航标异常情况；做好枯水期重点浅滩航道的扫床清障和维护性疏浚工作；加强航道水深测报，做好航道尺度信息发布。海事部门加强水上交通安全管理，持续开展吃水管控、现场监督及安全宣传等，避免发生船舶搁浅、船舶碰撞、航道堵塞等安全事故。三峡通航管理部门制定《长江三峡—葛洲坝两坝间航道汛期通航流量标准》，建立三峡及上游水库水情调度信息通报机制，每天发送溪洛渡、向家坝、三峡、葛洲坝等枢纽出入库流量和水位信息，优化枯水期葛洲坝三江航道动态吃水调度，实施分时段控制标准。

特殊时段安全监管。加强“春运”、全国“两会”“国庆”等节假日期间及第七届世界军人运动会、第二届中国国际进口博览会等重大活动期间的现场通航安全保障工作。针对危险品运输及作业、内河渡运及水上旅游客运等重点对象，强化现场监督检查，深入排查治理安全隐患。航道部门动态监测维护航道航标，确保航道自身安全形势稳定受控。三峡通航管理部门密切关注三峡、向家坝水库下泄流量变化，协调长江防总和三峡集团公司在航道维护困难时期及特殊时段增加下泄流量，三峡坝区待闸水域及待闸船舶联动管控不断深化。各地港航海事系统加强特殊时段对港航企业、港口码头、渡口、船舶船员、水上水下活动的现场监管执法，保障过往船舶航行安全。

恶劣天气下的禁限航及现场监管。海事、航道及地方交通部门密切关注天气动态，及时响应气象类水上交通安全预警或启动恶劣天气应急预案，严格落实恶劣天气禁限航要求，做好相关安全措施。全年有效应对了台风大雾、雨雪冰冻等对通航安全的影响，成功防御了“利奇马”等3个台风及雾霾、高温、暴雨、雷电、寒潮等各类恶劣天气。三峡通航管理部门严格落实恶劣天气条件下船舶禁限航管理规定，及时发布航行警告信息50次，安全预警信息105次，安全提示信息49次，实施禁限航13078分钟；及时向渡船营运人通报“六大一变”异常气况安全预警，督促渡船规范航行，全年实现安全渡运172万余人次。

（4）开展风险防控和隐患排查治理

安全生产风险防控和隐患排查治理百日行动。长航局和各地港航系统制定百日行动方案，开展水路交通运输安全生产风险防控和隐患排查治理百日行动。长航局重点防控和整治水路客运、水路危险货物运输、航道与通航建筑物、三峡枢纽通航水域、水运建设工程、极端自然灾害等安全风险和隐患。各地港航系统加强水路客运、水路危险货物运输、航道和通航建筑物、港口水运工程施工、极端自然灾害等风险防控和隐患排查治理，加强港口生产风险防控、港口设施设备及港口作业隐患排查治理。

专项行动开展。长航局组织开展了长江航运安全生产大检查和“防风险查隐患 保安全保稳定 迎接新中国成立70周年”“长江干线省际危险品运输安全隐患排查整治”等专项行动，督促各有关单位全面开展安全生产自查自纠，保障重点船舶、重点时段和重大活动期间长江航运安全。各海事机构开展船舶救生设备专项检查活动。上海地方海事开展第九个“3.25内河安全警示日”活动，针对内河危险货物港口经营作业、水路客运、内河水上旅游客运及乡镇渡运等行业重点，全面强化安全监管力度和打非治违。长江航道局推进“擦亮行轮的眼睛”航标专项行动，开展了“防风险查隐患、保安全促稳定、迎接新中国成立70周年”等8个专项活动。长江口航道管理局以南槽一期工程建设和北槽航道维护为重点，以自有船舶管理为抓手，全面试行航道建设维护安全生产惩戒机制，以经济手段督促落实安全主体责任。

过闸船舶安全保障。严格落实交通运输部关于强化通航建筑物和航运枢纽大坝运行安全工作部署，严格施行过闸船舶“双随机”安检制度，探索实施“靠检+巡检”安检模式，全年共检查船舶53604艘次，其中不合格船舶4128艘次，不合格率7.7%，及时发现和消除缺陷和隐患4764项。严格落实一级易燃易爆危险品船舶白天连续通过两坝措施，对1708艘次载运一级易燃易爆危险货物船舶实行全程接力维护；严格实行分类分区锚泊管理，保障了3355艘次危险品船舶待闸安全；严格落实危险品船舶过闸封闭管理制度，保障了915.49万吨危险品（其中一级危险品338.64万吨、二级危险品576.85万吨）安全过闸。统筹实施两坝船闸（升船机）计划性日常停航保养53次，应急抢修38项次；排查解决升船机各类问题缺陷和隐患瓶颈16项。强化三峡通航水域安全风险预防预控，有效排除了葛洲坝坝下快艇游玩碍航、小型流动船舶在危险品锚地航行作业等安全隐患。

4.2.2 港口安全生产管理

危险品、客运码头安全专项检查。严格落实交通运输部关于规范和加强港口安全生产管理工作的相关工作要求，各地港口管理部门加强对辖区内危险品码头、客运码头的安全专项检查，有效防范安全隐患；港口企业加强安全生产防范能力建设，加强港口危险货物作业安全源头防范、风险管控和作业管理。湖北省启动港口安全检查“专家会诊”行动，制订了“专家会诊”总体实施方案，重点督查监管部门履职和企业安全主体责任落实情况，同步开展对基层监管人员的现场业务指导，举办港口危险货物安全管理培训。江苏省加强危货码头、罐区等重点区域检查。浙江开展港口安全专项检查行动，共列出近100项检查项目，对全省308家港口危货企业实施全覆盖检查，查出问题和隐患288个，完成整改242项，其余项目按整改计划实施闭环管理。贯彻落实交通运输部《水路运输实名制管理规定》，按照《长江干线客运港口（码头）实名制管理及安检设施设备配备标准》要求，各客运码头加快设施设备的配置、安装和调试；长航局组织开展客运港口客运码头实名制管理检查评估，公布了符合实名制管理规定的港口（码头）名单。

4.2.3 水上公共安全监管

长江水上公共安全。长江航运公安局全年共处警2.5万起，查处治安案件6554起，警情发生数同比下降42%。印发《长航公安机关加快长江中央管理水域治安防控体系建设行动计划》，从构建“水上防控圈”等五个方面入手，加快推进立体化信息化长江中央管理水域治安防控体系建设。以“枫桥式公安派出所”创建活动为抓手，全面夯实基层基础工作。坚持“防范、排查、整治、打击”四位一体，组织开展加强岁末年初社会面治安管控和“长江航运安全生产风险防控和隐患排查治理百日行动”“三保一创”等专项行动，开展联合执法5188次，救助各类遇险船舶24艘，救助遇险人员250人，查处无证驾驶机动船舶案件938起，破获伪造、变造国家机关公文证书案件442起。持续强化客船派乘工作，推进长江水路旅客乘船实名制，船舶停靠码头旅客进港验证率达到99%，保障旅客出行安全。

刑事犯罪活动打击。长江航运公安局全年共立各类刑事案件5568起、破案5391起。强化同地方公安机关、水利等部门的联勤协作，实现非法采砂刑事案件打击效能不断提升，全年共破非法采砂刑事案件1878起，查扣江砂430余万吨，涉案价值2.4亿余元。

长江生态安全维护。强化行政执法和刑事司法衔接机制建设，保持对破坏长江生态环境违法犯罪的严打高压态势。长江航运公安部门严厉打击污染环境犯罪，结合最高人民法院、最高人民检察院、公安部、司法部、生态环境部《关于办理环境污染刑事案件有关问题座谈会纪要》，研究辖区内污染环境犯罪新动向，积极同检察院、法院联系沟通，建立协作机制，宜昌、九江分局相继破获“1.5环境污染案”“4.11长江重大环境污染案”。持续开展禁渔执法、长江口水域非法捕捞专项整治行动，共破获非法捕捞水产品刑事案件938起，抓获犯罪嫌疑人431名，打击处理354人；2019年4月起在全线组织开展依法打击破坏野生动物资源违法犯罪专项行动，破获破坏野生动物资源刑事案件468起，抓获犯罪嫌疑人324人，打掉犯罪团伙6个。湖北省完成2018年国家警示片反映的荆门汉江水域4艘船舶生活污水处理设施闲置未使用问题的市级验收，并将联合环保部门进行省级验收。2019年湖南总河长会生态环境警示片中涉及水上交通的7个问题整改到位。

水上消防安全监管。长江航运公安局继续保持消防安全监管力度不减，依法查处消防行政案件329起，拘留34人，责令限期改正火灾隐患1320处，参与成功扑救火灾41起，抢救和保护财产价值近亿元。强化日常应急救援准备，妥善处置了岳阳恒阳化工码头“赣华顺化016”危险品船卸货作业时发生的火灾爆燃事故，成功扑灭火灾，未造成人员伤亡。

4.2.4 水运工程质量安全监督

水运工程质量监督管理。持续加强水运工程质量监督管理，建立陆上、水下一体化、全方位的施工过程控制、质量监管网络体系，对工程实施规范化、标准化、信息化的动态管理。按照督查检查年度计划安排，增强督查检查工作的科学性、针对性、实效性，创新推进信用风险分类监管、“互联网+监管”等手段，健全以“双随机、一公开”监管为基本手段、以重点监管为补充、以信用监管为基础的新型监管机制。《水运工程施工标准化指南》发布实施，利用跟踪问效提高行业监管综合效能。2019年，长航局办理质监登记手续的在建项目共70个，工程监督覆盖率和单位工程验收合格率均达到100%，工程整体质量处于受控状态。

水运工程质量安全监管。落实《交通运输部办公厅关于开展“坚守公路水运工程质量安全红线”专项行动的通知》要求，长航局和各地交通运输主管部门制定本地区红线行动工作方案，全面厘清红线问题，加强红线问题监督检查工作，督促公路水运建设从业单位尽快开展红线问题自查、自纠、自改，结合日常质量安全管理工作，建立红线行动工作台账，实时动态调整，进一步压实企业安全生产主体责任，强化公路水运工程质量安全意识和关键环节控制，严肃查处质量安全违法违规行为，确保水运工程建设领域安全生产形势稳定可控。

品质工程、平安工程建设。根据交通运输部关于《“平安百年品质工程”建设研究推进方案》要求，各地积极开展“平安百年品质工程”创建工作。长航局开展“安全生产月”“汛期百日安全”“国庆军运会专项安全”“平安工地”“品质工程”“红线行动”等专项质量安全活动，不定期组织“四不两直”工地现场突击检查，确保了工程现场总体稳定，施工有序推进。长江中游荆江河段航道整治工程昌门溪至熊家洲段工程获“2018—2019年度国家优质工程金奖”，南京以下12.5米深水航道建设二期工程、宜昌至昌门溪一期、牯牛沙二期等5个项目被评为2019年度水运交通优质工程。云南省启动澜沧江244界碑至临沧港四级航道建设“品质工程”示范创建工作。安徽大力推进引江济淮全线品质工程创建。浙江省推进“平安百年品质工程”建设，依托京杭运河Ⅲ级航道整治工程杭州段等6个试点工程项目和2个重点实验室，以沿海码头、航道护岸、船闸主体工程为重点，推进建立水运工程高质量发展指标体系。江西省大力推进信江枢纽品质工程创建。

4.3 应急救助

4.3.1 应急处置能力建设

应急救助管理体制机制建设。健全水上应急救助组织、协调、指挥、保障体系，建立健全长江干线水上应急协作机制，推动形成“政府领导、统一指挥、属地为主、专群结合、就近就便、快速高效”的工作格局。修订《长江干线水上巡航执法与应急动态待命工作管理规定（试行）》。强化水上险情信息报送，规范水上交通预警预报信息发布。实施海事巡航救助一体化和应急动态待命工作，进一步完善“三级指挥、四级待命”应急组织体系，按规定做好应急值班值守工作，积极开展应急工作视频调度，严格落实信息报送制度。航运、气象等部门深化合作共建，长航局与湖北省气象局签署《长江干线湖北段气象预警合作备忘录》，联合开展了长江航运19个气象站点选址建设工作，其中固定站点17处、移动站点2处。完善水上交通突发事件各类预案，长航局组织修订《长江航运突发事件应急预案》《长江航运突发事件信息报告和处理办法》等应急规章制度；江苏省修订水上搜救应急预案；浙江省建立健全港航应急预案体系，完善应急资源储备和运行维护制度。目前，长江设有1个长江干线水上搜救协调中心，1个省级水上搜救中心、22个水上搜救中心、37个水上搜救分中心，187个应急动态待命点。

应急救助设施装备建设。开展长江干线巡航救助一体化评估工作，完善水上智能视频监控系统，加快应急救助基地建设，建立健全应急救助体系。优化长江干线水上应急救助基地和设施装备布局，编制《长江干线水上应急救助能力提升专项规划》《长江干线区域性应急救助基地设置建议方案》，加快万州、武汉、南京等区域性救助基地整合建设。长江干线水路交通应急指挥平台二期工程开工，推进长江航运应急信息资源“一张图”建设。重庆制订实施地方水上应急救助能力提升专项行动方案，建成化龙桥应急基地及配套55米应急趸船，基本建成65米应急趸船，开工建造涪陵、巫山65米应急趸船及5艘高速救援艇，配备了多波束扫测设备、智能遥控救生圈、常用易耗物资等应急救援设施设备。港口企业基本按规定配备了应急救援队伍和相应器材设备。新建油气化工码头、大型储罐、高危储罐等重点场所均设置了紧急切断系统，已建企业也积极通过系统改造、技术升级等方式提高企业安全管理控制化水平。长江干线有13个船舶溢油应急基地和2个溢油应急设备配置点，280艘应急救助船艇，15艘消防艇，198艘航道维护（测量）船，47艘大型挖泥船，2艘救捞起重船，4辆应急通信车。

应急搜救队伍建设。加强应急救援专业队伍和社会力量建设，推动形成“专常兼备、反应灵敏、作风过硬、本领高强”的应急救援队伍。积极整合应急资源，引导社会力量参与应急救助。重庆市建立了由21名成员组成的水上交通应急救援专家组。大型港口危货储存企业均按规定建立起专职消防队，配置了消防车辆和站舍等设施或落实了消防联防力量。

4.3.2 应急救助演练

水上突发事件应急处置演练。由交通运输部与重庆市人民政府联合主办，中国海上搜救中心、长江航务管理局、重庆市交通局和重庆市涪陵区人民政府共同承办的“2019长江干线水上联合搜救演习”，设置落水人员搜救与遇险人员转移、船舶灭火救援、船舶溢油处置、航道应急抢通、深潜设备远程快速投送、沉物打捞等6个演习科目，31家单位、32艘船艇、300余人参与演练，航道多波束扫测、水下机器人、无人机、智能救生器等一大批高新技术和装备首次集中应用。湖北省武汉警备区、武汉市交通战备办公室、长江航务管理局联合组织“2019年长江干线武汉段交通战备航道应急保障演习”，进行航道紧急抢通与疏浚作业，对落水者进行急救。上海海事局、江苏海事局联合举办“2019年长江上海江苏段水域联合搜救演习”，海事、航保、救助、打捞、社会救助力量和搜救志愿者协同作战，共30艘船舶、2架飞机、300余人参加演习，首次引入自航式救生圈、救生机器人等水上智能搜救设备。长江海事在“安全生产月”活动期间，开展各类内河水上突发事件应急处置演练15次。三峡通航管理局组织了升船机船厢人员应急疏散和闸首桥机应急操作无脚本演练，开展消防、通航、运行、溢油、防汛等各类应急演练232次。各地加快提升应急队伍应急实操水平和应急反应能力，开展了昭通市金沙江向家坝枢纽河段水上应急救援演练、宜宾危险品船舶消防燃爆演习、重庆市柏树湾油库油趸油料泄漏突发环境事件综合应急演练、岳阳水上搜救演练、合肥市2019年度船舶碰撞暨集装箱落水事故应急演练等各类地方水上应急演练。湖北省举办各类应急演练65次，组织举办了水上交通安全暨船舶防污染应急演练、水路交通防汛应急运输保障桌面推演、港口危险货物装卸作业突发安全事件应急演练。

4.3.3 水上应急救助情况

长航局系统和各地水路运输管理部门认真履行水上救助应急管理工作职责，不断完善水上搜救应急预案机制、加强搜救应急能力、提升搜救科技手段、健全搜救工作社会参与联动机制，在历次险情救助过程中出色完成了水上应急搜救工作，有力地保障了水上人命和财产安全。表4.3-1为2019年水上险情搜救工作情况统计。

水上险情搜救工作情况（2019年） 表4.3-1

区　域	组织搜救次数（次）	遇险人数（人）	救助人数（人）	死亡失踪数（人）	人命救助率（%）	遇险船舶数（艘）	救助船舶数（艘）	沉船数（艘）
长江海事局	174	1522	1500	22	98.6	259	221	38
其中：江苏海事局	39	411	406	5	98.8	61	41	20
浙江海事局	284	2423	2310	113	95.3	227	164	63
上海海事局	245	1632	1595	37	97.73	152	134	18
上海地方海事	62	89	84	5	94.4	49	49	0

续上表

区　域	组织搜救次数（次）	遇险人数（人）	救助人数（人）	死亡失踪数（人）	人命救助率（%）	遇险船舶数（艘）	救助船舶数（艘）	沉船数（艘）
江苏地方海事	2324	1081	1064	17	98.4%			
浙江地方海事	307	826	822	6	99.3%	420	416	4
安徽地方海事	60	115	115	0	100.0%	47	43	4
江西地方海事	17	21	20	1	95.2%	18	17	1
山东地方海事	31	809	772	16	95.4%	21	13	8
湖北地方海事	7	16	15	1	93.8%	4	3	1
重庆地方海事	193	57	57	0	100.0%	18		
四川地方海事	37	124	124	0	100.0%	37	37	0
贵州地方海事	1	29	16	13	55.2%	1	7	1

第5章

绿色发展

5.1 船舶和港口污染防治

5.1.1 船舶和港口污染排放控制

污染防治监管制度机制建设。长江航运部门深入践行“生态优先，绿色发展”理念，严格落实污染防治相关政策，加强污染防治监管制度机制建设，共抓大保护格局基本确立。长航局制定《防治船舶污染长江水域环境“十项严格”措施》，全面推进船舶和港口污染防治，对不满足排放要求的船舶实施全线限制航行。长江海事部门统一防污执法流程标准，制定“一手册”“一指南”“一要点”。开展严控船舶水污染物排放专项行动，建立船舶防污染数据库、问题清单和过闸船舶环保达标正面清单，2019年6月1日起禁止不满足水污染物达标排放标准或船上存储交岸处置要求的船舶通过两坝船闸和升船机，自9月1日起责令临时停航、停止作业、安检滞留。严格落实内河单壳化学品船和单壳油船禁航要求，全面禁止单壳化学品和600载重吨以上单壳油船进入长江干线及重要支流航行。各地加强船舶使用燃油的监督管理，明确现阶段内河船燃油标准，建立健全船用燃油质量联合监管与信息通报制度。

船舶排放控制政策执行。严格执行《船舶水污染物排放控制标准（GB 3552—2018）》《船舶大气污染物排放控制区实施方案》等要求，长江海事部门全年查处船舶水污染违法行为2947起、使用不符合标准燃油船舶64艘次；开展船舶油污水、生活污水抽样检测653艘次，燃油取样检测983艘次，查处防污类违法行为1936艘次；强化船舶尾气污染防治，在苏通大桥建成运行全国首个桥基船舶尾气检测系统，并首次查获在航船舶使用高硫燃油违法行为。上海市开展内河辖区防治船舶水污染专项整治活动，检查航运公司169户次，发现并督促整改缺陷30项，现场检查船舶数量21757艘次，发现并督促整改缺陷1207项。江苏省推进不符合排放新标准要求的船舶完成设施设备的配备改造，实施船舶水污染防治“包挂蹲点”，对经改造仍不能达到要求的船舶限期予以淘汰。浙江省船舶排放控制区措施实现省域全覆盖，累计开展船舶燃油质量抽检1337艘次。

船舶及其有关作业活动污染防治。长航局系统共查处环保不达标船舶568艘，2018年长江经济带生态环境警示片所涉及的长江船舶污染问题全面整改完毕。长江海事部门实施重点港区水上水下活动分时、限时管控措施，优化调整生态敏感水域内停泊区，严厉打击饮用水源保护区内船舶污染违法行为；开展长江船舶生态环境污染风险隐患大普查，排查船舶4915艘次、单位547家；开展长江干线固体废弃物非法转移倾倒运输环节专项整治，排查重点船舶1.3万余艘次。三峡通航管理局与交通运输部环保中心联合共建三峡船舶污染检测室，完成54艘船艇趸生活污水处理设备改造。长江口航道维护施工疏浚船舶全面使用低硫油。自2019年9月1日起，长江干线四川宜宾至江苏浏河口全面实施散货船舶封舱管理，长江海事局查处违规船舶19艘次。四川省13个市编制并实施防治船舶及其有关作业活动污染水域环境应急能力建设规划。

5.1.2 船舶和港口污染物处置

船舶和港口污染物接收转运处置设施建设。各地区按照船舶和港口污染物接收转运处置设施建设方案，加强设施建设运行资金支持、统筹协调，长江沿江等地一批船舶污染物接收船和转运码头投入使用。区域协同推进船舶生活污水"零排放"，推动内河运输货船加装生活污水存储装置，淘汰船舶污染物处理装置和污染物收集储存能力不达标的船舶。表5.1-1为各地区船舶和港口污染物接收转运处置设施建设情况。

船舶和港口污染物接收转运处置设施建设情况　　表5.1-1

地区	建设方案任务完成情况	船舶生活污水防污处理
上海市	船舶污染物免费接收全面铺开	完成设有厕所的15艘趸船、12艘海巡艇生活污水改造，并对未改造船舶的厕所、厨房进行封闭
江苏省	内河港口和船舶污染物接收、转运及处置设施全部建成，污染物全部上岸处理。在京杭运河沿线建成船舶垃圾接收设施727套、生活污水接收设施207套、油污水接收设施187套	在全国率先研发内河船舶生活污水处理装置，8800艘省籍400总吨以上内河货船完成生活污水防污改造，集中整治400总吨以下货船不正常使用生活污水防污设施等问题，省籍船舶正常使用率达70%以上
浙江省	内河7个地市完成方案建设任务80%以上。完成100~400总吨内河货船生活污水防污染改造3140艘，累计5352艘，占登记总数的78.5%，对2259艘船舶生活污水排放实行在线监测	在全国率先以政府财政补助方式为省籍内河船加装生活污水储存装置。省管内河全年累计接收船舶含油污水3800余吨、船舶垃圾1600余吨，同比分别增加51%和6%，接收生活污水6000余吨（其中内河1285吨）
安徽省	首艘用于回收水面生活污水和油污水船舶"兴陵油98号"投入使用。全省港口船舶污染物接收转运处置设施建设方案已完成总建设任务的75%以上，建成的设施均已投入使用	对400总吨以下船舶安装生活污水处理装置情况进行排查摸底，研究制定加装生活污水设施工作方案。全省215座码头中，209座建成垃圾接收设施，155座建成生活污水接收设施，159座建成油污水接收设施，132座建成初期雨水收集池
江西省	船舶污染物接收、转运、处置设施设备建成	南昌全市144艘船舶已安装污水处理装置
湖北省	新增建设项目375个，全省港口船舶防污染设施建设方案累计完成2095个。新增污染物接收船20艘，累计达90艘	建成一批船舶生活污水集中上岸点，实现沿江15个市州的港口全覆盖。垃圾接收设施、生活污水接收箱、油污水接收箱完成比例超过75%

续上表

地区	建设方案任务完成情况	船舶生活污水防污处理
湖南省	36个站点开工建设。岳阳、长沙、株洲、常德、益阳、怀化、湘西全部码头及衡阳部分码头的污染物基本进行了收集处理；部分码头具有污水处理能力，收集后并入城市管网	353艘400总吨以下货船完成防污染改造。干线航道船艇油水分离、污水处理装置全部完成
重庆市	新建船舶污染物接收转运点4处	完成138艘餐饮船舶整治，400总吨以上船舶全部按要求安装污水处理装置
四川省	15个市州印发建设方案，完成75%的建设任务；2个市州加快推进	全省船舶已配备垃圾桶、生活污水、油污水处置等设备，需要进行生活污水处置装置改造的89艘400总吨以上的船舶完成改造
贵州省	9个市州建设工作进度完成75%以上；15家船舶修造厂已配备简易船舶污染收集储存装置	累计完成701艘生活污水排放不达标船舶的改造，完成改造任务的88.73%
云南省	昆明港完成建设方案的81.5%，大理港完成85%，水富港完成72.6%，景洪港完成83%	完成西双版纳11艘大型旅游客船生活污水舱设计改造。昭通400总吨以上船舶设置了污水处理设备

污染物转移处置联合监管。交通运输部、生态环境部、住房和城乡建设部联合印发《关于建立完善船舶水污染物转移处置联合监管制度的指导意见》，要求建立和完善船舶水污染物转移处置联合监管制度，共同打击船舶水污染物和危险废物非法转移处置行为。各海事机构督促建立实施船舶污染物接收转运处置联单制度和联合监管制度，推动监管单位间的数据互联共享。长江干线重点水域实现规模以上港口船舶垃圾、油污水接收基本覆盖，长江海事船港危管防污长效管理机制基本形成。长江海事部门加强67家污染物接收单位、132艘污染物接收船舶监管。南京海事局联合交通部门推进船舶水污染物电子联单系统线上联调工作。上海市进一步明确船舶污染物接收、转移、处置环节的监管要求，健全船舶污染物接收处置体系。江苏省加强内河Ⅲ级以上干线航道船舶水污染防治工作，提升船舶污染物接收的公共服务保障能力。浙江省完善船舶水污染物接收转移处置的协同机制，组织开展港口污染物接收转运处置设施整治检查活动，共检查企业1200家，查出缺陷1125项，完成整改884项。四川省出台船舶水污染物转移处置联合监管制度，16个市已建立并运行联合监管机制和联单制度。湖北省累计回收联单2.3万份，接收、转运、处置船舶垃圾7000余吨。

船舶污染物治理模式创新。长江江苏段推行“一零两全四免费”[1]船舶污染物治理模式，推行电子联单制度，推动已实现“四个免费”的单位建立服务承诺公告制，加强对船舶水污染物处理设施、排放情况的监督检查，并在船舶航行导向系统“船E行”上建立“一零两全四免费”专用模块，船方可在系统上实现在线预约和实时查询，也方便了码头对船舶需求进行动态掌握；全年共核发各类防污染文书1749份，防污染登轮检查34784次，接收船舶油类污染物8.8万吨、洗舱水1.01万吨、生活污水1.7万吨、船舶垃圾3.3万吨。浙江制定出台国内渔业船舶防污染设备配备指南，基本完成船长35m及以上国内海洋渔船防油污设备配备和检验。马鞍山市全面实施船舶生活垃圾免费接收。宜昌首艘集船舶生活污水、油污

[1] 一零两全四免费：即到港船舶污染物“零排放”“全接收”、航行中排放“全达标”，水上免费交通、免费锚泊、免费生活垃圾接收、免费生活污水接收。

水、垃圾接收功能于一体的船舶“蓝江6号”投入营运，国内首个船舶污染物协同治理信息系统“净小宜”、荆州市免费接收模式获得广泛肯定。

5.1.3 船舶洗舱站建设

重点项目推进。长江干线10个洗舱站（枝江、岳阳、武汉、九江、安庆、南京2个、无锡、南通2个）启动建设程序。江苏南京港栖霞港区、南京港大厂港区、无锡（江阴）港石利港区、南通港如皋港区和南通港江海港区共计5个洗舱站实现2019年底开工或具备开工条件的目标。武汉、枝江化学品船舶洗舱站于12月23日开工，安庆化学品船舶洗舱站12月29日开工，岳阳危化品洗舱站12月31日开工，九江港湖口港区洗舱站启动招标程序。

5.1.4 水上综合服务区建设

长江干线水上绿色航运综合服务区建设。4月16日，长江首个水上绿色航运综合服务区在三峡坝区沙湾水域启动运行，综合服务区由绿色通航服务站、过闸船舶安检站、三峡水上温情驿站三个部分构成，通过升级优化过闸安检、能源供应、船员服务等具体措施，可为三峡坝上待闸集泊的船舶提供通航信息、过闸安检、防污应急、绿色能源、待闸锚泊、温情驿站等6大类30项服务。5月1日，长江上最大的水上绿色综合服务区“南京长江汇兴隆洲水上绿色综合服务区”投入运行，服务区用“生态+互联网”的思路，为过往船舶提供免费的船舶垃圾接收、免费的生活污水接收、免费的船员交通、免费的油品检测等四大类全时段、一站式的免费绿色综合服务，为航行船舶提供环保接收、维修保养、燃油供应、水上医疗、智能快递、政务服务等九大功能服务。11月22日召开的长江水上绿色航运综合服务区建设现场推进会提出，力争在2020年率先建成一批水上绿色航运综合服务区，到2025年实现全长江均匀分布，2030年完成已建服务区的提档升级。

其他水域水上服务区建设。苏南运河苏州段吴中水上服务区强化维护，开展锚地疏浚施工，共疏浚土方57465.8立方米，疏浚长度共420米，有效改善了周边水域的航行秩序。淮河第一家水上绿色综合服务区“淮南港3号水上绿色综合服务区”开工建设，项目位于田家庵港区连岗作业区，建设1个2000吨级加油泊位、1个2000吨级综合服务泊位、1个油污回收船泊位及接岸设施。

5.2 新能源和清洁能源应用

5.2.1 岸电设施建设与应用

岸电应用政策引导。交通运输部、财政部、国家发展改革委、国家能源局、国家电网公司、南方电网公司联合印发《关于进一步共同推进船舶靠港使用岸电工作的通知》，从统一岸电标准、促进岸电规范化建设，加快设施建设、推动岸电规模化发展，完善供售电机制，推动岸电可持续发展，加大支持力度、推动岸电常态化使用，提升服务水平、推动岸电便利化使用等方面提出相应要求。交通运输部12月4日通过《港口和船舶岸电管理办法》，自2020年2月1日起施行。2019年4月26日，三峡坝区岸电实验区建设暨长江沿线港口岸电全覆盖建设推进会在湖北宜昌召开，长江沿线11省市联合启动港口岸电全覆盖建设。上海市发起《上海港绿色公约》，对加入绿色公约并承诺使用岸电的集装箱、邮轮船舶，享受上海市岸电收费优惠及船舶通航、靠泊优先权；协调解决洋山港岸电电价问题，终端用户销售电价下调至同类用户的上海市目录销售电价水平，降幅达42%左右。

港口岸电设施建设。长三角区域按照《港口岸电布局方案》要求的码头岸电设施改造任务超目标完成。上海市发布港口岸电建设方案，客滚码头泊位、港作船舶码头泊位实现低压岸电全覆盖。浙江省建成港口岸电设施84套，累计834套，实现嘉兴、湖州京杭运河水上服务区岸电设施全覆盖，完成港口岸电布局方案确定岸电数的285%，沿海五类专业码头岸电覆盖率达70%。江苏省主要港口和排放控制区港口已建的集装箱、客滚、油轮、3000吨级以上客运和5万吨级以上干散货专业化泊位，50%以上具备岸电供应能力。安徽省继续推进老码头岸电设施改造。江西省九江港建成岸电设施115套、南昌港7套，6个集装箱专业化泊位实现岸电全覆盖。湖北省新建岸电泊位149个，武汉市域集装箱、游船、滚装码头和长江宜昌段港口岸电实现全覆盖。云南省水富港扩能工程、滇池航运基础设施工程同步建设了岸电设施。

三峡坝区岸电实验区建设。自2018年6月三峡坝区岸电实验区建设以来，在典型设计、设施建设、运营服务、船舶改造、检验检测等方面产生了一批技术创新成果和关键设备。编制三峡岸电实验区建设技术方案、运营方案，完成了三峡坝区客运码头、三峡通航综合服务区、仙人桥高桩靠船墩和沙湾锚地丁靠岸电设施试点建设并已投入运行。实验区推出的典型岸电系统可满足全国内河港口码头和船舶岸电需求。实验区打造了国内跨省域、跨流域的岸电服务平台岸电云网，成立了长江流域首个岸电运营服务公司，形成了5项行业标准、14项企业标准。落实三峡游轮受电设施改造项目资金补贴政策，首批6艘试验游轮完成受电设施改造，首次实现了内河游船单侧供电、双侧供电及并靠转接供电等供电方式。实验区2019年日均供电2万千瓦时，累计为1676艘次船舶供电430.93万千瓦时，平均每艘客船每次使用岸电5174.82千瓦时，平均每艘货船每次使用岸电16.38千瓦时，共节约燃油825.55吨、减少碳氧、氮氧等污染物排放量2724吨。

5.2.2 港口节能减排

港口清洁低碳发展。各地持续推进港口作业机械和车辆的清洁化改造，新采购优先考虑新能源或清洁能源动力。上海市累计发展LNG动力集卡约3200辆，占集卡总数的8%左右。其中，上港集团共投放LNG牵引内集卡1101辆，占比超过90%，基本实现港区内集卡LNG动力全覆盖；上海港区78%的轮胎吊已完成纯电动、油电混合等节能技术改造。

5.2.3 新能源船舶应用

LNG应用推广。加快长江干线推广液化天然气船舶应用，规范水上LNG加注站建设及审批。自2019年6月1日起，实施LNG动力船、“低碳示范船舶”优先通过三峡船闸，引导内河应用LNG发展。上海市将船舶使用LNG纳入补贴支持范围。江苏省新改建并投入运营LNG动力船舶92艘，占全国总量的1/3；京杭运河沿线建成8座LNG加气站，约为全国总量的

40%；开建京杭运河首艘LNG加注泵船。安徽省完成皖江—巢湖水运应用LNG综合示范项目示范船舶9艘，建造了3艘90米LNG加气趸船。四川省引导省内航运企业与新能源推广机构合作，明确发展新能源船舶作为四川省客船提档升级的试点方案。全国首艘纯LNG燃料动力客船“东江湖金龙舫”在湖南省资兴市东江湖启航，岳阳君山LNG接收站（储备中心）扎实推进。中海石油气电集团牵头创建“中国海油LNG车辆、船舶产业合作联盟”，将构建“两横两纵”LNG船舶加注网络，即长江加注链条、西江加注链条、沿海加注链条、京杭运河加注链条，实施“气化长江”战略。

电动船舶发展。长江首艘纯电动推进航道维护专业船舶“长江航道电001”在武昌船舶重工集团有限公司武昌基地下水、首艘纯电动公务船“海巡12909”成功改建并投入使用。江苏省首艘千吨双电动货船“中天电运001”在常州江苏金洋船厂码头下水，连云港港开工建造国内首艘纯电动拖轮，常州首条新能源电动挂机船舶正式开工建造。浙江省编制了《内河纯电动散货船建造指南》。

5.3 资源集约利用和生态保护

5.3.1 生态航道建设

长江干线生态航道建设。长江航道局编制了《长江航道整治工程生态设计指南（试行）》《长江航道整治工程绿色施工指南（试行）》，提炼了一套可复制、可推广的生态航道建设长江经验；依托国家重点研发计划“黄金航道整治技术研发与示范”，重点研究生态整治技术，减缓、消除、代偿航道建设对环境的影响。航道整治注重与环保相结合，上游利用炸礁弃渣制作人工鱼礁以创新工程材料，革新礁石破除机械设备以减小环境影响；中下游实施生态护坡、水下人工鱼巢、生态涵养区等生态航道建设工程。武汉至安庆段航道整治工程9个单滩整治均配套实施了生态工程，广泛应用生态护坡砖、水下鱼巢砖近20种兼具整治与生态功能的新结构、新材料，在戴家洲、张南、东流水道等工地试点建设生态涵养实验区，通过营造生态湿地，降低施工对当地的生态环境所带来的影响。督促各在建项目严格按照环评要求落实绿色施工和生态环保措施，加大施工环保监管力度，严格开展工程实施期间环境监测工作。在航道维护和测量中，开展无人测量艇、无人机技术、纯电动航标船的开发和应用，开展电力、太阳能等新能源技术在维护船舶中的应用，减少船舶燃料消耗与污染排放。

长江口生态修复与补偿。长江口南槽航道治理一期工程全年开展了生态修复（增殖放流）活动，首次放流国家二级保护动物胭脂鱼5.2万尾。探索开展长江河口重要物种保护专题研究，落实生态补偿措施，跟踪监测分析生态补偿效果。

京杭运河及长三角干线航道沿线环境综合整治。上海市在苏申外港线、平申线、淀浦河等护岸维修工程中，试点在护岸前沿水域布设临水绿化植被，探索提升水环境综合整治改造效益。江苏省开展京杭运河沿线环境综合整治行动，提升大运河沿线交通船闸、水上服务区景观，初步建成亲水宜居的苏北运河两淮段、泗阳段，苏南运河无锡城区段、常州改线段、苏州吴中吴江段等绿色生态航段；实施申张线虞山船闸及丹金溧漕河丹金船闸、杨林船闸绿化和环境提升工程。浙江省杭平申线美丽航道精品示范线、长湖申线航道浙江段“美丽经济交通走廊”建设工程等通过验收，开展了绿色能源应用、绿色装备和服务区、绿色施工技术、智慧航道、绿色环保和资源循环利用等重点任务，提升航道沿线绿化及景观。

其他支流生态航道建设。湖北省在松西河航道工程等项目设计中引入生态航道理念，加大生态技术和新材料的应用。云南省落实水路交通绿色发展行动方案，在右江百色库区（云南境内）高等级航道项目采用“生态优先”设计理念；依托澜沧江244号界碑至临沧港Ⅳ级航道项目，开展生态航道示范，充分考虑预留鱼类通道、疏浚弃土用于坝体抛筑或边滩修复、采用扭王字块和钢丝网石笼等生态环保材料，环境保护内容纳入到各参建单位日常检查。

航道疏浚土和库区淤积砂综合利用。长航局高度重视疏浚土综合利用；持续开展荆州太平口水道疏浚土装驳上岸利用试点，截至2019年12月底完成疏浚土综合利用量500万立方米；在九江、鄂州大力推广航道疏浚土综合利用，并在镇江、岳阳、宜昌等地积极促进航道疏浚土综合利用筹备工作。长江口继续加强航道疏浚土综合利用，完成疏浚土吹填2382万立方米，利用率约44%，探索制订2020年后长江口深水航道疏浚土综合利用方案，为航道疏浚土有效利用拓展空间。长航局联合长江水利委员会、湖北省水利厅在宜昌组织开展三峡库区淤积砂综合利用试点。

5.3.2 绿色港口建设

港口码头扬尘治理。各地港航管理部门健全完善扬尘污染防治的监督检查、考核评价和责任追究等制度，督促散货作业企业加强现场的管理，堆场的覆盖和环保设施的投入，强化检查保证港口扬尘污染防治常态化。强化港口码头环保硬件设施投入，加强码头堆场抑尘防尘设施建设改造并保持正常使用，推进码头区域内扬尘在线监测。上海市重点推进内河码头企业落实扬尘污染防治措施及在线监测设备安装工作，加强辖区内易扬尘码头堆场日常巡检抽查力度，219户易扬尘码头企业完成在线监测设施安装工作，完成率达100%；码头地面硬化、喷淋喷雾设施及车辆冲洗装置完成率100%。江苏省印发港口粉尘在线监测系统建设实施方案，300余家港口企业建设并使用了粉尘在线监测系统，其中沿江153家从事易起尘货种作业的企业全部完成建设任务、144家接入省监管平台；沿江74个和内河大部分大型煤炭、矿石码头堆场完成防风抑尘设施建设，起尘点配备了干雾除尘或喷淋除尘设备，扬尘污染治理水平得到明显提升。

非法码头和浮吊船综合整治。长航局系统继续配合地方政府及相关部门开展非法码头治理，严厉打击“未批先建”“违规先建”等违法行为，取缔、关停非法码头963座，规范提升370座。长江江苏段117个非法码头全部完成整治，恢复长江自然岸线13.3公里，复绿面积约284万平方米。安徽省持续开展打击无证经营码头专项整治行动，全省990座无证码头、砂石堆场完成销号和验收工作。江西省86座取缔类非法码头全部拆除并复绿，51座规范提升类码头中，完成手续24座、拆除19座、保留8座作为民生应急通道。湖北省启动长江干线港口码头再清查再整治工作，累计拆除各类码头1211个、泊位1383个，腾退岸线150公里，岸线利用率从14%降低到6%，复绿面积达856平方公里。湖南省持续推进湘资沅澧“四水”和洞庭湖的非法码头整治，关停42个长江岸线港口码头泊位，保留的40个码头泊位按并转和提质改造分批次进行整治；全省剩余251处非法码头全部关停。四川省主要通航河流非法码头整治工作加快推进，摸排出非法码头368座，已拆除202座、规范提升7座。长江江苏段经排查核实的约700艘浮吊整合压减至345艘，22处水上临时过驳作业区整合为7处，从事砂石海轮过驳的浮吊都进入了指定水域。

码头岸线资源优化调整。安徽省分类推进121个码头泊位整治。湖北省开展长江和汉江核心区港口码头岸线资源优化调整，长江武汉段长江大桥至二桥之间拆除103个码头、189艘趸船。湖南省推动长江岸线专项整治和长江港口码头提质改造，岳阳港第一批10家企业28个码头泊位中，已完成7家企业11个码头泊位的提质改造，提前开展了第二批2家企业11个泊位的提质改造；完成岸线绿化1.32万亩，复绿率达100%。加强取水口及饮用水水源保护区范围内港口码头环境综合整治，安徽省将安庆港二、三水厂取水口搬迁至皖河口上游一水厂处，调整枞阳县等取水口保护区的港口作业区；长江江苏段饮用水源地保护区内的水上过驳和非砂石的海轮过驳全部取缔。

绿色港口创建。各地结合交通运输部绿色港口建设指标及本地区打造最美岸线项目要求，积极推进绿色港口创建工作。连云港新苏港码头获“2019亚太绿色港口”荣誉称号；宁波港域绿色港口创建项目通过交通运输部验收。无锡（江阴）港率先应用分布式风力发电系统和风光互补供电系统等先进技术。九江石化码头围绕“江岸景观+传统文化”“办公区公园化+码头绿色化”“绿色科技+党建力量”三大主题，扎实推进“碧水蓝天”环保专项行动及“绿色企业行动”计划，努力争创江西省首批绿色港口。

5.4 绿色航运发展制度建设

工作机制完善与创新。长航局系统大力支持LNG加注站、洗舱站码头、专业化码头岸电、水上绿色服务区等项目建设，推动涉水工程绿色施工，推进水生生物及饮用水源保护区安全监管工作，重点打击在保护区内违法排污、违法锚泊等行为。三峡通航管理部门配合宜昌市出台《长江宜昌段共抓大保护实施意见》，建立“双第一召集人”联席会议制度，实施水污染防治、水生态修复、水资源保护“三水共治”和工业、农业、生活、航运污染源“四源齐控”，形成共商共管共治共建共享共赢的长效机制。四川省建立省政府统筹、省级相关部门参与的长江船舶污染治理工作协调机制，加强对污染防治工作的组织领导。江苏省内首个“清洁美丽长江”党建联盟在江阴成立，采取党委搭台定准方向、书记协商统筹资源、党支部共建攻克难关、党员争先发挥作用的工作模式，建设长江生态安全示范区。

绿色航运联动发展。长航局持续开展“保护长江、绿色航运、从我做起”专项行动，会同长江水利委员会、中国船级社及沿江省市交通运输主管部门联合开展“保护长江生态、发展绿色航运”共同行动，制定印发了《关于全面加强长江生态环境保护 坚决打好污染防治攻坚战的实施方案》，并组织450余家重点港航企业共同签署了“保护长江生态环境自律倡议书”。参与推动长江生态法院设立，与湖北省高级法院、长江水利委员会等共同签署《关于加强行政执法与司法审判协调联动共同推进长江生态环境保护的若干意见》，推动行政执法与司法服务保障协调联动。

绿色现代航运示范区建设。贯彻习近平总书记关于大运河文化带建设的重要指示精神，江苏省提出以京杭运河先行试点示范，打造一条绿色现代航运发展示范带。按照《江苏省推进京杭运河绿色现代航运发展实施方案》，加快推进苏北运河扬州施桥船闸—长江口门段等四个先行先试示范段项目实施。重点围绕“推进航运基础设施建设、提升航运装备技术水平、推进综合交通运输结构调整、提升航运服务品质”等四大任务开展专项行动。

第6章 创新发展

6.1 行业科技创新

6.1.1 科技创新体系建设

科技创新治理机制完善。长航局系统深入实施科技强航战略，统筹推进科技创新工作，印发《关于进一步加强长江航运科技创新工作的意见》，推动科技管理从具体项目管理向创新服务转变；组织开展了长江航运科技奖励、创新人才推进计划管理、科技成果推广管理等办法的制修订工作；与20余家高校、院所、企业联合发起长江航运科技协同创新倡议，提出到2025年基本建成适应长江航运现代化建设和服务沿江经济社会、流域百姓需要的科技创新体系。长航局组织编制了长江航运信息化“十四五”发展规划，研究提出了配套项目库。各省市结合新形势新要求开展了水运信息化发展规划的编制工作，指导水运信息化发展。

创新科技研发平台建设。长航局积极探索产学研协同创新模式，加强国家内河航道整治工程技术研究中心、长江电子航道图研发中心、长江航运技术行业研发中心、河口海岸交通行业重点实验室等科技研发平台建设，提升长航局科技创新能力和服务行业能力。国家内河航道整治工程技术研究中心强化“山区河流航道整治”“平原河流航道整治”“潮汐河口航道整治”“枢纽通航与扩能”“内河港口设计建造”“航道智能化”等研发方向。大连海事大学—交通运输部长江航务管理局智慧绿色长江联合协同创新中心完成第一批2019年度合作项目。

重点领域标准制修订。长航局加强标准宣贯、标准化业务培训和强制性标准实施监督。长江三峡通航管理局主编的《通航建筑物运行方案编制导则》（JTS 123—2019）经交通运输部颁布为行业标准。修编发布了《三峡船闸运行维护规程》等技术标准，各地区贯彻落实标准化工作要求，提升本地区水路运输标准化工作水平。上海市交通运输行业协会发布的《上海市内河水上服务区设置技术导则》已作为行业团体标准。

科技创新环境营造。加大合作创新力度，长航局与交通运输部水运科学研究院、湖北移动、中国交通信息科技集团、大连海事大学、武汉大学、武汉理工大学等单位开展创新合作；长江三峡通航管理局与709所、712所联合开展船舶新能源、清洁能源动力系统实用研究，与首钢集团研究应用金属防腐新工艺、新材料。江苏海事局与中国移动江苏有限公司围绕海事监管信息化建设战略目标，从整体通信解决方案、综合管理信息平台升级、5G合作、技术服务、前沿技术探索等方面开展合作；与中国船舶第八研究院就推进江苏VTS项目建设、申报《船舶交通管理系统》国家推荐标准、推进VTS技术研究等方面达成了战略合作共识。

6.1.2 重大科技项目研发

重大项目申报与关键技术研发。长航局整合行业内外优势资源，开展省部级及以上高层次科技项目申报。联合天科院成功申报国家重点研发计划“内河航道设施及要素智能化监测预警与信息服务”项目，联合三峡集团初步申报成功国家国产化替代专项项目，联合二航院、湖北联通等开展工信部、发改委重大专项申报，联合交通运输部通信信息中心、中国船级社申报交通运输部标准编制项目。统筹推进国家、省部级科技重点项目实施，长江黄金航道整治技术及示范完成中期成果，三峡升船机通航初期运维关键技术完成7个专题成果。统筹长航局系统科技项目管理，编制发布科技项目立项指南，实施年度重点科技项目计划，聚焦绿色航运、安全应急、智慧航运等重点，开展干线航道疏浚土、船舶污染防治、多功能单北斗船载智能终端技术研发等项目。

重大科技创新研究。长江航道局依托在建航道整治项目推动科技创新，组织开展了包括生态理念、结构工艺、管理手段、检测监测、装备改造及技术总结等6个方面的50余项研究课题；参与中国科学院A类战略性先导科技专项中的“长江经济带干流水环境水生态综合治理与应用”研究项目；在武安段工程中开展生态涵养试验区建设理念及设计方法、长江航道整治湿地营造关键技术、生态鱼巢排生态修复及护底关键技术、生态水力学试验技术等专题研究。长江口航道管理局开展现场水文泥沙地形的观测和河势跟踪分析工作，聚焦深水航道减淤降费，组织开展了南槽生态航道建设技术、北槽深水航道浮泥运移过程及精细化维护疏浚应用等研究，推进深水航道利用边坡自然水深提升通航效率研究工作，保障长江口大型船舶超宽交会常态化运行。三峡通航管理局围绕三峡升船机通航与运行保障关键技术、三峡枢纽河段通航交通组织及航运配套设施等推进研究，推进三峡枢纽水运新通道和葛洲坝枢纽船闸扩能的前期研究工作。浙江省交通运输厅“内河航道重力式生态护岸设计标准化研究”“北斗通信导航与遥感一体化技术在水运及海洋工程中的应用研究”、江苏省交通运输厅“江苏内河船舶污染防治关键技术研究”“船舶与干线航道网运营协同关键技术及标准研究”“新型装配式护岸系列化标准化研究”“危险货物水路运输安全风险防控技术研究与示范”、安徽省交通运输厅“船闸巨型三角闸门结构及水动力学关键技术研究”、贵州省航务管理局“峡谷河流超高水头梯级水运通道开发关键技术研究及应用”等一批2018年度交通运输行业重点科技项目取得预期成效。表6.1-1为涉及长江航运领域的交通运输行业重点科技项目。

2019年度交通运输行业重点科技项目清单❶（节选） 表6.1-1

序号	项目名称	承担单位	推荐单位	开始时间	结束时间
重点项目方向：老旧集装箱码头智能化改造技术研究与示范					
1	港口水平运输设备电气化系统改造与应用	江苏交科能源科技发展有限公司、江苏省港口集团有限公司、国电南瑞科技股份有限公司	江苏省交通运输厅	2019年5月	2020年12月
重点项目方向：智能船舶船岸协同与综合测试技术研究与示范					
2	智能船舶船岸协同与综合测试技术研究与示范	中国船级社、交通运输部水运科学研究院	中国船级社、交通运输部水运科学研究院	2019年7月	2021年12月
3	智能船舶船岸协同测控技术研究与应用	大连海事大学	大连海事大学	2020年1月	2022年12月
重点项目方向：水运基础设施全生命周期大数据信息采集关键技术及装备研究					
4	长江航道整治建筑物水下检测与监测关键技术研究及应用	长江航道规划设计研究院、武汉大学	交通运输部长江航务管理局	2019年4月	2020年12月
5	长江中下游航道疏浚土固化应用研究	长江航道规划设计研究院	交通运输部长江航务管理局	2019年4月	2020年11月
6	长江中下游河岸带植被演替特征及生态修复技术研究	长江航道规划设计研究院、长江航运总医院	交通运输部长江航务管理局	2019年6月	2022年2月
面上项目方向：基础设施性能提升领域					
7	内河骨干天然航道大型客旅船安全通航适应性研究——以钱塘江为例	杭州市交通规划设计研究院、杭州市运河综合保护开发建设集团有限责任公司	浙江省交通运输厅	2019年1月	2020年12月
面上项目方向：交通运输服务及智能管控领域					
8	长江江海直达特定航线延伸及船型研究	中国船级社武汉规范研究所、上海汉唐物流服务有限公司、嘉兴市金航船舶设计有限公司、交通运输部水运科学研究院	中国船级社，交通运输部水运科学研究院	2019年3月	2019年12月
9	长江船舶污染监视监测系统布局规划研究	长江海事局	交通运输部长江航务管理局	2019年5月	2019年12月

❶ 来源于交通运输部办公厅公布2019年度交通运输行业重点科技项目清单的通知。

续上表

序号	项目名称	承担单位	推荐单位	开始时间	结束时间
面上项目方向：交通安全保障与应急处置领域					
10	三峡库区水上应急搜救能力提升与资源配置研究	武汉理工大学、重庆海事局、长江航务管理局规划基建处	交通运输部长江航务管理局	2019年4月	2020年3月
面上项目方向：绿色交通领域					
11	内河船用天然气供气系统和冷能利用技术研究	中国船级社武汉规范研究所	中国船级社	2019年10月	2020年12月
12	长江航道维护船舶装备绿色智能水平提升研究	武汉长江船舶设计院有限公司、大连海事大学	交通运输部长江航务管理局	2019年2月	2020年4月
13	面向港口环境的智能监控系统集成技术研究与应用	镇江道博科技信息有限公司、中设设计集团股份有限公司	江苏省交通运输厅	2019年1月	2019年11月
14	长江口南槽生态航道建设技术研究	中交上海航道勘察设计研究院有限公司、中交第三航务工程勘察设计院有限公司、华东师范大学	交通运输部长江航务管理局	2019年5月	2021年9月
15	疏浚防污帘技术及工程应用研究	长沙理工大学、湖南省航务工程有限公司、湖南省水利电力工程建设监理咨询有限公司	长沙理工大学	2019年1月	2020年12月
面上项目方向：交通信息化领域					
16	水运工程设计、运维阶段BIM应用关键技术研究	中设设计集团股份有限公司	江苏省交通运输厅	2019年4月	2020年12月

6.1.3 重点科研项目成果

长江“黄金航道”整治技术研究与示范。本年度项目提出了两项理论方法（黄金航道生态环境保护监察与审核技术体系、长江黄金航道承载力多目标耦合评价模型），研发了两项航道整治技术（复杂动力环境深水抛石成堤技术、不同参考水深下最小维护量的非工程减淤技术），发表论文66篇，其中SCI、EI共23篇。出版专著5部，申请发明专利17项，获得软件著作权13项，完成工法3部。研发新结构4项（一种植入型生态固滩方法、一种透水性生态格栅块体及由该格栅块体组成的格栅群、生态护岸立体网状结构构件、一种生态促淤防冲护滩结构）。航道设计及施工辅助技术在戴家洲、蕲春和太平口等水道开展运用示范；分汊河段研究成果在芜裕河段全面应用，并在东流水道进行了理论检验；研制的疏浚装备在长江南京以下12.5m深水航道二期工程后续基建疏浚（福北航道）及初通航道维护疏浚工程中进行示范应用。

三峡水运新通道航运关键技术比较研究。本年度项目内13项课题已初步有研究成果，组织了发改委综合运输研究所完成过坝运量补充预测和经济性比较研究。配合国家发展改革委基础司、交通运输部水运局修改完善项目建议书并报国务院审批。组织召开了施工通航影响及对策、过坝运输政策、物理模型试验研究、葛洲坝三江引航道尺度和施工方案等专题研讨。

表6.1-2为涉及长江航运领域入选2019年度交通运输重大科技创新成果库的成果，表6.1-3为涉及长江航运领域的重大科技成果奖励。

入选2019年度交通运输重大科技创新成果库部分成果 表6.1-2

完成单位	成果名称	成果类型
长江航道局等	长江黄金水道扩能工程关键技术及应用	重大科技创新项目
长江三峡通航管理局	葛洲坝船闸大修关键技术及工程应用	
交通运输部长江南京以下12.5米深水航道建设指挥部等	河流水沙动力观测和模拟关键技术研究	
浙江省交通规划设计研究院有限公司等	中高水头碍航闸坝改扩建关键技术研究	
长江海事局信息中心等	长江水运安全风险防控技术与示范	
四川省交通运输厅交通勘察设计研究院等	内河港口1000t多用途重大件起重设备关键技术研究及应用	
长江航道局等	一种基于数据库的长江电子航道图生产应用方法	专利
长江航运科学研究所有限公司等	大型船舶梳式滑道横向下水偏斜检测方法及控制系统	
浙江省交通规划设计研究院有限公司	一种中高水头碍航船闸改扩建工程基于双层廊道的新船闸取水系统	
长江三峡通航管理局	用于人字闸门背拉杆调整的自动加力装置 多点同步升降装置及其升降方法	
长江航道规划设计研究院	三峡水库坝下游河道断面形态调整模式与机理研究 长江干线宜昌至安庆段航道尺度提升可行性研究	论文
上海河口海岸科学研究中心	长江口最大浑浊带季节性变化特征分析	
浙江省交通规划设计研究院有限公司	富春江船闸改扩建工程总体布置方案及输水系统研究	专著
交通运输部水运科学研究院	生态航道建设探索与评价–以长江南京以下深水航道工程为例	

重大科技成果奖励情况 表6.1-3

成果名称	成果简介	获奖类型
海上大型绞吸疏浚装备的自主研发与产业化	由长江航道局和上海交通大学、中交天津航道局有限公司等单位联合开展。项目围绕海上大型绞吸疏浚装备海底岩土挖掘、钢桩台车定位、疏浚输送与装备总装集成的自主设计制造四大核心技术，攻克了挖掘破碎、可靠定位、远距输送、总装集成等难题，构建了我国大型绞吸疏浚装备自主研发与产业化应用的完整体系，研制的“新海旭”“天鲸号”“天麒号”等装备总体达到了国际领先水平。获得专利137项、软件著作权43项，编修订国家标准7项	2019年度国家科技进步特等奖

续上表

成果名称	成果简介	获奖类型
三峡—葛洲坝梯级通航运行关键技术与应用	长江三峡通航管理局和长江勘测规划设计研究有限责任公司、武汉理工大学等单位联合开展。项目取得了梯级线连续船闸通航理论、运行调度、安全监管及维护保障等系列创新成果，研究制定了行业标准7项，获得专利16项、软件著作权44项，出版学术专著3部	2019年度中国航海学会科学技术奖特等奖
三峡升船机通航与运行保障关键技术研究与应用	由长江三峡通航管理局和水利部交通运输部国家能源局南京水利科学研究院、武汉理工大学、中交水运设计规划院有限公司、长江航运发展研究中心等单位完成	2019年度中国水运建设行业协会科学技术特等奖
长江口12.5m深水航道回淤机理及减淤工程关键技术研究与应用	由长江口航道管理局、中交上海航道勘察设计研究院有限公司、上海河口海岸科学研究中心、南京水利科学研究院和交通运输部天津水运科学研究所等单位完成。研发了6套装置设备，发表论文46篇、专著4本，获得专利11项、软件著作权9项	2019年度中国水运建设行业协会科学技术特等奖

6.2 信息基础设施建设

6.2.1 航运信息网络建设

长江干线航运通信网络建设。长航局与中国移动湖北有限公司签订战略合作协议，开展长江航运通信信息化领域合作交流，在通信信息服务、应用创新、规划研究、技术攻关、技术交流等方面，建立长期、稳定、良好的合作关系。长江通信管理局以北斗应用相关项目建设为契机，打造具有创新、融合、共享、智慧的长江航运信息服务产品，形成宽带、移动、便捷、智能的长江航运现代通信信息网络，有效支撑长江航运高质量发展需要；2019年长江通信安全通信保障率达100%。长江航运通信网本地接入系统工程（长江南京镇江城域网升级改造工程）设备安装工程完成招标工作，工程拟采用MSTP（多业务传输平台）技术，对长江航运南京、镇江城域网进行网络扩容和升级改造，实现长航局系统南京地区28个、镇江18个用户单位的业务接入。

北斗导航系统部署应用。长江通信管理局完成长江干线北斗卫星地基增强系统主体工程建设和单北斗智能船载终端研发。加快公务船舶及运输船舶北斗终端系统的安装应用，长航局系统单位820艘公务船、3230座航标均安装了北斗终端并投入使用，长航局系统公务船实现全覆盖；加快客渡船、汽渡船北斗船载智能终端和水上应急示位标的安装工作，宜昌通信管理局完成了辖区95艘渡船北斗智能终端和水上应急示位标的安装。

5G网络建设。江苏海事局完成长江航道南京渡江胜利纪念馆至燕子矶全程10公里的5G网络连续覆盖，以及京杭大运河河口、江阴夏港河口的站点覆盖，这是全国首个长江江面5G网络连续覆盖试点，可为海事、船舶、港航企业、管理机构提供5G导航、高速下载、视频通话等服务。

6.2.2 港航设施数字化升级

数字航道建设。长江干线数字航道全面联通运行。长江干线2687.8公里航道航标、航道水情、控制河段、航道尺度等动态监测信息实现数字化互联，长江航道局与6个区域航道局、81个航道处之间航道运行、航标运行、工作船舶、物资器材维护等管理流程实现信息互通，航道、航标、船舶等航道基础信息数据实现互通。每年长江干线全线航标数据更新不少于10万条，电子航道图数据更新不少于1500幅，水位数据年交换传输不少于40万条次。长江干线合江门至兰家沱段数字航道建设工程宜宾、泸州航标遥测遥控系统交工验收。陕西省安康火石岩至紫阳汉王智慧航道开工建设。贵州省乌江数字航道（一期）建设工程竣工验收，实现对“四客一危”重点监控船舶全程、全天候监视。浙江省钱塘江中上游衢江（衢州段）航运开发工程航道信息化系统交工验收。

智慧港口建设。建成太仓港集装箱四期工程，成为长江沿线首个堆场全自动化集装箱码头。宁波舟山港成为国内首个集装箱进出口全程“无纸化”港口，梅山自动化码头进入试运行阶段。江西南昌龙头岗综合码头新智能操作（CiTOS）系统投入使用，所有面向客户的业务流程全部可通过线上平台进行办理，码头集装箱业务办单时效提高70%。武汉港花山港区5G智能无人集装箱转运卡车投入使用，利用汽车制造、5G网络、无轨导航定位、港口集装箱装卸优化等技术，解决了传统港口智能化改造过程中所遇到的技术和安全问题，可实现方圆200米内感知物体，停车定位精度控制在5厘米以内；港口装卸货作业通过5G移动终端设备发出指令。

6.2.3 航运数据信息服务

长江航运数据中心工程。长江航运数据中心工程硬件及支撑软件平台、机房配套设施等开工建设，政务信息资源采集与管理系统及相关主题库（包括电子证照库、多媒体库、综合管理库）、政务信息资源汇集（文件数据为主）及数据清洗工作等业务软件标段完成招标工作。加强水运政务数据共享工作，研究落实对部省水运政务数据共享工作方案。搭建长江航运大数据中心和云管理平台，推动网站集约化安全防护平台建设，提高整体安全防护能力。

长江航运数据共享交换与服务。长航局依托自建15个应用系统的业务数据积累和长江航运物流数据中心数据交换平台，实现航运业务数据汇聚、交换、共享，形成十大数据库[1]，包括540多张数据表，已积累6.2亿多条业务信息数据记录，日数据增量13万余条，数据总存储容量约800GB。长航局已实现与海事、三峡、航道、公安、地方港口、航运企业、气象部门等16家相关单位数据共享交换，主要涉及港口、船舶等基本信息及物流相关的动态数据。长航局通过数据服务接口方式为长江危化品运输安全监管系统、长江干线货物通过量统计系统、长江航运指数平台等多个应用提供了数据支撑。印发《长江航运信息资源交换共享管理办法》，为开展行业内外数据资源共享提供了制度保障。长江水上安全信息台水上安全信息联播与中央人民广播电视总台实现联播。浙江省打造了“一站式”数字港航综合管理和服务平台，实现与信用浙江平台、行政执法监管平台及交通运输部水运业务

[1] 十大数据库：长江干线港口信息数据库、长江干线航道基础信息数据库、长江航运船舶信息数据库、长江航运综合数据库、长江航运企业信息数据库、长江航运系统基建工程数据库、长江海事监管数据库、长江航运物流应用信息数据库、档案数据库、长江航运多媒体数据库。

系统对接；舟山口岸初步实现与张家港口岸通关数据对接和基础应用。张家港建成江苏省首个港口综合服务信息平台。湖北省完成交通运输部海事局直接建设管理的船舶检验系统、船舶登记系统、船员管理系统与省政府服务平台对接工作。

网络信息安全管理。长航局开展了网络信息安全防护体系研究，制定研发网络安全管理办法和应急预案，落实年度网络安全专项经费1000万元，长航局系统网络安全保障得到极大加强；实施了长航局信息系统安全等级保护设备购置工程；海事局和三峡局搭建网络攻防演练实训平台，为网络安全技术人员提供日常的训练环境。长江口航道安全保障实现了“长江航道局—长江口航道管理局机关—河口中心”的三级专线联通，完成局机关内外网物理隔离实现无线互联网全覆盖。部分管理机构通过对办公系统进行国产密码应用改造、内网“云桌面”系统、办公环境正版化等工作，进一步强化网络信息安全。

6.3 智能航运服务发展

6.3.1 生产运行管理数字化应用

航道维护管理服务。长江航道局整合长江全线航标、水情、航道尺度等动态信息资源，将大数据、互联网、人工智能等新技术与长江航道管理服务深度融合，推动管理服务方式由传统人工模式向数字化模式转型。长江干线数字航道全面联通运行后，实现了全线航标和水位实时动态监控，航道航标业务数据实时在线统计和初步分析。长江口航道局持续建成了“长江口AIS应用系统”“长江口水文、泥沙、波浪自动监测系统”“长江口航道数值模拟系统”等多个业务系统。

船闸智能通航服务。江苏省交通船闸开启“集中运行调度”模式，全线运行水上ETC，可通过船舶便捷过闸系统实现闸内船舶集中控制；张家港船闸、海事部门达成战略共建，引入“船E网”管理系统、船舶AIS系统，科学掌握船舶运行动态。山东省建设了智能通航服务系统，开发了鲁船通APP，实现船舶过闸电子申报和船民不上岸申报过闸。浙江省推动船闸联动调度一体化，实现京杭运河、杭甬运河和钱塘江船闸统一纳入过闸APP“浙闸通”。安徽省建设水上“ETC”系统，利用皖航通APP、AIS定位系统、移动支付技术，实现船员不登岸、不离船办完过闸手续。

电子航道图应用。长江航道图APP发布新版本，新增沿江天气信息、水运头条等版块，内置全新消息推送引擎，更加充分体现长江航道“聚焦公益服务，服务船舶用户”的设计理念。湖北汉江碾盘山至汉川段375km汉江电子航道图APP通过验收，并通过长江航道图APP向社会提供服务，形成“两江一图”的服务模式，可以方便快捷地查看长江、汉江沿线的航标、桥梁、港口码头等丰富直观的航道信息。浙江省完成Ⅳ级以上高等级电子航道图制作关键技术研究、制作标准建议稿及基于电子航道图的智能感知的船舶自主航行服务APP等研究。

智慧工地建设。长江航道局推进水运工程远程视频监控指挥平台建设，总结形成了一整套设计阶段和施工阶段BIM技术应用的实施方案，打造了基于“BIM+GIS”的项目管理平台和长江航道整治工程远程监控指挥平台，实现多层次、多维度项目管理，BIM技术在航道整治工程应用技术入选《交通运输行业重点节能低碳技术推广目录》；组织开展“智慧工地”建设课题研究，印发了《长江航道整治工程“智慧工地”建设指南》。

6.3.2 物流服务数字化应用

港航物流公共信息平台建设。依托国家交通运输物流公共信息平台和港航电子数据交换（EDI）中心，加强电子报文标准的应用，推进多式联运信息交换共享。结合交通运输部智慧港口示范工程，长江集装箱江海联运综合信息平台和舟山江海联运服务中心公共信息平台等大宗散货、集装箱江海联运等公共信息平台不断扩展服务功能和范围（表6.3-1）。各类企业加快物流信息平台差异化发展，推进物流全链条信息共享，完善物流末端信息网络，加强各部门物流相关管理信息互认，构建物流数据资源开放共享机制。浙江省印发《加快推进海港陆港空港信息港“四港”联动发展建设方案》，“四港”综合信息服务平台将推动联运“大脑”与海港枢纽、陆港枢纽、空港枢纽信息化互联，高水平打造与联运业务相融合的信息化综合服务平台，实现物流链业务全程可视化。安徽省依托国家交通运输物流信息平台，全面推进铁路、公路、水路、民航、邮政、海关、检验检疫等信息资源的整合，推动无车承运人、多式联运经营人、进出口物流企业、外向型工贸企业打通物流信息链条。

各类港航物流公共信息平台发展态势　　表6.3-1

平台名称	发展态势
长江集装箱江海联运综合服务平台	由上海港开发，已接入沿江集装箱码头信息，实现港航信息共享和业务协同作业，重庆、武汉、九江、芜湖、太仓等地港口与上海洋山、外高桥码头已开始实船上线测试
舟山江海联运公共信息平台	由舟山市港航和口岸管理局开发，深化与国家交通运输物流公共信息平台、“云上长航”等数据交互，与湖北省电子口岸运行服务中心、南京港（集团）有限公司信息中心、江苏金马云物流科技有限公司等10家单位完成江海联运数据交换共享战略合作签约，新增张家港电子口岸、南京航运交易中心、长江南京航道局、南京港集团等数据交互港口平台5家，累计达到10家，平台应用企业达到1141家，年均访问量超过30万次
重庆辉联埔程多式联运智慧物流信息化平台	整合新加坡辉联集团遍及全球100多个国家的营运网点，形成以智慧物流、大数据、供应链金融、商贸等为一体的供应链智慧物流信息化平台，以“重庆聚盟APP”为建设主体，聚集300多家物流企业，建设全国核心城市物流干线987条，实现了点发全国、点地直发的全覆盖
上合组织（连云港）国际物流园物流公共信息平台	平台上线运行。平台包括多式联运信息系统、公路运力交易系统、通关服务系统、园区在线业务办理系统等应用系统，为上合物流园内物流企业与海港码头、商贸物流企业、口岸查验单位之间建立高效协同的信息沟通桥梁，形成规范化、标准化、高效率的物流运作模式，实现业务办理流程化、监管智能化、展示集成化

口岸物流信息共享和单证电子化。上海电子口岸与张家港电子口岸系统完成对接技术测试，初步实现两地口岸物流信息共享，并启动了沪皖单一窗口系统对接工作。武汉电子口岸智能通关服务系统及湖北水运平台的各子系统验收并上线，武汉电子口岸12大功能板块涵盖了进出口环节的所有流程，对接海关、海事、边检、港航等口岸联检单位及政府相关部门，覆盖了铁路、港口、航空等口岸及全省海关特殊监管区，联通上下游港口及航运航线信息。

外贸集装箱设备交接单电子化。长三角主要港口外贸集装箱设备交接单电子化工作持续推进。上海口岸集装箱已实现船公司、码头、堆场和车队间的全流程无纸化交接，进口集装箱货物提货单全面实施电子化单证。安徽省港口运营集团芜湖港口公司集装箱码头正在建设外贸集装箱设备交接单电子化。长沙集星和岳阳新港两大集装箱码头推行EMQ2.0电子提箱系统，打造智能提放集装箱预约分配系统。

航运电商发展。多家航运类电商平台或网站为客户提供订舱、货物跟踪等服务。当前航运电商主要分为四大模式：第一种是航运公司自有电子商务系统，缩减从订舱到运输的货运代理层级，如船货网；第二种是航运公司或互联网公司搭建的第三方交易平台，通过整合航运企业客户资源与互联网开发的航运工具，实现线上网络交易，如泛亚电商、舱舱满；第三种是航运信息平台，通过信息查询引导航运资源整合，如"超级船东"航运电商平台；第四种是在线航运金融。

6.3.3 决策监管数字化应用

"云上长航"建设。长航局完成《"云上长航"智慧应用体系实施策略研究》《长航局公共基础类信息系统总体框架及建设方案研究》《"云上长航"运维模式研究》等"云上长航"智慧应用体系推进路径重点研究项目，编制印发了《公共基础类信息系统建设总体方案》。

安全生产监测监管。通过在港航基础设施中建设安装的远程视频监控设施设备等信息基础设施，开展基于大数据的安全生产全流程监管，实现重点船舶及水域、重点建设工程、客运码头、危险货物港口装卸存储设施等重点领域安全生产风险的监测预警和重大风险的防范化解。长江干线水路交通应急指挥平台建设二期工程软件及系统集成标段完成招标工作。湖南省建成智慧水运综合监管平台，包括协同办公门户子系统、水运日常监管子系统、海事执法管理子系统、语音调度指挥子系统、数据工程及智慧水运APP等六部分，可实现对辖区内安装、开启了AIS终端营运船舶的动态监管，并将运砂船纳入智慧监管。上海市内河交通管理与应急联动系统升级整合，形成了"一张图、一个库、六大模块"的格局[❶]；洋山港海事局牵头研发"E核载"船载危险品集装箱智能监控系统在洋山四期自动化码头启用。贵州省水运综合管理平台一期建设实现贵州水运海事对各系统的统一用户管理、认证、授权，提升了贵州水运海事服务信息化水平和服务能力。

运行监测调度指挥领域。长江干线数字航道机务管理系统与长江干线数字航道综合服务平台全面联通运行，该系统由机务分级管理、船舶动态监测、船舶维护保养、故障智能诊断四大子系统组成。长江航道局在安装公务船舶北斗船载智能终端时，同步选择典型船舶试点安装了智能VDR（航行数据记录仪），自主研制了船舶燃油舱容曲线测定装置，基本实现了船舶动态实时感知、机务管理协同便捷、数据资源内外共享的数字化机务管理新

❶ 一张图：以上海内河地理信息系统为基础，叠加了航道及周边设施的基础图层，整合了上海市内河视频监控、船舶AIS、RFID信号，以及水务、气象部门的实时信息，形成航务海事"一张图"。一个库：整合了交通运输部海事局一级数据中心、江浙等省交通运输厅、市水务局、市测绘院等数据，结合本单位各类业务数据和基础数据形成航务海事中心数据库。六大模块：行政执法（APP/WEB）、智能卡口检查、应急事件处置、现场监管、预警预测、视频监控模块。

模式，实现了对长江航道局全局462艘航道维护船舶动态监测、运行维护、决策支持等一体化管理。

6.3.4 政务服务数字化应用

“一站式”政务服务模式。全国海事系统电子政务平台暨海事“一网通办”平台启动仪式在上海举行。长江海事局实现了海事政务办理统一受理、统一送达，44项政务办理项目实现“一站式办理、一次性告知”。镇江海事局行政处罚远程线上办理系统上线使用。太仓海事局港口建设费货物电子放行系统运行。浙江地方海事实现办事事项“最多跑一次”、全程网上办、费用缴纳在线支付、电子档案和电子签章全覆盖，在全国内河首开支付宝缴费先例，在全国交通系统率先实施内河普通货船“多证一簿”改革。湖北地方海事对标国家和省政务服务事项基本目录，全面梳理、填报和完善地方海事政务服务实施清单，完成交通运输部3大系统23个审批子项对接模块开发工作并组织部分市州通过数据测试，逐步实现全省水路交通运输行政审批服务线上“一网通办”、线下“只进一扇门”、现场办理“最多跑一次”目标。

电子票据启用。江苏港航单位启用电子票据，船民过闸费缴纳实现从缴费“不见面”到取票“不跑腿”。江苏省秦淮河船闸、下坝船闸、杨家湾船闸、玉带船闸、常州丹金船闸将启动在线开具船舶过闸费电子票据试运行，并于2020年1月1日开始在全省交通船闸全面推开。

第7章 行业治理

7.1 法治政府部门建设

7.1.1 行政管理体制机制建设

巩固深化长江航运行政管理体制改革。长航局系统巩固深化长江航运行政管理体制改革成果，优化政府部门组织机构，实施公务员职务与职级并行制度，有序推进事业单位改革，深入推进水上综合执法建设。完善长江干线水上安全保卫工作机制，长航局机关增设保卫处。继续推进长江航道局经营类事业单位转企改制工作，加快推进长江航道工程单位转企改制。深化长江通信管理体制改革，于2019年1月1日实施长江通信全面统一管理。按照国家《行业公安机关管理体制调整方案》和交通运输部关于交通港航公安机关管理体制调整工作要求，完成长江航运公安机关转隶工作，实行由公安部统一管理。深化长江干线水上综合执法改革，航道、通信、运政等执法内容纳入现场执法履职标准。长航局系统全年共开展水上综合执法现场巡查7.2万次、航道执法检查101.2万（座）次、通信执法检查20.3万（件）次、营运证检查9.6万艘次，出动执法人员34.9万人次，实施航道行政处罚734起，向长航公安机关移送涉嫌犯罪案件45件。

推进承担行政职能事业单位改革和综合行政执法改革。各地全面推开承担行政职能事业单位改革，理顺行政机关与事业单位关系，让行政职能回归行政机关，实现“政事分开”。改革前，各地交通运输管理部门下设多个承担行政职能的港航事业单位，如地方海事局、港航管理局等。重庆、湖南、陕西、山东、浙江等省市新组建省级综合执法机构和事业发展中心陆续挂牌，正式对外履行新的职责，各设区市也都根据本地实际成立了相应的市级机构。

深化完善协调合作机制。长航局继续深化与沿江省市交通运输主管部门、地市人民政府的“2+N”合作机制和长航局系统区域工作联动协调机制，完善与公安、水利、生态环境、渔政等涉水部门的联合执法和交流协作机制。长航局与湖北省交通运输厅及湖北省9市州召开“2+9”座谈会，与江西省交通运输厅及九江市人民政府深化巩固“2+1”合作模式，与湖北省高级法院、长江水利委员会共同签署《关于加强行政执法与司法审判协调联动共同推进长江生态环境保护的若干意见》；与长江航运公安局建立战略合作机制，在推进社会治安防控体系建设，查处治安案件，打击刑事犯罪，反恐消防警卫、水上综合执法、水运基本建设和安全管理、突发事件应急处置等方面开展全方位合作。成立长三角海事一体化融合发展领导小组，各成员单位签署了《长三角海事一体化融合发展战略合作备忘录》。滇黔桂三省（区）加强共管库区水上交通安全管理，完善联席会议制度。浙皖双方签订交界水域跨省联合执法合作框架协议，建立组织例会、交流学习、统一执法、案件查处、应急救助联动、信息联动等制度。

7.1.2 依法行政制度体系建设

行业法规规范体系完善。各管理机构积极参与《长江保护法》《港口法》《内河交通安全管理条例》《航道通航条件影响评价审核管理办法》《航道保护范围划定技术规定》等法律规范的制修订工作；配合推进重点领域立法，积极争取地方立法资源，按照地方立法工作部署配合开展《上海市航道条例》《江苏省水路交通运输条例》《安徽省港口条例》《湖北省长江生态环境保护条例》等地方性法规规章制定工作。严格行政规范性文件制定和管理，长航局出台《长航局行政规范性文件制定和管理办法》《长航局行政规范性文件立法后评估办法》；各地交通运输主管部门严格落实行政规范性文件制定、监督管理工作与合法性审核机制要求，严控发文数量、严格制发程序、广泛征求意见、严格审核把关，确保制定一件、备案一件、通过一件。开展规范性文件清理，长江航运公安局转隶后，长航局组织梳理涉及长江航运公安局的相关管理制度，提出25件制度规范立改废建议。上海海事局推动完善海事法规体系，全面制定局规范性文件6件、修订4件、废止17件。各地交通运输主管部门积极开展涉及水运的政府规章和规范性文件清理工作，浙江省全年完成省级港航规范性文件清理40件、废止15件、推进修订21件。

执法规范化建设。各地深入推进执法规范化建设，完善行政执法各个环节的制度设计，全面推行行政执法“三项制度”，修订公布重大执法决定法制审核目录清单。健全行政处罚裁量基准制度，长江海事局出台《常见船舶涉污违法行为行政处罚裁量基准（试行）》；长江口航道管理局制定了长江口航道行政执法工作办法。推进行政执法“四基四化”建设，武汉港区海事处建成水上综合执法示范基地。推进执法信息化建设，利用云计算、大数据、人工智能等手段实现高效精准执法。开展普法宣传活动，推动学法用法工作进一步制度化、规范化。全年长江海事局（含江苏海事局）查处行政违法案件32326件（表7.1-1），其中罚款32298件，警告14件，扣留证书14件。

长江海事局（含江苏海事局）行政处罚情况统计（2019年） 表7.1-1

	合　计	海事行政违法案件	航道行政违法案件
小计（件）	32326	31531	795
其中：罚款	32298	31504	794
警告	14	13	1
扣留证书	14	14	
罚款金额（万元）	11494	11373	121

行政权力制约与监督。严格执行重大事项报告制度，做好人大代表建议、政协委员提案办理工作，一批建议提案有效转化。长航局系统巩固清理规范长江航运领域行政处罚、行政检查成果，建立暗访常态化工作机制，不定期组织开展暗访，加强对处罚、检查清单的监督管理，建立清单动态管理机制，调整完善2019年长航局权责清单并对外公示；制定了长航局系统执法领域重大风险防范化解措施，完善相关制度22项，强化了权力运行监督。各级交通运输系统继续严格按照政务公开工作要求，不断丰富公开内容，创新公开形式，推进决策和执行公开。长航局进一步推进长江航运业重大建设项目批准和实施、公共资源配置、社会公益事业建设等重点领域政府信息公开工作。2019年，长航局通过门户网站主动公开政府信息数4548条（不含新闻类信息）。

7.1.3 行业营商环境完善

继续推进简政放权。各级交通运输系统清理规范水路交通行政审批事项，做好行政审批事项的取消、调整、承接和下放工作。长江海事推动国际航行船舶证书“三合一”并联办理，国内船舶证书“多证合一”有序推进，船员服务簿签发办结期限由“7个工作日”调整为“5个工作日”。浙江省将“多证合一”改革经验推广至全省所有内河船舶。贯彻落实《交通运输部关于实施自由贸易试验区交通运输“证照分离”改革全覆盖试点工作方案的通知》要求，各地分类推进自由贸易试验区“证照分离”改革，做好自由贸易试验区第四批改革试点经验复制推广工作。

新型监管机制推广。建立以“双随机、一公开”监管为基本手段、信用监管为基础、重点监管为补充的新型监管机制。长航局制定“双随机、一公开”抽查事项清单，提高“双随机”抽查事项的覆盖面；建立与信用类别相适应的监管机制，强化“红黑名单”认定，采取差异化监管措施；在“信用长航”专栏上公布信用体系政策文件，推动建设长航局系统信用信息平台。长江海事局完善“一单两库一细则”[❶]，开展基层单位监管工作试点。上海海事局完善海事征信管理办法，创新“双公开、双核查、双惩戒”工作举措。各地贯彻落实《交通运输部关于深化“双随机、一公开”监管工作的实施意见》，持续转变监管理念、创新监管方式，推动“双随机、一公开”监管全覆盖、常态化。

深化政务服务改革。积极推进群众就近办事、“一网通办”，稳步提升“互联网+政务”服务水平。长江海事局落实“一网通办”要求，推行船舶登记网上办理、船员证书异地办理、内河船员考试和发证一次性申请，试行证照快递送达；推行多元化缴费方式，实现船员考试费和港口建设费扫码便捷支付。江苏海事局建成一批24小时政务自助服务区并投入运行，行政审批事项办结时限压缩50%。上海海事局“一网通办”平台上线运行，实现36大项76小项行政审批事项“一网通办”。浙江海事局“就近跑一次”政务服务改革全面有效运行，扩展政务服务事项范围，实现辖区全域通办、流程全程电子。湖北省按照一体化在线政务服务平台建设要求，完成省、市、县港航海事系统信息分类录入，做到了国家、省、市、县的同一审批事项“四级四同”，实现无差别受理、同标准办理。舟山、宁波、张家港等口岸启动运输工具（船舶）全国通关一体化改革试点。

❶ 一单两库一细则：随机抽查事项清单，随机抽查对象库、执法检查人员名录库，随机抽查工作细则。

推进公共服务创新。长航局继续组织开展“春暖行动”，制订并实施了《2019年长航局优化营商环境增强港航企业发展活力工作措施》，拟定10个方面共32项举措，并加强措施落实的督促检查。推动国际贸易“单一窗口”应用，长江海事局推行口岸查验通关“三互”“三个一”模式[1]，上海推行证照电子化，浙江自贸区通过国际贸易“单一窗口”标准版实现同一艘船舶上下港代理申报数据的共享应用，便利国际航行船舶通关和长江经济带通关一体化。江苏海事局联合港航单位运行南京长江港航综合协调指挥中心，试点实施进江海轮“直进直靠”“直离直出”，缓解锚泊难问题。

7.2 市场监管与服务

7.2.1 水运建设市场监管

水运工程招投标管理。各省市交通运输主管部门和长航局认真履行招投标监管职责，加强水运行业建设市场制度体系建设，规范水运工程建设市场参与方行为。湖南首开水运工程全流程电子招投标，水运工程建设项目交易活动向招标电子化、监督智能化、流程信息化转变。

工程建设市场信用管理。加强建设市场从业单位和从业人员信用信息审核发布，做好长航工程建设市场信用管理平台运行工作，信用评价结果在长航局政府网站进行公示并汇总到交通运输部网站。江苏省修订印发公路水运建设市场信用信息管理办法，规范从业单位和主要从业人员的市场行为。湖北省实施公路水路工程建设市场红黑名单管理制度，奖励纳入“红名单”的诚信企业，惩戒纳入“黑名单”的失信企业，被纳入“黑名单”的企业不能参加各类评优表彰，并接受频次和力度高于其他企业的监督检查。开展了2018年度长航局系统建设工程设计、施工、监理和试验检测信用评价，参评的25家设计企业中24家获AA级，占96%；93家施工企业中87家获AA级，占93.5%；13家监理企业中4家获AA级，占31%。

7.2.2 水路运输市场监管

经营许可审批与经营资质管理。优化行政许可办证流程，缩短许可办证时限。长航局制订国内水路运输经营许可及内部管理工作流程，规范了运输经营许可和船舶营运证件办理、换发、备案工作流程；完善并公布长江干线省际客船、液货危险品船行政许可办理工作指南，长江水系省际客船和危险品船水路运输许可期限由20个工作日缩短至10个工作日，长江水系省际客船核发的《船舶营业运输证》期限由相关证书的最短期限变更为5年（但不超过所属公司许可证期限）。加强水路运输经营者经营资质保持、各类代理经营者备案、营运船舶经营资格条件等核查，全面完成水路运输及其辅助业年度核查工作。

运输市场宏观调控。严格执行客船、液货危险品船运输市场宏观调控政策，控制新增经营主体，鼓励企业集约化经营。2019年长江干线共有省际客船企业16家，液货危险品船

[1] 三互：信息互换、监管互认、执法互助；三个一：一次申报、一次查验、一次放行。

企业154家。严格执行交通运输部关于水路运输企业自有运力达标的有关要求，加强督促指导。自有运力不达标的省际客船运输企业5家（4家正在实施重组、1家正在实施造船计划），占企业总数的31%；自有运力不达标的省际液货危险品船运输企业23家，占企业总数的14.9%，与2018年相比减少了18家。严格控制新增运力，继续实施省际客船“3换1”、液货危险品船“吨位换吨位”的运力置换政策，批复新建客船运力4艘、液货危险品船舶39艘。加快淘汰老旧船舶，全年淘汰客船1艘（共计109客位），淘汰液货危险品船舶120艘（共计34274载重吨）。

运输市场监管与信用管理。长江水系各省市交通运输主管部门和长航局创新市场监管模式与方法，强化市场秩序的信用管理与事中事后监管，进一步提升水运市场监管效率。长航局修订长江水系省际客船、液货危险品船“双随机、一公开”监督评估工作细则，分4次对8个省市32家企业进行了检查工作，发现问题100余个，对发现的问题进行通报，并在网上公开；强化对省际客船、液货危险品船的信用管理，全年共采集通报失信行为信息50条，支持货主、乘客优先选择诚信好、守规矩的运输经营人承运货物、乘船出行。修订三峡通航诚信管理办法，三峡通航诚信系统上线试运行，三峡河段全年共产生诚信记录6999条，其中加分46条，扣分6953条，全年未出现制造虚假船位申报过闸等严重失信行为。各地推动完善水路运输市场信用信息管理系统，提升信息采集率，积极探索信用与许可审批、事中事后监管、执法的协同联动和管理闭环机制。

7.2.3 水路运输市场服务

市场监测与信息引导。长航局继续加强长江水路运输市场供需评价和指数运行分析评估，编制发布长江省际客船、危险品船运输市场分析报告、运力分析报告、长江干线水运经济形势季度分析报告和长江航运景气指数、运价指数、工资指数、满意度指数等，加强市场研判和趋势分析。研发基于船舶报港数据的长江干线货物通过量统计系统，并进行年度测算。

重点时段运输组织保障。加强春运、节假日、汛期、枯水期等重点时段旅客运输、重点急运物资和特种拖带工作等运输组织保障，实现客船零事故、旅客零伤亡、旅客零滞留、服务质量低投诉。春运期间，长江干线主要港口共安全发送省际旅客2.73万人次，同比增长6.4%；客（汽）渡船累计安全运送旅客946.98万人次、车辆256.93万台次，同比分别减少8.92%、增长0.26%；载货汽车滚装船累计安全运送载货汽车1.62万台次，同比减少1.31%。全年完成2次特种拖带运输保障工作。

三峡通航调度组织。制定实施《三峡枢纽年通过量1.46亿吨攻坚战通航保障总体方案》。优化实施《长江干线过坝船舶联动控制方案》，在“有序放行、优化组合”方面深入挖潜，明确计划编制确认线调整和三峡船闸换向运行机制，全年调整船舶到锚确认线2次，三峡船闸换向运行5次。优化实施枯水期三江航道动态吃水调度、大流量条件下葛洲坝一号船闸运行方式和通航流量标准、三峡坝区水域突发大风大雾过闸船舶交通组织方案，提升了船舶装载率，三峡船闸货运量枯水期同比上升了17.22%，汛期上升了0.24%。发挥两坝船闸组合效能、升船机快速通道作用、锚地预供给功能，及时协调实施汛期控泄、枯水期补水调度，重点急运物资过坝和军交运输保障有力，三峡调度水域日均待闸船舶495艘、平均待闸时间83.33小时，同比分别下降44.32%、44.88%。

运价备案服务。设在上海航交所的全国唯一集装箱运价备案中心服务全国海运市场监管体系，维护航运各方当事人利益，实现创新、简便、高效的服务系统和流程。2019年4月推出了全新的运价备案系统自动受理功能，极大提高了备案受理效率。无船承运人企业资质改为备案制后，上海航交所开辟网上服务指引和快速通道入口，做好宣传咨询工作，更好地解决了备案需求。

7.3 航道与港口管理

7.3.1 航道保护与管理

航道行政许可。加强航道通航条件影响评价现场监督检查与航评审核工作，长航局全面审核跨拦临河建筑物的规划符合性，科学分析对航道通航条件的影响，合理确定通航净空尺度和平面布置方案，督促落实航道通航安全保障措施，全年完成170多个项目航评审核，办理130项航标许可；地方港航管理机构加强内河辖区航道通航条件影响评价现场监督检查与航评审核工作有序衔接，落实新建桥梁、码头的导助航、防船撞设施“三同时”要求。做好专用航标许可工作，及时公示专用航标办理情况。加强泸州、重庆、南京、常泰等河段7座过江通道施工前航评监督检查，开展芜湖商合杭公铁大桥、浩吉铁路洞庭湖特大桥等2处大桥施工水域现场检查，开展荆州港盐卡港区木沉渊砂石集并中心码头工程施工结束后的执行情况校核。表7.3-1为部分省市航道行政管理情况统计。

部分省市航道行政管理情况表　　表7.3-1

省市	执法人员		航道执法检查次数（次）	现场执法次数	航道行政许可、审核、审批（件）		
	持证人数	年度培训人次			专用航标许可	航评审核	其他
江苏省	2070	7961	8821	4497		362	165
浙江省	1965	382	5318	137	1	84	327
安徽省	2336	726	580	555	1	103	3
江西省	298	300	786	8		34	
山东省						16	
河南省	93	175	151			15	
湖北省	292	157	29	16		8	24
重庆市	896	188	1376			41	
贵州省	157	26	24	2		4	

采砂规范管理。全面落实《水利部交通运输部长江河道采砂管理合作机制2019年度工作要点》，深化两部采砂管理合作，支持做好采砂规划编制，配合沿江水行政主管部门做好湖北等地8个采砂许可（可开采量约321万吨），推进地方砂石集并中心建设。长江干线

湖北段规划砂石集并中心（点）83个，湖北省2019年新建7个砂石集并中心，新增砂石吞吐能力1500万吨，累计建成41个砂石集并中心；荆州建成首个永久性砂石集并中心——李埠港砂石集并中心，也是湖北地区环保规格最高的砂石集并中心。江苏省制订沿江砂石码头布局方案，规划布局20处砂石码头，砂石通过能力3.0亿吨，满足承接水上过驳区取缔转移的需求；其中砂石集散中心8处、通过能力2.0亿吨，装卸点12处、通过能力1.0亿吨。长航局系统常态化开展联合执法活动，持续做好长江河道载运砂石船舶“四联单”检查工作，依法打击非法采运砂石行为，全年查获非法运砂船舶300余艘；加大对非法运输海砂船舶查处力度，全年查处非法运输海砂90件；全年长江海事部门联合水利（务）、公安开展联合行动4083次，共查获非法碍航采砂船舶175余艘；深入推进非法采砂刑事处罚，全年长航公安部门破获非法采矿案件1000余起。

桥梁防撞管理。加强与上海铁路局等协调，推动南京长江大桥防撞设施建设；组织开展了南京长江大桥通航保障优化提升及评估总结调研，推广应用南京大桥经验，督促重庆白沙沱大桥建新拆旧、荆州大桥非通航孔桥墩加固施工、枝城长江大桥通航孔调整和桥区航标优化、武汉长江大桥增设水幕方案等落实有关通航管理要求。开展长江干线桥梁防范船舶碰撞评估及有关对策研究，研究制订长江干线桥梁防范化解船舶碰撞桥梁风险专项行动方案。

航道养护管理。贯彻落实《全国航道管理与养护发展纲要（2016—2020年）》，安徽等省出台实施方案，加强航道管理与养护，推进航道管养工作法治化、标准化、规范化、智能化。长航局推进实施航道养护第三方技术评估，推进长江航道运行维护管理模式转型发展，取消长江航道航标养护类纸质报表；组织完成《长江干线桥区和航道整治建筑物助航标志》行业标准修订，启动了《长江干线通航标准》修订工作。长江航道部门组织完成了太平口水道航槽调整，由河心槽改为沿岸槽，航道水深由5.8米提高至6.4米，航道宽度由120米增加至160米，解决太平口水道通航矛盾。完成了长江南京以下12.5米深水航道交接，制定发布了《长江南京以下12.5米深水航道维护工作办法（试行）》。湖北省开展以航道养护技术规范、航标配布与管理、航标遥测遥感技术等为重点的航道养护管理专业技术培训，编制了《湖北省内河航道、通航建筑物日常养护费用标准》。重庆市编制实施了《重庆市内河航道养护工程预算编制办法》《重庆市内河航道养护工程预算定额》，加强内河航道养护工程造价管理与监督，有效控制养护工程投资。

7.3.2 港口管理

港口岸线管理。加快港口规划修订、调整进度，优化港口功能布局和岸线利用规划，鼓励、支持公用码头和专业化码头建设。落实《港口岸线使用审批管理办法》要求，规范港口岸线使用审批管理，严格保护港口岸线资源，保障港口岸线资源的合理开发与利用。研究支持解决芜湖三山港区高安圩作业区、马鞍山港太平府港区等规划调整和南京等地锚地优化调整问题。积极应对长江武汉段核心区公务码头优化调整工作，组织开展公务码头和其他码头手续清理工作。长三角三省一市持续严格港口岸线使用审批管理和日常监督，保护岸线资源，加强航道、锚地等公共资源的建设和共享共用；安徽省研究制定长江干线集装箱、煤炭、铁矿石、汽车滚装、件杂货等主要货类公用码头利用效率指标，以及港口岸线精细化管理实施细则。

港口生产经营管理。各省市交通运输主管部门贯彻落实《港口经营管理规定》，继续做好港口管理工作，规范港口经营行为，保障港口营运安全。依法严格实施港口经营许可、加强备案管理，规范经营许可的审批条件和程序，加强港口经营资质动态管理，开展经营资质年度核查，做好《港口经营许可证》的核发、换发和注销等工作，上海市内河港口经营企业户全部取得《港口经营许可证》，持证率100%。

7.4 海事行政管理

7.4.1 船舶管理

船舶登记。海事管理机构继续依法负责所管辖船舶登记、发证、检查工作。2019年，长江海事（含江苏海事局）全线共办理各类船舶登记10618艘次（表7.4-1），同比下降1.8%。上海海事局辖区登记注册船舶2181艘，办理各类船舶登记1976艘次。湖南省共计审核注册船舶772艘，累计4141艘。湖北省登记注册船舶6047艘。河南省登记注册船舶3494艘。

2019年长江海事局船舶登记工作量（含江苏海事局） 表7.4-1

项　　目	总计（次）	内河船舶合计（次）	海船（次）		
			合计	国内航线	国际航线
总计	10618	7910	2708	2557	151
船舶所有权登记	2111	1574	537	510	27
船舶国籍登记	3390	2485	905	847	58
船舶抵押权登记	963	680	283	278	5
船舶光船租赁登记	1145	891	254	243	11
船舶注销登记	3004	2280	724	674	50
废钢船登记	5	0	5	5	0
IC卡	0	0	0	0	0

船舶进出港安全监管。加强船舶进出港报告监管，创新船舶进出港监管模式，建立完善长效监管机制。新版船舶进出港报告系统于2019年12月11日00时起全面应用，各海事机构认真部署新版报告系统上线运行工作。长江海事局辖区全年船舶进出港报告数为321.9万艘次，同比上升20.1%；其中海船19.7万艘次、内河船302.2万艘次；长江海事局危险品船舶进出港申报75619艘次，危险货物吞吐量1.45亿吨。江苏海事局辖区全年船舶进出港326万艘次、载货量21.8亿吨，其中外贸货物3亿吨，同比分别增长29%、10.3%、24.7%；全年实施海船安检1731艘次、滞留47艘次，内河船舶安检9008艘次，滞留261艘次。上海海事局全年

共实施进出口岸查验40340艘次、开展PSC检查804艘次、FSC检查5150艘次、船检质量检查1378艘次、船舶防污染检查9193艘次、集装箱开箱检查827次。上海港船舶进出港205.57万艘次，其中国际航行船舶进出口岸查验4.03万艘次。上海市内河辖区船舶进出港报告56.22万艘次，实施船舶船旗国监督检查5717艘次，检查发现各类船舶安全缺陷22995项。湖南省船舶进出港报告219157艘次，实施船舶安全检查3600艘次、现场监督检查6840艘次，处罚船舶进出港报告违法行为9艘次。湖北省受理船舶进出港报告162388艘次，实施船舶现场监督检查1723艘次、船舶安全检查984艘次。河南省受理船舶进出港报告297680艘次。

船舶监督。各海事机构开展长期脱管船专项整治行动，对本登记机关注册船舶大摸底、大梳理，打击扰乱水上交通秩序、长期逃避监管的船舶，实现辖区登记运输船舶“底数清、情况明、看得见、控得住”的整治目标。长江海事局建立837艘长期脱管船舶数据库。上海市地方海事确定并公示了132艘船舶为长期脱管船舶；浙江省地方海事排查清理长期脱管内河船舶7600多艘；湖北省地方海事查明长期脱检船舶4498艘，注销登记船舶201艘、脱检船恢复检验930艘、纳入休眠库管理船舶2602艘。江苏海事局强化船舶进出港报告信息核查，探索建立“船舶、港口、货主”三位一体的船舶进出港管理“江苏模式”。安徽省地方海事落实“三个百分百”要求（网上核查、现场监督、违章处罚）和客渡船进出港报告制度，强化现场监督检查力度及检查质量。

船检管理。加强验船质量监督检查工作，深化同船检查工作机制，提升安检质量，开展船检机构资质复核工作。组织开展船舶防污染设备检验发证及运行情况专项检查，有序开展新建船舶吨位丈量抽查工作。渔业船舶检验管理规定公布，各地加强宣贯，开展学习培训，进一步明确渔业船舶检验监督管理要求，促进渔业船舶检验质量和服务能力提升。表7.4-2为各地海事船检机构船舶检验业务量情况。

部分海事船检机构船舶检验业务量情况 表7.4-2

省份	建造检验		营运检验		船舶设计图纸审查（套）	船用产品检验件（套）
	艘次（艘）	总吨（万吨位）	艘次（艘）	总吨（万吨位）		
江苏省	2012	121	40500	2593	2255	23000
浙江省	812	48.7	20757	1202.9	1007	24654
安徽省	191		31555		387	6383
江西省	79	4.7	4443	348.2	63	
山东省	884	129703	11742	6229487	186	3576
河南省	289	10.1	6107	640.9	109	0
湖南省	341	14.5	9169	475.6	142	4899
贵州省	138	0.676	3591	20.2	26	
云南省	92		1953		77	
陕西省	35	1058	2051	7031	15	0

7.4.2 航运公司管理

航运公司安全管理体系审核发证管理。海事管理机构依法对航运公司安全与防污染管理体系的建立、实施、保持及其相关活动进行监督管理。长江海事机构强化安全管理体系审核发证管理，严格落实三级审批制度，严把审核发证关，审核发证质量明显提高，共对968家次航运公司实施了监督检查，发现问题2800多个，督促公司进行了整改。强化航运公司安全管理体系审核发证管理工作，开展体系内航运公司海事信用等级评定，积极推进航运公司差异化管理，推动构建与地方港航部门信息共享机制，审核公司516家、船舶1700艘，评定D级公司69家，并对评定为D级（差）的公司进行重点强化审核和监督检查，警示约谈航运公司11家。推进NSM规则对第四批船舶生效实施工作，修订航运公司安全管理体系审核发证与质量评估管理办法，建立第四批公司及船舶的数据库，对第四批67家公司、74艘船舶审核发证。根据《航运公司安全诚信管理办法》《安全诚信公司评选工作程序》《中华人民共和国海事局安全诚信船舶、安全诚信船长评选规定》，一批安全诚信公司、船舶、船长入选2019年名单。规范特定航线江海直达船舶最低安全配员，中华人民共和国海事局发布《特定航线江海直达船舶最低安全配员标准》。

航运公司安全监督检查。强化航运公司安全监督检查工作，全面落实航运公司安全生产主体责任，鼓励航运公司自船自管、自有船员，自行建立安全管理体系，促进航运公司安全管理能力和水平提高。组织开展《中华人民共和国船舶安全营运和防污染管理规则》宣贯培训，严格航运公司安全监督检查。组织开展典型事故案例进航运公司进船员培训机构的“双进”活动及媒体宣传。加大事故船舶及其所属公司的监管力度，长江海事部门先后对发生安全事故的8家航运公司（涉及3个省市）法人代表进行约谈，对涉事8艘船舶实施了7~10天的停航整顿。湖南省地方海事对44艘涉海运输船舶进行了处置，约谈企业51家。

7.4.3 船员管理

船员考试发证管理。各海事机构和船员管理中心贯彻落实《关于修改〈中华人民共和国船员培训管理规则〉》《内河船舶船员适任培训和考试大纲（2019版）》《中华人民共和国船员培训和船员管理质量管理规则》《〈中华人民共和国船员培训管理规则〉实施办法》《特定航线江海直达船舶船员培训、考试和发证办法》，加强船员适任资格培训、考试、发证管理。长江海事推动形成海船船员“校—船—校”和内河船员“三定”培养模式，推动建立江苏省海上劳动关系三方协调机制，推行船员远程考试，全年核发船员证书122088本（表7.4-3）。大力开展“守规矩，开好船，争当好船员”活动，推进船员“口袋工程”建设，举办船员培训精品课程（视频）竞赛。江苏组织开展船员职业技能大赛，考核船员在船舶操纵及避碰、驾驶台资源管理等方面技能和专业、综合知识能力。各地方海事机构开展内河船舶船员实操考试，做好内河船员适任证书发放工作（表7.4-4）。浙江金华成立非水网地区第一个船员无纸化考场。上海海事局组织各类船员考试评估11278人次，办理各类船员证书27354本，签发海员证9907本，受理回复船员咨询服务2300余次。

长江海事局船员管理工作数据 表7.4-3

项目			数量		同比（%）
			2019年	2018年	
船员理论考试（人次）	内河船员	适任考试人数	9160	5678	61.3
		特培考试人数	4256	4202	1.3
	海船船员	三副/三管及以上	6972	4072	71.2
		GMDSS	1749	1501	16.5
		值班水手/机工	11159	7976	39.9
		合格证	46725	88186	−47.0
签发证书	内河船员	适任证书	12923	6194	108.6
		特培证书	4737	10761	−56.0
		服务簿	4684	4332	8.1
	海船船员	适任证书	3919	2758	42.1
		海员证	6463	5929	9.0
		服务簿	5704	4639	23.0
		合格证（项目数）	29797	43392	−31.3

部分省市船员管理工作数据 表7.4-4

省市	船员考试数量（人）		船员证书发放数量		船员有效证书数量	
	海船	内河	海船	内河	海船	内河
上海市	11278	1596	27354		238116	
江苏省		7995		13484		52382
浙江省		1092		1502		17356
安徽省		15994		22443		84358
山东省		2612		345		33782
河南省		1950		3031		10937
湖北省		3144		5319		85833
湖南省		3645		6193		20322
重庆市		266		433		5150
四川省		1312		2329		11451
贵州省		1210		2622		8428
陕西省		507		559		1107

船员违法记分管理。各级海事管理部门加强船员违法监管，将船员违法记分和行政处罚信息录入“中国海事协同管理平台”，按期通报船员违法记分情况。长江海事局（不含江苏局）全年处理船员违法行为4565件，船员违法记分15748分，同比分别增长39.1%、41.2%。江苏海事局实施《江苏长江渡船船员行为规范》，创新建立突出违法行为举报奖励制度，对11654名船员实施违法记分管理。上海市地方海事实施船员履职情况检查9377人

次，发现船员违法行为703人次，船员违法记分2278分；检查船员证书54603本，未发现船员假证。湖南省地方海事共实施船员违法记分人数735人，累计计分3114分。

7.4.4 通航管理

船舶航路优化。做好《长江下游船舶分道航行规则》《长江中游船舶分道航行规则》《长江上游李渡至界石盘船舶分道航行规则》以及3月1日起实施的《长江上游界石盘至成贵高铁宜宾金沙江大桥段船舶分道航行规则（试行）》、7月1日起实施新修订的《长江安徽段船舶定线制规定》《长江三峡库区船舶定线制规定》等分道航行规则的实施和优化调整工作，修订完善《长江江苏段船舶定线制规定》，调整枝城长江大桥桥区航路，长江海事辖区2700公里长江干线水域实现分道航行和定线航行全覆盖。长江海事继续深化通航水域分级管理，定期评估调整分级情况，不断优化监管措施。江苏省探索江河海统筹一体化监管模式，研究制定船舶进出六圩河口、新夏港河口安全航行指南和待闸停泊管理办法，规范船舶进出河口航行行为和停泊秩序。

现场巡航巡查。各级海事管理机构履行水上动态监管、预警预控职能，加强辖区重要航路、锚地（停泊区）、施工作业区、港口（客运码头、危险品码头、装卸作业区）、抛泥区、桥（坝）区等通航水域的巡航检查，纠正违法排放、违反航行规定、违法施工作业、违法养殖（采砂）等行为，检查助航标志是否异常，参与交通组织、护航以及救助工作。强化指挥中心与现场海巡艇联动，建立海事、港口、航道、运政联合监管机制，加强协作配合与监管联动。区域内海事之间、船闸之间加强协调联动，缓解船闸堵航现象。三峡通航管理部门加大枢纽引航道、待闸锚地、客运港区、石牌弯道等重点水域的远程监视和巡航检查力度，远程监视发现并排除险情18起，现场巡航5000余次，出动执法人员2万余人次，巡航检查船舶1.1万艘次。表7.4-5为各海事机构海（港、辖）区巡航工作统计。

部分海事机构海（港、辖）区巡航工作统计 表7.4-5

海事机构	完成巡航工作任务（次）	巡航次数（次）	巡航时间（万小时）	巡航里程（万海里）	出动执法人员（人次）	检查船舶（艘次）	纠正违章（艘次）
长江海事局	149414	74726	13.9	177.7	304436	180159	4640
上海海事局		29553	9.1	51.4	59886		
江苏地方海事	111422	93104	18.8	65.3	215634	491037	16243
浙江地方海事	1542	10893	2.5	10.6	35422	21648	1631
安徽地方海事	1396	16921	3.36	65.5	55133		
江西地方海事		6397	1.8	17.4	2.38		
山东地方海事	144	281	0.1405	0.1814	562	330	2
河南地方海事		11853	1.2	3.2	23704		
湖北地方海事	52038	25550	11.2	51.1	52450	43232	2865
重庆地方海事		10259		18.6			
贵州地方海事		18375	2.0	14.8	50390	43905	373
云南地方海事		5615		0.8			

水上水下活动监管。贯彻落实《中华人民共和国水上水下活动通航安全管理规定》，各级海事管理机构加强辖区水上水下活动通航安全监督管理工作，强化涉航工程的通航安全检查和水上水下活动事前事中事后监管。提升重点区域通航管理能力，不断完善通航基础数据，及时更新辖区码头、桥梁等基础数据库，加大通航环境要素采集系统应用力度，提升通航基础数据库的时效性；做好重点桥梁通航安全保障，强化桥区水域安全监管；督促码头业主单位完善海事手续。长江海事局对辖区桥梁防撞设施情况进行摸排，建立桥梁防撞设施数据库。表7.4-6为长江海事局辖区水上水下施工作业情况统计。

长江海事局辖区水上水下施工作业情况 表7.4-6

海事机构	按作业位置统计											
	合计		港池		锚地		航道		其他			
	天数	件数	天数	件数	天数	件数	天数	件数	天数	件数		
长江海事局	50236	2333	9156	449	315	25	10273	480	30372	1375		
其中：江苏海事局	21313	577	4188	142	267	12	3090	128	13768	295		
海事机构	按作业方式统计											
	扫海		疏浚		填埋		桩基		吊装		其他	
	天数	件数	天数	件数	天数	件数	天数	件数	天数	件数	天数	件数
长江海事局	118	34	9141	435	5008	189	9293	341	3463	249	23070	1077
其中：江苏海事局			4851	140	3913	46	2329	23	1793	148	8427	220

航行警告和航行通告管理。加强航行警告和航行通告的管理，保障船舶、设施的航行和作业安全。长江海事局（含江苏海事局）全年航行通告、航行警告按发布项目计分别发布1418份、422份，按发布方式计分别发布4841次、3735次，详见表7.4-7。

长江海事局航行通告（警告）发布情况 表7.4-7

航行通告发布			航行警告发布		
类　别	单　位	总　计	类　别	单　位	总　计
一、按发布项目合计	份	1418	一、按发布项目合计	份	422
1.水工作业	份	856	1.水工作业	份	84
2.助航设施	份	3	2.大型拖带	份	17
3.水上活动	份	391	3.助航设施	份	2
4.碍航物	份	2	4.搜寻救助	份	9
5.航道变化	份	10	5.水上活动	份	15
6.其他	份	156	6.碍航物	份	0
			7.航道变化	份	1
			8.其他	份	294

续上表

航行通告发布			航行警告发布		
类　别	单　位	总　计	类　别	单　位	总　计
二、按发布方式合计	次	4841	二、按发布方式合计	次	3735
1.报刊	次	25	1.NAVTEX	次	0
2.张贴	次	1062	2.FEC	次	0
3.函寄	次	137	3.VHF	次	3074
4.广播	次	706	4.网络	次	193
5.电视	次	0	5.手机短信	次	323
6.网络	次	2442	6.传真	次	97
7.传真	次	178	7.卫星	次	0
8.其他	次	291	8.其他	次	48

枢纽通航管理。交通运输部印发《关于加强通航建筑物和航运枢纽大坝运行安全管理的意见》，加强通航建筑物和航运枢纽大坝运行安全管理。开展向家坝升船机补充试航，发布向家坝升船机通航调度规程。长航局制订LNG动力船通过三峡-葛洲坝水利枢纽的工作方案，自2019年7月1日起试运行LNG动力船通过三峡船闸。修订完善《三峡-葛洲坝水利枢纽通航调度规程》《长江干线过坝船舶联动控制方案》。优化船舶过闸调度计划，编制三峡、葛洲坝船闸运行方案，严格控制近坝河段待闸船舶量不超过600艘。研究完善载运危险货物船舶过闸管理措施；做好三峡升船机试通航有关工作。修订长江三峡水利枢纽过闸船舶安全检查暂行办法实施细则，严格落实过闸船舶100%安全检查。江苏省继续做好过闸费征收工作，开展全省过闸费征收检查专项活动。

7.4.5　引航服务

阳光引航实施。大力践行引航服务新“八项承诺”，长江引航动态管理及综合服务系统上线运行。适应12.5米深水航道通航能力，精准服务大型海工设施、风电设备船、大型集装箱船、超大型矿砂船等特种船舶以及邮轮经济等个性化引航需求，成功引领净空高度达157.4米的特种船“振华33”轮、最大宽度137.4米的“巴芬”轮、4艘船长400米2万标箱集装箱船、40万吨级系列散货船“招商梦1号”和“香港号”、31万吨的超巨型原油船（ULCC）“中远川崎247”轮、世界最大长度滚装船丹麦籍“歌迪亚海路”轮。深化重点港航企业联系制度，互动走访中远海运等大型航运企业，精准对接引航服务需求。全年共安全引领中外船舶62205艘次，有效应对恶劣天气115天，有效处置船舶失控等应急事件151起，无等级责任事故，无行风有理投诉。全年引领夜航船舶32748艘次，占比52.7%；引领危化品船舶26700艘次，占比43%；引领受限船舶11056艘次，增幅9%，其中吃水10.8米以上重载海轮增幅29.4%，开普型船舶增幅2.1%，开普敦型船舶进出镇江以下各港实现常态化，充分释放12.5米深水航道通航效能，安全引航总里程738万公里。图7.4-1为2009—2019年长江引航业务量统计。

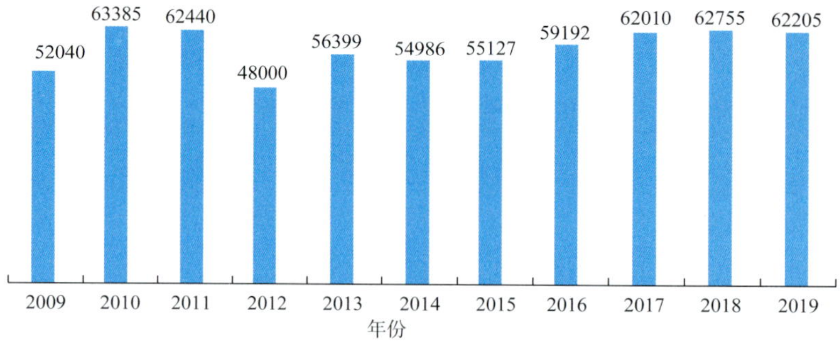

图7.4-1　长江引航业务量（2009—2019年，单位：艘次）

7.5 人才队伍建设

人才发展体制机制。长航局编制了《长航局系统2020—2025年人才队伍发展规划》，制定了《关于进一步激励长航局系统广大干部新时代新担当新作为的实施办法》；系统有关单位围绕年度人才工作重点，加强制度建设，出台了有关人才培养、教育培训和日常管理的制度，持续推进人才工作制度化、科学化和规范化。注重人才服务，开辟人才宣传专栏、制作专题片，深入宣传各类优秀人才的先进事迹，营造尊重知识、尊重人才、尊重劳动、尊重创造的良好氛围。

干部队伍建设。加强领导班子建设，严格干部选拔任用，强化日常监督管理；加强年轻干部队伍建设，推动干部横向挂职锻炼；推进公务员分类改革和公务员职务与职级并行制度落实。落实交通运输部《2018-2022年交通运输干部教育培训规划》，健全培训制度，完善培训内容，实施分类分级培训。长航局全年共选派96名处级干部分批次参加部党校处级干部理论培训班，选派4名科级干部参加湖北省直机关工委科级干部调训。

专业技术人才建设。持续推进职称制度改革，探索人才分类评价机制，提升职称评审工作质量。加强高层次人才培养，长航局推荐2人作为国家百千万人才工程候选人，2人作为“万人计划”青年拔尖人才候选人，1人参评中国青年科技奖，4人申请交通运输行业高层次人才培养项目。长航局唐冠军等同志入选交通运输部第四届部长政策咨询委员会委员，长江航道局刘怀汉、长江三峡通航管理局齐俊麟等同志入选交通运输部第五届专家委员会委员，上海河口海岸科学研究中心王元叶、长江航道规划设计研究院江凌、武汉长江船舶设计院有限公司金伟等同志被授予交通运输青年科技英才称号。一批优秀人才进入交通运输部水运行业专家库。

技能人才队伍建设。各有关单位统筹推进行业技能人才队伍建设，健全技能人才培养、使用、评价、激励制度，探索打通管理、专业技术及工勤技能等三类岗位转换通道，拓宽技能人才职业发展平台。三峡通航管理局“湖北省劳模李然创新工作室”被学习强国平台推荐，李然先后获中国好人、荆楚楷模、交通运输部系统优秀共产党员、交通运输青年科技英才、湖北省五一劳动奖章等荣誉。长航局印发关于提升长江内河客船危险品船船员素质的指导意见。开展内河船员素质提升规律研究，制定《提升长江船员综合素质三年行动实施方案（2019—2021年）》，创新提出内河船员素质提升“233”工作法。在湖北武汉举行了首届中国船舶检验业务技能比武大赛，来自国内的各地船舶检验机构、中国船级社等56支代表队和来自国外的美国船级社、法国船级社等12家世界著名船级社，共计300余人参加比赛。

执法队伍建设。严格执法人员管理，制定实施执法人员年度培训计划，严格执法人员持证上岗和资格认证制度。长航局组建了长航局系统法治人才库（50人），举办了两期法制培训班，培训执法人员116人。完成2018年度交通运输行政执法证件年审工作，新增11人，年审通过85人，注销3人。江苏海事局组织开展3批次78名执法人员随船跟班学习802航次。

7.6 行业文化建设

文明创建。长航局组织开展第23届文明窗口月活动，在全系统组织开展了向张富清、牛百龙等先进典型的学习活动。长航局系统现有全国文明单位达19家，省级文明单位77家，全系统13个集体被授予省级以上“青年文明号”。江苏海事系统蝉联江苏省文明行业，局属11个基层单位获评江苏省文明单位，镇江大沙海事处团支部获评“全国五四红旗团支部”，泰州海事局指挥中心获评“全国青年文明号”。四川省全面加强精神文明建设，培树行业先进典型，讲好四川水运故事。浙江提炼“引领、坚守、担当、奉献”的新时代浙江港航精神核心内涵。

品牌建设。由全国总工会及相关行业工会发起的“新中国70年最具影响力班组”发布活动中，长江三峡通航管理局升船机管理处运行获“新时代特色品牌班组”，是交通系统9个入选的班组之一。中国交通企业管理协会公布的“2019年度全国交通运输文化建设优秀成果”中，长江三峡通航管理局“绿色通航、温情服务”、南通海事局“通惠江海、通航未来”等获得“全国交通运输优秀文化品牌”，张家港港务集团有限公司、武汉港务集团有限公司、九江海事局、长江三峡通航管理局、长江宜昌航道工程局等单位获得“全国交通运输文化建设卓越单位”，嘉兴内河国际集装箱码头有限公司、上海海事局、南通海事局等单位获得“全国交通运输文化建设优秀单位”，张家港港务集团有限公司、江苏省邵伯船闸管理所、江苏省盐城市航道管理处、安庆牛头山海事处、重庆奉节海事处、江苏省施桥船闸管理所、重庆海事局政务中心等单位获得“全国交通运输文化建设专项优秀成果”，江苏省盐城市航道管理处、南京海事局、中国船级社武汉规范研究所、中国船级社武汉分社等单位2019年度保持“全国交通运输文化建设卓越单位”荣誉称号。

典型培育。由交通运输部和中华全国总工会共同举办的“感动交通年度人物”推选活动中，武汉海事局牛百龙同志获评“2018年感动交通年度特别致敬人物”，上海海事局姜龙同志获评“2018年感动交通十大年度人物”。上海国际港务（集团）股份有限公司尚东集装箱码头分公司获评“全国五一劳动奖状”，上海海事局姜龙同志荣获“全国五一劳动奖章”。“最美港口人”推选宣传活动中，确定张家港港务集团有限公司黄强组组长黄强、陕西省安康市航务管理局瀛湖分局局长薛朝阳同志为“最美港口人”。江苏省港口集团有限公司黄强、江苏省南通市港航事业发展中心市区分中心周明凯、安徽马鞍山港口

（集团）有限责任公司港务三公司黄鑫、重庆市合川航道管理处花毓建、长江三峡通航管理局蒋辉等同志荣获“2019年度全国交通技术能手”荣誉称号。

京杭运河文化带建设。落实《大运河文化保护传承利用规划纲要》《长城、大运河、长征国家文化公园建设方案》相关要求，以大运河为主干，强化岸线开发整合和集约利用，保护好、传承好、利用好大运河航运功能，全面加强新时代大运河航运文化建设。江苏省推进蔺家坝船闸、谏壁船闸等大运河航运文化标识建设，建成大运河两淮段、无锡城区段、苏州吴中吴江段等绿色生态航段，实现大运河干线航道水上服务区全覆盖。浙江省开展“大运河文化带”宣传，出版发行《大运河航运史（浙江篇）》，挖掘大运河文化底蕴，讲好大运河航运美丽故事。由交通运输部主办、中国水运报社承办的“千年运河焕新生”主题采访活动，聚焦“文化运河 世界遗产”“经济运河 流金淌银”“生态运河 绿色样板”三个主题，宣传大运河沿线省（市）保护传承利用大运河的亮点与成就，掀起保护、传承、利用大运河的舆论热潮。

新闻宣传与舆论引导。严格落实意识形态工作责任制，持续加强舆论引导，深入开展“长江绿动—走进黄金水道”等主题采访。长航局政务微博创新发布形式，拓展服务领域，全年发布各类政务、服务信息共1953条；“长江绿动 走进黄金水道”话题阅读量近2600万，荣登新浪微博新时代频道热搜首位；“2019年长江干线水上联合搜救演习”阅读量近90万。根据人民网舆情数据中心发布的《2019年政务指数·微博影响力报告》，长航局政务微博即“长江航运”荣登全国十大航运微博排行榜首位。各地全面推进中国水运史、水运工程建设实录编撰工作。四川省开展“蜀水逐梦 传承奋进”行业先进典型宣传活动。

第8章 发展展望

8.1 经济发展形势展望

2020年开局之际，新冠肺炎疫情突如其来，给进入决胜全面建成小康社会、决战脱贫攻坚收官之年的中国经济带来难以预料的冲击。随着新型疫情在全球蔓延，叠加地缘政治和贸易紧张局势、政策的不确定性，全球经济面临自1930年代大萧条以来最强烈经济收缩（世界贸易组织2020年4月8日发布的《全球贸易数据与展望》预计2020年全球贸易或将大幅缩水13%~32%；国际货币基金组织4月14日发布的《世界经济展望报告》预计2020年全球经济将萎缩3%；联合国2020年中期《世界经济形势与展望》预计全球经济将在2020年萎缩3.2%）。如果大流行和企业停摆的不确定性持续存在，其造成的经济代价将不断增加。

面对新冠疫情这场新中国成立以来所遭遇的传播速度最快、感染范围最广、防控难度最大的一次重大突发公共卫生事件。在党中央坚强领导下，中国用1个多月时间初步遏制了疫情蔓延势头，用3个月左右时间取得疫情防控重大战略成果。但与此同时，疫情对经济发展的资源配置造成一定的分流，对发展规划的实施时效带来一定的阻滞，从而对中国经济社会发展构成较大冲击。中国经济在2020年一季度出现负增长（同比下降6.8%），拉动经济增长的“三驾马车”即消费、投资与出口在1~4月份总体呈负增长状况。尽管当前国内外尚存不少不确定性因素，但中国经济具有保持稳中向好、长期向好趋势的扎实基础，中国政府紧扣全面建成小康社会目标任务，统筹推进疫情防控和经济社会发展工作，在疫情防控常态化前提下，坚持稳中求进工作总基调，坚持新发展理念，坚持以供给侧结构性改革为主线，坚持以改革开放为动力推动高质量发展，坚决打好三大攻坚战，着力构建立足当前与长远发展相统一的政策体系与发展机制，加大“六稳”工作力度，保居民就业、保基本民生、保市场主体、保粮食能源安全、保产业链供应链稳定、保基层运转，为确保完成决战决胜脱贫攻坚目标任务、全面建成小康社会提供有力保障。十三届全国人大三次会议确定了2020年的发展任务，并以组合拳的方式配套提出了今后一个时期促进经济发展的有力举措，为企业发展、为内需增长、为深化改革扩大开放和社会经济活动的健康运行，提供了坚实的制度保障和政策动力，加上中央部委、各省市推出的一系列落地实施的方案与措施，中国经济发展向好态势将进一步巩固。

本报告涉及的14省市一季度经济运行经受住了疫情的冲击和考验，主要指标在大幅下降后不断恢复，积极因素持续增多，疫情带来的负面影响逐渐降低。各省市在疫情防控常态化前提下统筹推进疫情防控和经济社会发展，深入实施长江经济带、长三角一体化发展等国家战略，做好“六稳”工作、落实“六保”任务，地区经济将逐步恢复平稳状态，区域经济将加快形成发展新格局。

8.2 长江航运发展前景展望

8.2.1 交通运输行业政策展望

2020年一季度交通运输经济运行经受住了疫情的冲击和考验，交通运输系统按照“一断三不断”部署，全力守护疫情防控“生命线”、全力当好复工复产“先行官”疫情。当前，疫情带来的负面影响正在逐渐降低，交通运输经济运行正在加快恢复。水运方面，全国内河、沿海分别完成投资88亿元和84亿元，分别下降21.7%和16.6%；水路客运量下降61.4%，水路货运量下降15.5%，港口货物吞吐量下降4.6%，集装箱吞吐量下降8.5%。随着复工复产步伐加快，3月降幅较2月不同程度收窄。

2020年是加快建设交通强国的紧要之年。当前，交通强国建设的各项工作正在有序推进，按照全国交通运输工作会议的工作部署，围绕“努力建设人民满意交通、为社会主义现代化强国建设当好先行官”这一总体要求，落实“巩固、增强、提升、畅通”八字方针，进一步深化交通运输供给侧结构性改革、为国家重点战略实施提供有力支撑、进一步深化交通运输重点改革、加快提升交通运输治理体系和治理能力现代化、大力推进绿色智慧交通发展、深入推进综合交通一体化融合发展、牢牢守住交通运输安全发展底线。当前，交通运输主管部门统筹推进疫情防控和交通运输发展各项工作，着力服务“六稳”，落实“六保”任务，积极推进交通强国试点工作和重大工程建设，全力推动黄金水道提质增效，大力发展多式联运，全力确保交通运输安全稳定，为推动长江经济带高质量发展、确保完成脱贫攻坚目标任务、全面建成小康社会当好先行。

8.2.2 长江航运发展前景展望

受新冠疫情冲击、产业链重构等因素影响，长江航运发展面临诸多挑战。新冠疫情发生以来，长江航运部门全力以赴做好长江干线货物运输保障工作，特别是针对疫情防控急需的电煤、成品油、鲜活农产品、应急物品等重点物资采取了一系列优先保障服务措施，确保水上运输“生命线”通畅。此次新冠疫情不可避免对长江航运造成较大冲击，2020年一季度14省市内河建设完成投资82.7亿元，同比下降18.5%，水路客运量1383万人，同比下降63.0%，水路货运量10.7亿吨，同比下降15.6%，内河港口货物吞吐量8.6亿吨，同比下降6.6%。但长江航运具有独特的比较优势，中央加快推动长江经济带、长三角一体化发展等国家战略和各省重大战略部署的实施也为长江航运带来了新的竞争优势和发展机遇，长江航运仍处于基础设施发展、服务水平提高和转型发展的黄金时期。随着疫情在国内得到有效控制，以铁路、公路、港口等为代表的公共交通基础设施建设，以及以5G基站、特高压、城际轨道、新能源汽车充电桩建设为代表的新型城镇化建设项目，将补偿性释放，有效带动长江航运市场需求加速增加，长江航运经济运行秩序有序恢复。预计二季度以后，长江干散货、液货危险品、商品车滚装、集装箱等运输市场将逐步恢复，市场需求总体保持增长态势。但如果疫情全球大流行持续，将继续抑制集装箱出口需求及铁矿、煤炭进口需求，集装箱和干散货运输需求承压。

将长江航运打造成交通强国建设先行区、内河水运绿色发展示范区和高质量发展样板区，服务长江经济带高质量发展，服务交通强国建设，是时代赋予长江航运的光荣使命。当前，在疫情防控常态化前提下，政策逆周期调节为长江航运发展提供了重要的支撑。符合国家战略和“十四五”规划方向的项目将可能提前启动，长江航运新基建项目将成为推动长江航运发展的新动能，依托长江黄金水道的多式联运服务模式将加快发展，交通强国试点项目等各项任务的落实到位将引领长江航运高质量发展新格局。

8.3 下一阶段主要发展思路

2020年，是交通强国长江航运篇章建设打基础的关键之年。面对新形势、新要求，长江航运各系统需要正视当前宏观经济面临的内外部压力，围绕党和国家重大战略任务以及统筹推进疫情防控和经济社会发展、全面建成小康社会的一系列重要部署要求，扎实做好“六稳”工作，全面落实“六保”任务，围绕落实交通强国建设和交通运输主管部门工作部署，以更大力度推进长江航运领域改革开放，更有针对性、更加科学地推进构建完善长江航运基础设施网络体系，加快发展依托长江黄金水道的多式联运服务模式，推动建立与发展改革相适应的制度体系，构建更加开放、公平、透明、规范的市场环境，加强行业监管和保障能力，深入推进长江航运安全绿色智慧发展，推动长江航运治理体系和治理能力现代化，为长江经济带高质量发展和长三角区域一体化发展以及加快建设交通强国当好先行、提供支撑，确保服务全面建成小康社会。

8.3.1 谋划启动交通强国长江航运篇章建设

编制交通强国建设相关规划。长航局将制定《交通强国建设长江航运行动纲要》，争取事关长江航运长远发展的重大事项列入交通强国试点。各地区交通运输主管部门，结合本地区实际和交通强国试点工作要求，对标对表《交通强国建设纲要》，将加快出台实施意见，加快实施交通强国试点水运篇建设。

全面完成“十四五”规划编制工作。系统评估“十三五”规划实施效果，统筹做好“十三五”与“十四五”规划项目衔接，编制完成各地区综合交通运输“十四五”发展规划中水运发展专项规划、长航系统“十四五”发展规划，统筹推进黄金水道“四个统一”建设。落实《国家综合立体交通网规划纲要（2021—2050年）》等国家规划，系统谋划好各地区水运领域篇章。

8.3.2 高质量支撑国家和地方重大战略实施

继续推进长江干线航道扩能提升工程建设。加快推进荆江二期、上游航道整治等长江干线航道治理项目前期工作，开工建设朝天门至涪陵等重点航道整治工程，持续推进武汉至安庆6米水深航道、江心洲至乌江河段二期、新洲至九江河段、芜裕河段、长江口南槽一期等在建项目建设，完成黑沙洲航道整治等项目竣工验收。积极配合推进三峡枢纽水运新通道和葛洲坝航运扩能工程前期工作，加快推进三峡枢纽联运体系建设。

继续推进长江支流千吨级航道提升工程建设。加快推进京杭运河扩能工程建设，推动航道畅通互联。加快长三角一体化高等级航道网络建设。继续推进岷江、嘉陵江、汉江、赣江等枢纽建设和湘江等航道整治工程建设。

强化通航保障。严格执行2020年度航道、船闸养护计划，加强枯洪水期和重点河段航道维护管理，保障重点航道畅通。

完善港口基础设施。继续鼓励大型港航企业整合沿江港口资源和航运资源，促进区域港口一体化发展，推进世界一流港口建设。推进小洋山北侧码头工程和南通通州湾港区码头工程前期工作，有序推进南通港天生港区新世界通用码头工程、苏州港太仓港区四期等港口工程建设。继续推进上海等航运中心建设，推动现代高端航运服务业发展，促进航运中心建设联动化。推进一批疏港铁路建设，大力发展铁水联运等多式联运。

继续开展"平安百年品质工程"创建活动。持续加强建设工程市场监督管理工作，开展信用评价，推进诚信体系建设。

高质量打赢交通扶贫攻坚战。加快贫困地区水运补短板，发挥水运先行官作用。

8.3.3　推进水路运输提质降本增效

继续加强宏观调控。开展长江省际客船、液货危险品船市场调控评估，推进植物油运输企业和船舶管理规范化。完善长江省际客船、危险品船运输经营人诚信信息监测系统，促进信用信息数据共享。

继续优化运力结构。落实《内河过闸运输船舶标准船型主尺度系列》国家强制性标准，开展长江液货危险品船优选船型评判标准研究。

推动多式联运和江海联运发展。大力发展江海直达和江海联运，扩大长江沿江港口至上海洋山港区、宁波舟山港江海直达运输船舶规模和航线。积极发挥长江港航物流联盟的作用，加快多式联运发展。持续加大江海直达船型研发和推广应用，有序扩大江海直达船队规模。

8.3.4　守牢长江航运安全发展底线

改善安全监管基础条件。推动安全通信和监控系统、基地码头、巡航救助船舶、航道维护船舶、溢油应急设备等项目实施，完善安全监管和救助系统布局，推进长江干线巡航救助一体化建设。做好万州、武汉、南京区域性救助基地整合，合理配置救助打捞、溢油和危化品处置等装备。

抓好安全监管重点工作。继续强化重点时段、重点船舶和重点水域的安全监管工作，确保不发生负有监管责任的一次死亡失踪10人以上群死群伤事故。探索引入第三方参与安全督查检查工作方式，加快建设以信用监管为核心的新型海事监管机制。研究建立安全监管责任规范，完善安全生产监管权责清单。严格实施旅客运输实名制。强化三峡枢纽水上安保工作，严格实施过闸船舶100%安检。以危险品码头及储罐、水上客运码头、码头污染物接收处置为重点，加强安全监管力度与措施，确保港口生产安全有序。

健全安全监管双重预防机制。继续加强安全风险防控和隐患排查治理双重预防机制建设，督促航运企业落实安全生产主体责任，探索推行重点航运企业定点联系人制度。强化风险源排查辨识和管控，落实安全监管标准化等安全制度。开展长江干线防范化解船舶碰撞桥梁风险专项行动等，加强隐患分类整治。强化长江干线桥梁、隧道、电缆、港口码头等涉航工程通航管理。加强三峡船闸（升船机）运行管理，全力做好三峡船闸停航检修和通航保障工作。

强化水上应急搜救体系建设。建成长江干线水路应急指挥平台，完善应急预案及制度体系，健全水上溢油污染应急响应机制，加强应急救助人员配备，积极应对极端恶劣天气和自然灾害，加快提升应急处置能力。推动重庆等沿江省市设立在地方政府领导下的省级水上搜救中心和建立省层面水上搜救联席会议制度，健全长江航运应急救助指挥体系，加强区域联动和行业协同。

8.3.5 坚决打好船舶和港口污染防治攻坚战

强化生态环境问题整改。贯彻党中央、国务院关于打好污染防治攻坚战的决策部署，开展《长江经济带生态环境警示片》中暴露的问题的整改，全面推进《长江经济带船舶和港口污染突出问题整治方案》落实。

完善船舶和港口环保设施。协调地方政府统筹规划建设船舶和港口污染物接收转运处置设施，并按照船舶水污染排放控制标准要求，对船舶和港口污染物接收转运处置设施建设方案进行全面评估，分类优化垃圾、生活污水、含油污水、化学品洗舱水等船舶水污染物接收转运处置方案，加快水上化学品洗舱站建设，完善船舶污染物“船—港—城”“收集—接收—转运—处置”的衔接和协作。督促企业落实主体责任，水路运输经营者新建船舶严格执行水污染物、船舶发动机大气排放控制要求，按规定为船舶配置污染物收集或处理装置，及时整改不达标船舶，确保船舶环保设施设备有效运行；港口企业完善船舶垃圾接收设施配置和环境应急设施，完善码头自身环保设施，强化运营管理。加强岸电设施、液化天然气（LNG）加注站建设，全面推进长江干线港口岸电布局方案实施和三峡坝区岸电实验区建设，提升靠港和水上服务区锚泊船舶岸电使用率。

全面系统提升船舶和港口污染治理能力。强化源头管理，交通运输（港口、海事）管理部门加强船舶和港口防污染设施设备配备、使用情况的监督检查。强化监管执法，海事管理机构要以船舶污染物偷排超排、垃圾随意丢弃、船舶非法洗舱等违法行为为重点加强监管，提升现场监管频次，提高中央和地方海事管理机构联动执法水平，建立失信联合惩戒对象名单管理制度；持续落实船舶大气污染控制区管控措施，完善环保不达标船舶清单管理制度，持续实施船舶燃油质量检测；交通运输（港口、海事）管理部门加强监督检查，严格运输船舶准入门槛，继续引导淘汰高能耗、高污染船舶，严格实施散货船封舱管理措施，推进实施危化品船舶高质量货主选船机制。强化联合监管和信息联通，落实船舶水污染物转移处置联合监管制度，开展联合监管行动；积极推进船舶水污染物接收转运处置全过程联单管理电子化，建立船舶水污染物联合监管与服务信息平台。优化收费模式，完善“一零两全四免费”模式并加快推广，逐步实现“船上储存、交岸处置”为主的“零排放”模式。加大科技攻关和新技术推广应用，加强对油水分离、生活污水处理、船舶排放在线监测等技术的研发，促进新产品、新技术、新方法的推广应用和集成；研究制定航道疏浚土综合利用指导意见，扩大疏浚土综合利用范围。进一步巩固非法码头整治成果，推进码头非法占用岸线问题整治。强化政策宣传和舆论引导，加强从业人员环境保护宣传教育和专业知识、技能培训，营造全社会共同关注、支持和参与船舶港口污染治理良好氛围。

8.3.6 深化科技创新和智能航运发展

加强科技创新应用。提升创新平台功能，强化创新主体作用，加强技术攻关转化，建设创新人才高地，有力激活发展潜能。推动人工智能、区块链、大数据、5G及新材料、新能源等高新技术应用及研发攻关，加快无人机、无人船等应用研究，制定长江智能航运发展实施方案。开展枢纽通航、北斗、黄金水道建设等重点领域标准制修订工作，推进电子信息系统和关键基础设施国产化替代、国产密码推广应用。

部署加快推进新型基础设施建设。将坚持应用导向、需求导向，加快推进“云上长航”及长江航运数据中心等重大项目建设，加快推动5G、大数据、云计算、物联网等新型基础设施与长江航运各领域融合发展，升级长江电子航道图，制定长航局“一张图”服务方案，进一步丰富智能化信息化数字化领域应用场景，提升信息基础设施能力和安全防护水平。落实《推进北斗卫星导航系统在长江航运应用全覆盖实施方案》。

推进智能航运发展。着力发挥典型试点示范带动作用，不断促进航运业数字化转型，探索智能航道、智能港口、智能船舶、智能航运监管、智能航运服务等领域的应用场景。推进长三角区域港航企业智能航运发展“先行先试”。

8.3.7 持续提升行业治理体系和治理能力现代化水平

坚持和完善党的领导。强化思想理论武装，坚持以习近平新时代中国特色社会主义思想武装头脑、指导实践、推动工作。坚持把政治建设摆在首位，坚决贯彻习近平总书记重要指示批示和党中央决策部署，自觉落实交通运输部党组和各级党委工作要求，把坚持党的领导落实到各领域各方面各环节。强化党组织政治引领作用，深化红旗党支部创建，深化支部规范化建设。巩固深化作风建设长效机制，持续加大反腐败斗争力度。

强化法治政府部门建设。积极推进行业重点法律、行政法规、部门规章立法进程，推动建设完备的长江航运法规体系。加快推进交通运输综合行政执法改革和承担行政职能事业单位改革，进一步转变政府职能，构建权责清晰、科学高效的综合执法体系，推进行政执法“四基四化”建设，加强执法信息化建设，推广应用远程自助行政处罚系统，实施“不见面处罚”，标准化行政处罚自由裁量，推动建立干支流航运执法联动协作机制。深化“放管服”改革，完善权责清单，加强事中事后监管。加快建设数字政府部门，完善

"互联网+监管"系统后台支撑功能。

健全完善制度体系。加强行业安全体系建设，强化生态文明体系建设，健全完善航道养护管理机制，强化工程建设领域质量监督，继续深化拓展"2+N"合作机制及区域联动协调机制。

持续优化营商环境。落实"证照分离"等改革工作，继续落实市场准入负面清单制度。推进落实政务服务"一网通办""一窗式"改革。建立并实施长江（内河）货物运输价格统计报表制度，加强运输市场监测与信息引导。探索创新适应自贸区发展的航运政策和海事监管服务举措，推进实施船员服务便捷工程。推进水运电子客票应用。

加强干部人才队伍建设。全面增强"八个本领"，鼓励创造性推进工作，创新行政方式。重视选拔任用优秀年轻干部，完善人才评价机制，大力推动高层次人才队伍、技能型人才队伍建设。

加强文化建设。提升长江航运文化魅力，坚定文化自信，深化新时代长江航运文化品牌建设工程，推动长江航运文化事业繁荣发展，提高长江航运文化的影响力。深入推进社会主义核心价值观建设，践行弘扬新时代交通精神，创新具有长江航运特色的精神文明建设平台，加强与媒体沟通，提升群众性精神文明创建活动水平。

8.3.8 继续做好为民服务实事

增强人民群众的获得感、幸福感、安全感。围绕群众关心的突出问题，做深做细做实民生工作。长江航务管理局提出2020年将做好10件惠民利民实事：建设并推广运行长江干线船舶水污染物联合监管与服务信息平台，为船舶提供在线预约和水污染物交付处理服务；继续研究提高部分河段航道维护尺度；建成数字航道综合服务平台，提高长江电子航道图相关数据更新、应急处置和公共服务效率；推动在重庆、宜昌、武汉、芜湖、南京、镇江、南通、太仓等水域建设一批水上绿色航运综合服务区；在长江江苏段全面实行到港内河船舶"四免费"政策；长江省际旅游客船100%使用岸电，开展商品汽车滚装船和集装箱船使用岸电试点；上线运行保健医生健康管理服务云平台，为一线职工送医送药送健康；开展"向千家小微企业送报刊"活动，让企业船民了解政策法规、发展动态；继续做好长航系统血吸虫病综合防治工作；开展困难职工精准帮扶。各省市交通运输系统也相继承诺做好2020年交通惠民实事，涉航方面主要围绕防污染、方便船民等。

2019年

14省（市）水运发展回顾与展望

省域报告

报告1

上海市水运发展综述

2019年，上海市围绕上海国际航运中心建设和长三角交通高质量一体化发展，加快港航协同发展，加大改革创新力度，创新行业监管方法，积极推进内河航道网络化、区域港口一体化、运输船舶标准化、绿色发展协同化、信息资源共享化、航运中心建设联动化。

一、水运发展基本情况

2019年，上海市水运完成货物运输量7亿吨，同比增长4.6%，港口旅客发送量115.04万人次，同比下降27.2%；港口货物吞吐量7.2亿吨，同比下降1.4%（进港4.1亿吨、下降1.1%，出港3.1亿吨、下降1.8%），国际集装箱吞吐量4331万TEU，增长3.1%（进港2150万TEU、增长4.1%，出港2181万TEU、增长2.1%）。上海水运口岸货物量3.97亿吨，同比下降1.4%；集装箱吞吐量3698万TEU，同比增长3.4%（出口1605万TEU，进口1545万TEU，内支线548万TEU）。集装箱水水中转比例达48.3%，其中国际中转比例10.8%，同比分别提高1.5和2.0个百分点。全年上海港接待国际邮轮靠泊259艘次。其中，以上海为母港的邮轮226艘次。邮轮旅客吞吐量189.35万人次，同比下降31.2%。邮轮母港旅客吞吐量占95.6%。

二、2019年水运发展特点

（一）国际航运中心建设稳步推进

新片区的改革红利释放。继续推进《上海国际航运中心建设三年行动计划（2018—2020年）》，加快提升高端航运服务能力，向2020年基本建成具有全球航运资源配置能力的上海国际航运中心冲刺。上海自贸区临港新片区2019年8月正式设立，将深化改革创新，加快推进投资自由、贸易自由、资金自由、运输自由、人员从业自由“五个自由”。海关总署发布洋山特殊综合保税区监管办法，加大口岸监管制度创新，着力提升国际贸易便利化水平。马士基宣布在新片区内建设国际物流分拨中心，首家外商独资国际船舶代理公司伟朋特在上海落户。

口岸营商环境持续优化。推进外高桥港区海关查验标准化平台建设，实现单证无纸化流转。上海港（海港）全年完成货物吞吐量66351万吨，散杂货货源结构进行调整，矿石、煤炭等接卸量同比有所下降；集装箱吞吐量中，洋山深水港区完成1981万TEU，同比增长7.5%，占全港集装箱吞吐量的45.7%；水水中转完成2090万TEU，同比增长6.2%；海铁联运集装箱吞吐量突破14.7万TEU，同比增长86.1%。深化与重点班轮公司合作，积极开拓内河航运市场，推动上海港集装箱支线班轮与长江中下游主要港口对接，开发了南京、芜湖、九江至上海的点对点直达航线，实现与洋山深水港区江海直达班轮化。

集疏运体系建设加快。完成内河航道建设投资21.4亿元，为全年计划的108.7%。加快码头功能调整，北外滩利用岸线资源探索“邮轮、游艇、游轮”协同发展，推出了长江中下游内河航线产品。邮轮船票试点取得成功。为打造世界级旅游精品项目，推动浦江游览水岸联动，陆续推出“快线游”“吴淞口长航线”等特色航线，浦江游览全年客运量377.86万人次，同比增加35.85%。

（二）长三角一体化建设项目有序推进

促进长江港航一体化发展。着力优化协同机制，形成了决策层、协调层和执行层“三级运作”的区域合作机制，设立了交通、能源、信息、科技、环保、信用、社保、金融、涉外服务、城市合作、产业、食品安全12个重点合作专题。依托联席会议机制，进一步促进了区域间交通规划、建设、管理等方面的有效衔接。根据《关于协同推进长三角港航一体化发展六大行动方案》要求，从内河航道网络化、区域港口一体化、运输船舶标准化、绿色发展协同化、信息资源共享化、航运中心建设联动化入手，开展联合行动。推进长三角内河高等级航道网建设，落实内河航道网络化，建成长湖申线航道，完成平申线航道及护岸工程。做好大治河新建二线船闸、赵家沟航道整治、大芦线航道整治、长湖申线航道整治、平申线航道整治和杭申线航道整治工程等移交接管。

推进“南联北融”协同发展策略。上港集团与浙江省海港投资运营集团有限公司签署《小洋山港区综合开发合作协议》，编制完成小洋山北侧规划方案和环评报告；推进与江苏港口集团、安徽港航集团的深度融合发展。苏浙沪加快推进长湖申线、杭申线、平申线、苏申外港线、苏申内港线等航道整治对接，区域间高等级航道网的通达度和网络化水平显著提高。南京至长江口12.5米深水航道全线贯通，5万吨级海轮可直达南京港，10万吨级海轮也可减载趁潮抵达。沪通铁路、沪苏湖铁路有力推进，机场联络线开工。区域公路网运输能力有效提升，推进G320、S7等公路建设，第一批9条省界断头路1条已建成，其余8条有序推进。编制《长三角民航协同发展战略规划（上海篇）》，强化两场服务长三角的设施和集疏运能力。

（三）绿色智慧水运加速推进

水运绿色发展成效显著。加强船舶使用燃油监督管理，下发《关于进一步规范船舶燃油监督执法相关事项的通知》，内河船舶于2019年1月1日开始使用相当于国六标准的普通柴油。规范快速检测设备使用要求，购置10台快速检测设备充实到一线执法站点，检查船舶供受油情况23642艘次，组织开展燃油抽样257艘次，发现不合格船舶65艘。印发《关于落实上海港船舶水污染物转移处置联合监管的协调意见》，进一步明确船舶污染物接收、转移、处置环节的监管要求。继续阶段性实施免费接收机制，通过“五联单”制度，加强过程监管，确保闭环管理。上港集团持续推进节能减排工作，主要生产装备使用清洁能源的比例达到行业领先水平，推进岸基供电项目和RTG混合动力改造项目，内场集卡牵引车LNG应用比例达到90%，绿色动力RTG比例达到87%。发布《上海市港口岸电建设方案》，船舶污染物免费接收全面铺开。

智慧港口加快发展。上港集团全力推进区块链、人工智能等方面的研究，集中力量攻克关键技术，全年实施科技创新项目58项，完成科技项目29项。《洋山四期自动化集装箱码头智能系统和智能装备关键技术及应用》获中国港口协会科技进步特等奖。推进港口自动化建设，与上汽集团、中国移动上海公司联合打造洋山港智能重卡示范运营线，洋山四期系统优化和码头核心模块智能化持续推进，传统集装箱码头自动化改造有序推进，智能理货项目推广取得阶段性成果。

（四）治理体系和治理能力不断提升

行业治理不断强化。细化明确19项安全重点任务的工作内容、责任领导、责任部门和时间节点，为全面推进落实安全防控工作夯实了基础。填补管理短板，把制度缺陷作为堵塞漏洞的突破口，开展大调研工作，完成《内河水上服务区规范管理研究》《探索研究形成市、区两级航道管理新机制》《长三角地区内河绿色航运协同发展》等调研报告。其中，《上海市内河水上服务区设置技术导则》已由上海市交通运输行业协会作为行业团体标准发布，9月1日正式实施，该导则填补了本市水上服务区规范化建设标准的空白，荣获上海市科委一等奖。突出监管重点，明确了“内河水上交通”“危品水路运输”“内河危品港口作业”“乡镇渡运及内河水上旅游”及“水路客运”五大行业重点，在进博会安保、隐患排查治理等重点工作中，通过“抓重要时段、重点问题、重点对象、重大风险”来具体落实工作目标和工作措施，确保内河港航行业安全形势可控。

法规规章不断健全。《上海市内河航道管理条例》自2001年颁布实施以来，对内河航道建、管、养发挥了重要的作用。为更好地适应航道管理发展的需要，适应长三角一体化国家战略和上海国际航运中心建设的新形势、新要求，启动了条例修订工作，采取了废旧立新的模式，名称由《上海市内河航道管理条例》修改为《上海市航道条例》。《条例》具体包括总则、规划和建设、养护和保护、长三角地区协作、法律责任、附则六章，共45条，将于2020年1月1日正式实施。为规范本市12客位以下小型客运船舶的运输经营行为，从2015年启动《上海市小型客运船舶管理办法》的制定工作，于2019年10月1日正式颁布实施。

三、2020年工作思路

2020年是“十三五”规划的收官年，也是机构改革后的元年。水路运输管理工作将紧紧围绕一个“中心”（以交通强国建设为中心），做到两个“坚持”（坚持新发展理念，坚持推动高质量发展），通过三个“强化”（强化安全监管、强化依法行政、强化长效监管），进一步优化市场环境，强化行业建设，以服务企业为宗旨，以创新发展为目标，重点做好以下几项工作：

推进长三角港航一体化发展。根据《关于协同推进长三角港航一体化发展六大行动方案》要求，认真落实2020年重点工作。以《船检莫干山协议平台》为基础，在船舶转籍、船舶设计图纸审查、检测检修机构管理、人员培训等方面，扩大和加强与苏、浙、皖、赣等地船检机构的协作。

强化水上安全监管。组织开展1～2次无剧本应急演练，检验各海事处对突发事件在事故（事件）接报处置、应急反应、现场处置等各方面的能力。开展《通航安全警示周活动》，根据全年在通航安全管理方面存在的突出问题，有针对性加强相关宣传、整治工作。继续开展内河港航企业的隐患排查整治专项工作，坚持源头防范和隐患排查整治，严格实行闭环管理。

促进港航绿色发展。着力解决内河LNG动力船舶运营面临“加气难”问题。通过长三角一体化协作开展联合执法打击跨区域加注超标油问题。加快研究编制400总吨以下船舶水污染防治办法，确保2020年底前出台；引导淘汰和改造性能差的船舶，鼓励淘汰20年以上的老旧船舶。

夯实管理基础。积极贯彻落实《上海市航道条例》，严格执法，依法处置侵占航道等非法行为，保障航道通航安全。规范航道等级、功能调整程序，充分考虑水上服务区的合理设立，为通航船舶提供必要的公共服务。

机构改革助推管理转型。按照综合交通执法改革方案要求，进一步梳理职责分工，厘清市区执法权限，加快上海市港航事业发展中心、上海市交通委员会执法总队组建工作。

（上海市航务管理处）

报告 2

江苏省水运发展综述

2019年，江苏港航系统按照共建“一带一路”和长江经济带、长三角区域一体化等战略发展要求，全面推进长三角港航一体化、打造交通强国十大样板工程，着力推进港航设施建设和生产工作，全面保障了全省及区域经济平稳增长，在区域经济社会发展中发挥了重要作用。

一、水运发展总体情况

规划建设。完成《新时代大运河江苏段现代航运建设发展规划研究》《江苏省沿海沿江LNG码头布局规划》《苏通联合打造江苏新出海口方案》等研究。编制完成《江苏省港口中长期发展规划》《江苏省长江码头布局规划》等规划。印发《江苏省沿江砂石码头布局方案》《江苏省沿江港口锚地总体规划》等。宿迁港、常州港总体规划修编获部省联合批复，开展南京港、镇江港、苏州港、扬州内河港等港口规划修编。全年完成港航建设投资129亿元。其中，完成港口投资93.4亿元，新增沿江沿海万吨级以上泊位12个。截至2019年底，全省共有5563个泊位、万吨级及以上泊位509个，综合通过能力分别为21.1亿吨和10.6亿吨，通过能力同比分别增长6.0%和3.9%。完成航道投资35.6亿元，通扬线海安段、九圩港复线船闸通江连接段交工通航，刘大线、京杭运河徐扬段等9个项目竣工验收，3个干线航道项目开工。截至2019年底，全省共有内河航道通航里程24354.5公里，其中Ⅲ级及以上航道2384.7公里，等级航道8739.6公里，分别占内河航道总里程的9.8%和35.9%，占比均上升0.1个百分点。

运输服务。截至2019年底，全省共有国内水路运输经营者1018家，运输船舶3.04万艘，船舶总吨2157万总吨，净载重吨3903万吨，集装箱箱位7.3万标箱，船舶总功率942.9万千瓦，船舶平均载重吨1284吨/艘。全年完成水路货运量9.6亿吨、同比增长3.3%，货物周转量6841亿吨公里、同比增长4.2%；完成营业性水路客运量2084万人次，旅客周转量3.7亿人公里，同比分别下降12.6%和增长5.9%；全省联网收费船闸共过闸船舶323.8万艘次，过闸货物22.8亿吨，分别同比增长1.7%和1.9%。制定2019年内河集装箱发展专项资金奖励方案，延续内河集装箱船舶“绿色通道”政策，提供“预调度”“零等待”“全天候”过闸支持，推行“一次登记、全程服务、无缝调度”的优先免费过闸服务。推动港口口岸收费公示，规范锚地收费标准程序要求，增加沿江公共锚地供给。落实过闸费减免政策，全年征收过闸费11.0亿元，同比增长5.7%；减免过闸费3.26亿元，其中免收集装箱船舶过闸费0.52亿元。

港口生产。全省港口吞吐量保持稳定增长，完成货物吞吐量28.3亿吨、同比增长16.5%，外贸吞吐量5.3亿吨、同比增长8%，集装箱吞吐量1877万TEU、同比增长5%。徐州港、无锡港等内河规模以上港口共完成集装箱吞吐量43.4万TEU，同比增长28.8%。全年完成集装箱铁水联运量40.1万TEU，同比增长26.9%；其中连云港港完成37.9万TEU，同比增长34.7%。全省已有苏州港、南京港、南通港等7个两亿吨大港。

安全生产形势。对交通运输部安委会《关于2019年安全生产专项检查问题的通报》反映的35项问题隐患整改到位。完成41家重点危险货物码头企业安全风险辨识评估。组织第三方开展港口重大危险源企业巡查，发现整改问题隐患693个，下发督办通知单16份，对8个重大隐患实施了挂牌督办。全年召回涉海运输内河船舶211艘，内河船舶涉海运输现象得到有效遏制。运用VTS、AIS等信息化手段，结合船舶报告、现场巡航等方式，基本实现对本省籍船舶动态管控。加强大雾、暴雨等恶劣天气预警预防，发布各类水上安全预警预控预防信息3.5万余条。做好全省辖区水上应急搜救工作，共受理接处警2324次，救助遇险人员1064人，挽回直接经济损失1154万元，水上搜救成功率98.4%。

绿色发展。完成沿江非法码头专项整治行动，117个沿江非法码头现场销号验收。加大港口船舶污染物接收设施建设，全省83%内河Ⅲ级以上干线航道码头、20个水上服务区和37个船闸基本建成船舶污染物接收设施，原油成品油装船泊位油气回收设施覆盖率达85%。推进港口岸电设施建设，累计覆盖泊位数1799个（沿海46个、沿江424个、内河1329个），主要港口基本具备岸电供应能力，京杭运河船闸待闸区实现岸电系统全覆盖。建成153家沿江港口企业粉尘监测系统，全省沿江152家有易起尘作业货种的港口企业中117家已完成建设任务。启动400总吨以下船舶防污改造试点工作，江苏籍400总吨以上货运船舶防污设施使用抽检合格率达到69.5%。

改革创新。出台全国首部全面规范水路交通运输活动，落实和配套综合执法改革要求的省地方性法规《江苏省水路交通运输管理条例》。加快推进交通运输部门职能转变，进一步完善苏北运河航道执法管理体制。承接国务院下放的4项行政审批事项，全年共办理下放审批事项593件。开展内河集装箱标准船型主尺度系列研究，推动将研究出的9型船舶主尺度纳入《内河过闸运输船舶标准船型主尺度系列第2部分：京杭运河、淮河水系》。启动了京杭运河智能航运及关键技术重大专项研究。苏州港太仓港区四期工程堆场自动化科技示范工程完成堆场自动化系统研发。完成港航信息系统重构总体设计。完成航道过闸费、赔补偿费电子票据系统建设，实现全省航道过闸“不上岸”、缴费“不见面”、取票“不跑腿”。

二、水运发展成就

新中国成立70年，江苏航运实现跨越式发展，港口从压船压港压货跃升到货物吞吐量全国领先，航道从支流不通、干线不畅转变为干支衔接、江海直达，港口供给结构和综合服务功能不断提升，现代物流、多式联运、内河集装箱运输等方面进展明显，成为我国水运发达省份。

港航基础设施持续完善。新中国成立初期，江苏省内河航道通航里程1万公里，其中通航机动船3837公里，仅占通航里程的35.5%；港口主要开展装卸运输业务，全省仅有大小港口240余处，年吞吐量不足千万吨。至2019年底，全省内河航道里程达2.4万公里，航道网密度23.7公里/百平方公里，均居全国第一。初步形成"东部达海、中部连江、苏南成网"的高等级航道网，千吨级以上干线航道达到2385公里，设区市均通达千吨级航道，并配套建有千吨级泊位，千吨级航道县级节点覆盖率75.6%。长江航道通航等级显著提升，南京至长江口12.5米深水航道全线贯通，5万吨级集装箱船可直达南京。沿海进港航道加快建设，连云港港、盐城港和南通沿海港口已建成25万吨级、10万吨级和10万吨级进港航道，沿海港口进港条件显著改善。全省港口拥有生产性泊位5563个，综合通过能力21亿吨，其中万吨级以上泊位509个，多项指标位居全国第一，最大码头泊位达30万吨级，港口大省地位不断巩固。2019年，全省港口完成货物吞吐量28.3亿吨，是建国初期的200多倍。2000年以来港口集装箱运输保持年均40%以上的速度增长，2019年达1877万标箱。

航运管理逐步优化。新中国成立以来，因行政区划调整和管理机制变革，江苏航运管理机构经过多次整合优化，逐步形成全省统一管理的管理体系。新中国成立伊始，江苏设苏北、苏南行署区及南京市三个省级行政区，负责航业、航政、港埠、运输组织和工程建设。全省港口管理在改革开放之前总体上形成由部属港务管理局和省属内河港务管理处共同管理的架构体系。改革开放之后，组建市（县）航政管理处（站），成立江苏省交通厅航道局、运输管理局，成立京杭运河江苏省交通厅航务管理局及苏北航务管理处，逐步建立了从省到市、县、乡的四级交通管理体制。2018年，江苏省交通运输厅推动行政职能的事业单位改革，形成"一局两中心"总体架构，同时地方航运管理体制改革同步推进。港航管理机构的改革，科学优化了机构设置和职能配置，体制机制进一步完善，科学解决管理的障碍和弊端，极大推进了治理体系和治理能力的现代化。

航运能力跨越发展。船舶运力与水运规模显著提升。新中国成立初期以木帆船为主要力量，1949年江苏水路货运量284万吨，货物周转量2.0亿吨公里。1958年起，木帆船运输逐步机动化和拖带化，并建设了钢质船，促进了船舶大型化发展。改革开放后，复建江苏省航运公司，推动全省内河航运复苏和前进，水运市场出现国营、集体、个体一齐上的局面，水路运输主要由县以上交通部门136家航运企业专业化经营，共拥有船舶86.9万载重吨，船队3000余个，内河运量持续扩大，成为全省基础物资的最重要运输方式。2000年后，内河船舶大型化趋势明显，船舶标准化进程持续推进，在京杭运河江苏段实现水泥船和挂桨机船禁航，大宗物资运输系统逐步形成，集装箱、多式联运等运输提速发展，使航道通航设施利用率大为提高。至2019年底，全省共有从事国内水路运输船舶3.04万艘，船舶总吨2157万吨，净载重吨3903万吨，船舶载重能力较建国初期增加百余倍；全省水路货运量9.1亿吨，货运周转量6379亿吨公里，分别是1949年的320倍和3189倍。

开放水平持续提高。新中国成立至今，江苏港口经历了探索开放、扩大开放、继续扩大的发展历程。1978年江苏仅有连云港港对外开放。随着改革开放的深入推进，江苏港口进入探索开放的发展阶段，南通、南京、镇江、苏州、扬州、泰州等港口陆续实现对外开放，至2006年盐城港批准为一类开放口岸后，江苏实现沿江沿海港口全部对外开放，淮安、无锡等港口发展为二类开放口岸。目前全省沿江沿海共有对外开放码头200余个。港口外贸吞吐量实现快速增长，2019年达5.2亿吨，是2000年0.52亿吨的10倍。截至2019年底，全省开辟的外贸集装箱航线覆盖了日韩、东南亚、美西、中东和非洲等地区。同时，依托港口陆桥过境运输服务能力得到明显提升，1992年连云港港至阿拉山口首列国际班列发车标志着新亚欧大陆桥正式开通运营，随后苏州、南京分别开通中亚、中欧班列，目前已实现“连新亚”“宁新欧”等多条国际班列周月班稳定运行。

安全保障稳步发展。江苏航运通过完善机构、优化管理等始终把安全放在重要位置。1956年江苏省航运厅组建后，设置了港航监督处，专司全省水上安全监理工作。江苏港航安全监理工作在健全监理机构的同时，实行了“统一领导，分级管理”。1958年，部分事权下放，各地市相应建立健全了安全监理机构。改革开放后，恢复和健全了安全管理机构和规章制度。进入21世纪，江苏省航运管理部门全面加强安全监督、船舶检验和船员船舶管理，完善了航标、锚地和水上搜救机构等，强化了海事行政执法等，进一步保障全省航运安全。各级港口行政管理部门建立港口安全监管的权力清单和责任清单，港口企业安全生产主体责任进一步落实，全面部署运行港口安全监管与应急管理信息系统，安全监管信息化水平不断提升，港口应急处置能力建设不断强化。

科技教育不断突破。新中国成立后，江苏逐步推广一列式拖带运输法和顶推运输法，并采用先进技术、新工艺造船。进入21世纪后，连云港、太仓、南京、张家港、镇江等口岸EDI信息中心相继建成，连云港、南京、徐州等港口铁水联运信息系统建成运行，生态科技航道加快建设，智能过闸技术不断提升。水运教育蓬勃发展，1958年江苏省相继创办专业技术学校10所，同时普遍开展了职工业余教育；20世纪80年代初，江苏省航道职工教育研究会成立，各类水运专业学校大力发展，并且普及在职教育，南通航运职业技术学院、江苏省无锡交通高等职业技术学校等专业院校为江苏水运事业培养了大量专业人才。

三、2020年工作重点

推进重大战略规划研究。开展“建设世界一流港口指导意见”“以一体化治理体系共同打造长三角世界级港口群江苏工作方案”研究。完成港口岸线五年整合利用规划并上报。完成全省干线航道国土空间规划编制工作；编制全省港航事业发展“十四五”规划和京杭运河码头布局规划。出台大运河文化带建设子规划—大运河江苏段现代航运建设发展规划。印发《江苏省长江码头布局规划》。推动南京港、扬州内河港口总体规划获批，推动南通港、盐城港滨海港区总体规划修编报批。完善南通通州湾港区规划研究。开展苏北港口至连云港港河海直达运输研究，完善以集装箱为重点的内河及沿海港口河海联运体系。

推进港航基础设施建设。力争建成盐城港大丰港区深水航道一期工程、南京港龙潭港区三江口龙宇码头等4个港口项目；加快推进连云港港30万吨级航道二期工程、邳州港邳州作业区搬迁工程等25个续建工程；开工建设赣榆港区6#液体散货码头工程、吕四港区吕四作业区环抱式港池10万吨级进港航道工程等27个港口项目；力争开工南通港通州湾港区通州湾新出海口起步码头一期工程、滨海港20万吨级进港航道工程等2个港口项目。续建京杭运河施桥船闸至长江口门段、魏村枢纽扩容改建工程、通扬线高邮段等13个航道整治工程；加快推进锡澄运河无锡市区段航道工程和黄石大桥、锡溧漕河无锡段桥梁工程、丹金溧漕河312国道桥、杨林塘、苏南运河苏州段、芜申线高溧段等6个项目收尾工作；开工建设宿连航道一期工程；力争开工芜申线溧阳城区段航道整治工程。

推进运输服务改善。加快推进大宗货物公转水，完善运输结构调整财政补助政策，按照一港一策、一企一策、一个项目一策要求，制定针对性政策措施。深入实施货运铁路扩能等专项行动，加快建设龙潭、西坝、太仓港区等铁路专用线，支持太仓港公铁水联运发展。推进南京龙潭港国家物流枢纽等货运综合枢纽场站建设。做好船舶收费基数丈量复核，细化一船一档管理，落实优先过闸、免费过闸政策，强化船舶过闸服务，确保过闸费依法规范征收，优惠政策执行到位。持续推进《江苏省内河集装箱发展行动计划（2018—2020年）》，适时研究调整2020年内河集装箱发展专项资金奖励方案，推动工贸企业“散改集”、打造龙头型内河集装箱航运企业。

推进绿色生态发展。推进京杭运河苏州段、扬州段绿色现代航运示范区建设，苏州段完成护岸生态修复工程、智慧运河工程施工图设计、全线景观工程60%。建成南京、南通、江阴等5个长江干线水上洗舱站。推进沿江、沿海、沿京杭运河港口粉尘在线监测系统建设。继续开展港口岸电、待闸区岸电设施建设和改造，建成89套港口岸电设施，覆盖148个泊位；完成专业化泊位岸电改造任务，建成2套岸电设施，覆盖4个泊位。督促港口新增和更换作业机械主要采用新能源或清洁能源。继续推动原油成品油码头油气回收，确保新建装船作业码头全部安装油气回收设施，加强原有码头油气回收系统改造，完成改造4套，覆盖6个泊位。继续完善三级以上干线航道水上服务区、船闸的船舶垃圾、油污水、生活污水接收设施建设，初步实现靠泊船舶污染物应收尽收和免费接收。督促港航企业加快港口船舶污染物接收设施建设。制定发布港口岸线利用效率指标，重点保障集装箱、大宗散货等专业化、规模化公用港区岸线需求；对申请新增使用港口岸线的须满足“占补平衡”原则，确保沿江港口岸线利用零增长。

提升本质安全水平。制定港航基础设施安全专项工作方案，实行安全隐患等级管理，布置和落实港航专项安全整治任务。严格落实危化品安全过闸管理要求，禁止600总吨以下危化品船夜间过闸。制定交通运输船闸单位安全生产标准化评价标准，建设交通运输船闸安全生产标准化示范船闸。完成全省干线航道应急基地布局规划和建设标准研究，制订建设方案。实施安全素质提升工程，加强港航从业人员安全专业知识培训，组织港航管理和服务人员危化品安全专项培训。开展为期一年的港口危险化学品、水上交通运输安全生产专项整治。

推进智慧航运发展。组织开展江苏省智慧航运发展研究，制订江苏智慧航运发展三年行动计划。建设完善港航基础设施数据库。基本完成京杭运河电子航道图建设，实现内河电子航道图与长江电子航道图高效衔接。总结推广5G在港口的组网与应用，积极支持南京港智慧物流系统向内河港口延伸覆盖，通过信息平台一体化推进港口运营一体化。积极推进智能船闸关键技术攻关，在谏壁、洪蓝、刘老涧开展5G应用、智能感知、自动化运行、少人值守、联合调度等研究。开展智慧工地试点建设，搭建全省航道智慧工地应用平台。探索建立省级航道BIM应用及资源管理平台，统筹管理航道BIM成果，统一航道BIM开发标准。

（江苏省交通运输厅）

报告3

浙江省水运发展综述

2019年浙江港航认真贯彻落实交通强国、长三角一体化等国家战略，紧紧围绕“八八战略”再深化、改革开放再出发，全面推进“1210交通强省行动”和综合交通“三区”建设，按照“十三五”“强港口、畅内河、兴航运”总体目标，取得了新突破。

一、水运发展基本情况

基础设施建设。全年完成水运建设投资202.7亿元，同比增长2.2%。内河港口建成萧山义桥作业区、衢江大路章作业区等43个500吨级规模化泊位。沿海港口方面，北仑港区冠保通用码头、乐清湾港区C区一期工程、金塘大浦口集装箱码头工程二阶段开工建设。梅山港区7号泊位、舟山国际绿色石化基地配套码头项目中12个万吨级泊位、嘉兴港独山港区A9泊位等完成交工验收；梅山港区8号泊位水工主体建成，中宅矿石码头水工主体全面施工。陆岛交通码头完成洞头区大门沙岙综合交通码头等2个项目初设批复，建成椒江区大陈岛车客渡码头等陆岛码头泊位15个。建成内河千吨级航道77公里，高等级航道里程达1603公里，完成杭甬运河、京杭运河等美丽航道创建435.3公里，其中精品示范航道310.8公里。全省专项养护工程完成投资2.85亿元，新建、加固护岸25公里，开挖陆上土方量9.28万立方米，疏浚土方量165.9万立方米，新建管理码头1座。例行养护完成投资6323.9万元，维修护岸2.6万平方米，疏浚土方量75.9万立方米，航标维护5733座/57810座次，绿化养护358.6万平方米，维修管理码头34座，清除无主沉船78艘/1408吨，其他障碍物清除58处/1818吨，系缆桩修复13个，完成骨干航道测绘160.8平方公里。

运输服务。2019年浙江省水路运输船舶13913艘，同比下降2.6%，3081万载重吨，同比增长1.7%；完成水路货运量10.7亿吨、周转量10073.7亿吨公里，分别增长9.2%、7.7%；完成水路客运量4785万人、周转量69486.3万人公里，分别增长6.4%、10.3%。全年沿海港口完成货物吞吐量13.5亿吨，集装箱3063万TEU，分别增长8.3%、5.7%，其中宁波舟山港完成11.2亿吨，连续11年居世界首位，集装箱2753.5万TEU，连续两年保持全球前三；嘉兴港首次跨入亿吨大港行列。内河港口完成货物吞吐量3.97亿吨、集装箱94.9万TEU，分别增长7.5%、23.57%。完成江海河联运量3.3亿吨，增长12.3%；集装箱海铁、江海、海河联运量分别为81万TEU、35万TEU、22.4万TEU，分别增长34.5%、39.2%、47.2%。三堡船闸过闸船舶

73323艘，完成过闸货运量4788万吨，分别下降12.3%、增长0.8%；杭甬运河新坝船闸过闸船舶61710艘次，完成过闸货运量1853.7万吨，分别增长5.5%、23.8%；富春江船闸过闸船舶24871艘次，完成过闸货运量1556.8万吨，分别增长13.4%、42.9%。

安全生产。圆满完成世界互联网大会、进博会、新中国成立70周年等重大活动的水上安全保障任务，扎实做好春运、“两会”等重要时段水上安全监管。成立了首家“少年海事学校”，开展水上交通安全进校园活动75场。开展平安航道创建和平安船舶专项行动，排查清理长期脱管内河船舶7600多艘。制定实施全省海上运输安全专项治理行动方案，做好内河船涉海运输整治。开展港口安全专项检查行动，共列出检查项目近100项，对全省308家港口危货企业实施全覆盖检查，共查出问题和隐患288个，完成整改242项。全年共接处警2315次，成功救助671人，救助成功率99.1%。面对“利奇马”等超强台风，累计出动救助船艇477艘次，参与应急救助人员3199人次，成功救助35人，实现船舶零沉没、人员零伤亡、码头无垮塌、航道无决堤。

行业创新发展。持续深化简政放权，新取消行政事项4项、下放2项，累计取消28项，下放29项。承诺时限比法定时限压缩81%，办事材料精简70%以上，实现“掌上办”“跑零次”的事项达95%以上，主要指标领跑全国港航。完成省级港航规范性文件清理40件、废止15件、推进修订21件。推广应用智慧海事一期平台、二期建设全面推进。完成数字港航综合管理与服务平台改造提升，实现与信用浙江平台、行政执法监管平台及交通运输部水运业务系统对接，办理事项10.1万件，并全部推送至浙江政务服务网。完成长三角电子证照和电子档案数据归集。建成渔船图纸审查电子化系统，实现渔船图纸审查“零跑次”。建成1200公里电子航道图。宁波舟山港成为国内首个集装箱进出口全程“无纸化”港口，梅山自动化码头进入试运行。

污染防治。船舶排放控制区措施实现省域全覆盖，建立健全船用燃油质量联合监管与信息通报制度，修订辖区运输船舶燃油质量监督检查指导手册。累计开展船舶燃油质量抽检1337艘次。建成港口岸电设施84套，全省累计建成834套，实现京杭运河水上服务区岸电设施全覆盖，沿海五类专业码头岸电覆盖率达70%。编制实施《内河纯电动散货船建造指南》。组织开展港口污染物接收转运处置设施整治检查活动，共检查企业1200家，查出缺陷1125项，完成整改884项。加快港口和船舶污染物接收转运处置设施建设，内河7个地市均完成方案建设任务80%以上。开展内河船舶清洁行动，船舶水污染物接收转移处置协同机制进一步完善。完成100~400总吨内河货船生活污水防污染改造3140艘，累计完成5352艘，占辖区登记总数的78.5%，对2259艘船舶生活污水排放实行在线监测。制定出台《渔业船舶防污染设备配备指南》。省管内河航道全年接收船舶含油污水3800余吨、船舶垃圾1600余吨、生活污水6000余吨。

民生保障。取消杭甬运河船闸及三堡船闸船舶过闸费，全年减负约2.6亿元。完成沿海92座航标移交。推进高水平“四好农村路”水路建设，创建美丽渡口33个，撤销渡口30个。建成陆岛交通码头泊位15个。百人以上岛屿码头覆盖率93%，千人以上岛屿一岛两码头覆盖率91%，3000人以上岛屿滚装码头覆盖率95%。

二、发展成就回顾

见证世界第一大港崛起。全省拥有宁波舟山、温州、台州和嘉兴4个沿海港口，水运建设投资从无到2019年高达208亿，居全国首位。实现了从千吨级码头到世界最大的45万吨级码头的跨越性发展，万吨级泊位达到254个；实现了从单一散货码头到煤、油、矿、箱、粮、滚装等各种运输体系全覆盖，承担了长江经济带45%的铁矿石、90%以上的油品中转、30%的国际航线集装箱运输量，成为全国重要战略物资储备基地和集装箱中转基地；港口吞吐量实现了万吨小港到11亿吨大港的跨越。宁波舟山港货物吞吐量连续11年世界第一，集装箱吞吐量居世界第三；实现了从区域性港口到国际性综合性枢纽港的跨越，拥有国际航线250条，其中远洋干线123条，连通世界100多个国家600多个港口，与“一带一路”13个港口建立友好港关系。

内河水运实现通江达海。全省拥有内河航道通航里程达9771公里，形成了“北网南线、双十千八”的航道网络格局。1949年内河航道建设以“一般维持，重点建设”为原则，对杭嘉湖、浙东、钱塘江水系的主要航道实施疏浚、养护和初步建设，到2007年杭甬运河建成，使千年运河实现了通江达海；2016年内河水运复兴工程红船豆船闸和全国碍航闸坝改造示范工程富春江船闸建成；2018年衢江全线通航，实现了钱塘江中上游全线通航，全省11个地市全部实现通江达海。2019年京杭运河二通道开工建设，进一步促进杭嘉湖地区航道网络的全面升级；全省高等级航道里程从1998年512公里提高到2019年的1603公里，进一步提升了内河与沿海的融合发展。全省拥有杭州港、湖州港、嘉兴内河港、绍兴港、宁波内河港、金华兰溪港、丽水青田港等7个内河重点港口、泊位2643个，其中500吨级及以上泊位785个。内河港口物流枢纽基本形成，货物吞吐量从1949年41万吨到2019年3.97亿吨，增长了968倍，集装箱吞吐量从零起步到2019年95万TEU，水路货运量从1949年212万吨到2019年2.34亿吨，增长了110倍。

航运经济地位与日俱增。在“有河大家行船”的方针指引下，浙江水运打破行政束缚，水路运输市场迅速兴起。从中远浙江省公司成立，宁波—香港定期班轮航线开通，到现在拥有国际航线250条全球航运网络，浙江航运实现了跨越式发展。船舶不断升级，从木质船、水泥船、挂桨机船，到现在的标准化船舶、新能源船舶，以及全国第一艘江海直达船，从百吨小船到40万吨巨轮，全省运力规模超过3000万载重吨。连续4年举办中国航海日和海丝国际论坛，全国首个船舶交易指数发布，“海上丝路指数”登陆波罗的海交易所，船用保税油加注量居全国第一，等等，浙江航运国际影响力与日俱增。截至2019年底，全省拥有水路运输船舶1.39万艘、3081万净载重吨、6.48万TEU，海运、内河货船平均吨位分别为8864吨和458吨。其中沿海运力2587万载重吨，居全国首位。完成水路货物运输量10.69亿吨、货物周转量10073.7亿吨公里。完成水路客运量4785.1万人，居全国首位。

行业管理走在全国前列。“港航强省”战略的实施，推动经济产业沿江、沿海合理布局，促进经济要素多层次发展，开辟了浙江经济发展的新格局。从全国生态航道示范项目湖嘉申线湖州段建成，到全国首个内河水运转型发展示范区批复，累计发布内河水运转型发展建设指南、船舶证书“多证联办”服务规程等示范经验28项。从“国家金卡工程（廿五年）信息化开拓奖”的内河船联网应用示范工程到港航综合管理和服务平台、智慧港航不断提升，使港航管理与服务更科学、高效和便民。从阳光收费到清费减负的惠民政策，实现港航省级行政事业性“零收费”，降低运输成本，改善水运市场经营环境。船舶污染物排放控制区率先实施、内河小散乱码头的整治、船舶标准化推广、港口岸电设施建设等转型升级措施落地，为全国水运发展做示范树标杆。浙江港航在全国率先开展100~400总吨内河运输船舶生活污水收集存储装置安装；率先推广内河船联网RFID电子船名牌；率先开展“农村四好路”水路建设，全面解决了全省120余个乡镇、500万海岛和库区群众的出行问题；率先推行多证联办、多证合一等举措，浙江水运管理走在全国前列。

三、航运发展展望

围绕交通强国建设纲要、长三角一体化等国家战略，认真落实部省决策部署，深入实施1210交通强省行动，加快推进综合交通“三区”建设，强港口、畅内河、兴航运，为加快交通强国建设浙江试点和全省“两个高水平”建设贡献港航力量。

浙江水运2020年主要预期目标　表1

	预期目标
投资建设	完成水运投资196亿元，新增沿海万吨级及以上泊位10个，建成千吨级航道60公里，内河500吨级泊位12个
运输生产	沿海港口货物、集装箱吞吐量分别为13.9亿吨、3160万TEU，均增长3%；水路货运量超11亿吨；江海、海河联运量分别达到3.1亿吨、4000万吨；集装箱海铁联运量和内河集装箱吞吐量均达到100万TEU
绿色发展	100~400总吨内河运输货船生活污水收集存储装置安装率100%；机动渔业船舶防污染设备配备率100%；完成港口和船舶污染物接收转运处置设施建设方案；计划完成高低压岸电50套，全省主要港口五类专业化码头岸电设施覆盖率达到80%以上，用电量提升50%以上
安全发展	确保港航安全形势持续稳定，各项安全指标控制在省政府考核目标之内；港口安全生产领域、地方海事辖区不发生一次性死亡3人以上事故；推动建立省级水上搜救机构，地方海事辖区水上搜救成功率确保在98%以上，内河非水网地区应急救助能力明显提升

（一）立足长远谋发展

落实交通强国建设纲要。启动交通强国建设浙江试点，制定出台实施意见，研究世界一流强港建设未来目标场景、重点任务和保障措施，深化推进宁波舟山港一体化改革，组织编制高水平建设世界一流强港行动纲要，出台现代航运服务业发展指导意见。研究制定内河航运高质量发展实施意见。深化科技创新，谋划智能航运发展，研究制定加快智能航运发展实施意见。

全力服务国家战略。围绕“一带一路”建设，深化与西班牙阿尔赫西拉斯港、迪拜站等港口合作，打造国际枢纽港，宁波舟山港货物、集装箱吞吐量力争完成11.4亿吨、2840万标箱。深入推进长三角港航一体化，推进沪浙小洋山北侧开发合作，完成规划方案编制报批并开工建设。推进水上交通管理一体化，内河船舶“多证合一”和证件电子化实现长三角地区互认。持续推进部省主要业务系统对接和数据资源共享，加强长三角区域海事信息互联互通互认和深度共享应用。

加快完善港航规划体系。完成沿海港口中长期布局规划、内河航道和港口布局规划，并发布实施，做好全省水运"十四五"规划编制工作。加快调整海盐、大麦屿等重点港区规划。谋划钱塘江、杭甬运河四改三及复线通航设施、金华江航道整治等项目，积极开展旅游航道建设试点。

（二）对标对表抓收官

确保完成"十三五"港航建设任务。计划完成水运投资196亿元，加快京杭运河新开挖航道段、浙北集装箱通道、湖嘉申线嘉兴段二期、曹娥江上浦和清风船闸等建设，建成京杭运河嘉兴段"四改三"等千吨级航道60公里。新坝二线船闸、杭申线完成工可批复，力争开工建设。建成湖州铁公水综合物流园码头、绍兴嵊州中心作业区码头等500吨级以上泊位12个。继续推进梅山6~10#集装箱泊位、金塘大浦口集装箱码头、乐清湾港区C区一期等工程建设，建成北仑通用泊位改造工程、穿山中宅矿石码头二期、穿山1#集装箱码头等万吨级以上泊位10个。马迹山矿石中转码头三期、虾峙门口外30万吨级人工航道扩建、鱼山进港航道二期、双屿门航道一期、温州港核心港区深水航道力争开工建设。

确保完成运输结构调整三年行动计划。推动大宗货物散改集，大力发展内河集装箱运输，引导内河集装箱船舶向72标箱船型转变，实现内河集装箱运输巴士化营运，力争内河集装箱吞吐量增长10%以上。科学布局内河港口和物流园区，持续加大"公转水"力度，实现主要大宗货物"公转水"1000万吨，水路货运量增加3000万吨。推进舟山江海联运中心建设，加快嘉兴港海河联运枢纽，以及各港区铁路支线建设，力争江海河联运量增长6%，集装箱海铁联运量增长25%。

确保完成污染防治行动计划。持续强化船舶污染防治，全面完成辖区登记100~400总吨内河货船生活污水收集存储装置安装改造工作，试点建立船舶水污染物转移处置监管信息系统，实现"电子单证"流转，强化船舶生活污水接收上岸。完成全省所有国内机动渔业船舶防污染设备配备。推进省管内河船舶水污染物"船上存储岸上处置"的"零排放"治理模式。落实全球限硫令，提升内河通航水域船舶燃油质量抽检频次，打击使用不合规燃油行为。持续强化港口污染防治，加快推进船舶水污染物接收转移处置设施建设，确保按要求100%完成。

（三）多措并举提效能

以"最多跑一次"提升服务效能。继续做好取消、下放及调整港航办事事项。推进数字港航综合管理和服务平台迭代升级，强化"一网通办"，拓展数据共享。动态调整和同源发布权力清单和服务指南，持续推进电子证照数据归集、电子档案归集等工作。推进"证照分离"改革全覆盖，对港口普货经营许可等事项实行告知承诺制。

以"港航数字化转型"提升治理效能。推进梅山港区智慧港口建设试点，推广"无纸化""智能理货"等应用。构建以"二服务"（一码通航、一键通查）、"三协同"（水上交通安全、船舶污染防治、内河船舶船员诚信）为主体功能的长三角“船E行”平台。争取全面完成部省水运数据对接基础类数据，加快推进浙江港航数据中心（二期）项目建设工作。加快事中事后监管数字化升级，基本建成“掌上办事部门”和“掌上办公部门”，掌上执法系统“周使用率”超80%。长三角船联网数据共享平台浙江省船舶数据共享率达到90%以上，骨干航道和重点水域AIS覆盖率、开机识别率达到95%。

以“强化行业监管”提升管理效能。加快港航规范性文件修订，推进行政执法能力建设“三年行动计划”，开展基层规范化试点，推行轻微违法行为责令承诺制。加强杭州水上非现场执法示范区建设，规范电子文书样式、执法装备标准及电子档案保存制度。以信用交通省建设为抓手，落实双随机抽查。开展水路运输及辅助业经营资质年度核查，加强水路运输经营资质动态管理。建立完善渔业船舶检验业务、船用产品检验质量监督等制度，修订船长12m以下渔业船舶地方性检验技术规范。深入推进社会化船舶检验试点，探索建立对社会化检验机构实施管理的相关制度。

（四）主动担当破难题

着力破解港航投资难题。积极破解土地、环保、海洋等要素制约，力争开工一批重大项目。要强化重大项目督查，落实主体责任，优化项目管理，抓好在建项目进度。

着力解决一批民生难题。创建内河美丽渡口18个，完成渡船渡埠更新改造68个。提升已建陆岛交通码头服务能力，完成陆岛交通码头示范点创建，建成陆岛交通码头泊位12个。创建美丽航道200公里。推行杭嘉湖地区船舶市内异地检验，实现杭嘉湖地区市内通检互认、无差别办理。推进内河水上服务区提升，选取4个典型服务区开展试点，试点建设“船员驿站”。

着力破除内河航道畅通难题。加强远程管控、精细调度，着力提升船闸运行服务水平，力争实现京杭运河、杭甬运河和钱塘江船闸统一纳入过闸APP“浙闸通”，三堡船闸过闸普通船舶等待时间缩短至五天以内。加强标准化养护，确保骨干航道安全畅通，年通航保证率达98%，内河航标维护正常率95%以上。

（五）压实责任守底线

守住安全底线。出台内河主干航道通航管理规定，研究制订钱塘江中上游航行指南。深入开展脱检、长期脱管船舶整治，协同做好内河船涉海运输专项整治。加强内河客渡运和危险货物运输安全现场监管，强化对船舶不按规定使用AIS、内河农（林）自用船非法载客等违法违规行为的整治。开展渔船信号和通信导航设备检修、检验情况专项检查活动。做好“三防”、寒潮大风和雨雪冰冻等灾害天气，以及重大活动的水上交通安全保障工作。强化港口企业安全主体责任，强化安全考核机制，做到安全责任、管理、投入、培训和应急救援“五到位”。督促企业完善对重要设施设备、重大危险源的视频监控监测。持续推进各地建立水上搜救机构并实体化运作。在金华、丽水和衢州等非水网地区加强巡逻船、搜救船、拖船和打捞船等应急设备的配备。加强与民间救援组织合作，加强非水网地区应急队伍培训，提高水上救援能力。

守住清正廉洁底线。完善港航系统党风廉政建设联动机制。继续高标准贯彻落实中央八项规定实施细则和省委36条办法，建立健全作风建设长效机制，加强“双领双联三服务”、领导基层联系点、“1+1”结对共建等基层工作的深入性和精准性。

强化行业队伍建设。落实“三定”调整方案，进一步改善管理架构。实施交通部门“两强三提高”行动计划，提升港航队伍专业化能力建设，进一步弘扬“争当排头兵，甘做航标灯”港航精神，倡导“引领、坚守、担当、奉献”的港航核心价值观，打造适应港航发展新要求的干部队伍。稳妥实施职务与职级并行制度，把握持续激励原则，注重梯队建设，培养事业后备军。

（浙江省港航管理中心）

报告 4

安徽省水运发展综述

2019年，安徽省水路运输保持良好的运行态势，货物运输量和周转量稳定在较快的增长区间，港口吞吐量、营运船舶运力继续小幅增长，固定资产投资保持稳定增长，重点项目推进情况较好，水上安全态势基本保持平稳。

一、水运经济运行情况

水路客货运输量。全省累计完成水路运输客运量、旅客周转量、货运量和货物周转量分别为222.06万人、3038.78万人公里、12.49亿吨和6224亿吨公里，货运量和货物周转量同比分别增长8.80%和10.55%。水路货运继续较快增长，铜陵、合肥、池州货运量增速分别达到30.43%、18.47%和12.59%。

港口吞吐量。全省累计完成港口吞吐量5.54亿吨，其中出港2.95亿吨，同比分别增长8.51%和12.41%；全省港口累计完成集装箱吞吐量179.4万TEU，同比增长20.63%。其中：蚌埠港、安庆港、合肥港集装箱吞吐量增速较快，分别达99.97%、24.37%、21.92%。

固定资产投资。全省完成水运固定资产投资107.45亿元，占年度预期目标的103.9%。其中，非交通系统社会民间投资完成21.43亿元，占19.58%。江淮运河（引江济淮）项目完成64.33亿元，占58.77%。

安全生产。全省内河管辖水域共发生运输船舶水上交通事故28.5件（其中一般等级事故3.5件，小事故25件），造成4人伤亡，沉船8艘，直接经济损失512万元。与2018年相比，事故件数减少8.5件，伤亡人数增加3人，沉船数减少2艘，直接经济损失减少464.66万元，事故四项指标呈三降一增态势。

运输船舶。营运船舶运力持续小幅增长。全省共有各类营运船舶24950艘，净载重量4843.22万吨。其中：内河运输船舶24363艘、4455.56万吨；沿海运输船舶587艘、387.66万吨。与2018年底相比，内河和沿海船舶净载重量分别增加1.74%、4.34%。全省登记注册船员14.6万。

船舶检验。2019年，全省新建船舶受理191艘，发证81艘；船舶图纸审查受理387套，审查批准315套；产品检验发证6383台/套。完成五期驻点检验工作，受理报检船舶4428艘，检验船舶4131艘，发证3925艘。

航道、港口新增能力。2019年，全省内河航道里程6621.76公里，通航里程5738.37公里，其中Ⅳ级以上航道1623公里，同比增长10.14%，改善航道102.1公里，其中Ⅲ级航道51.6公里。拥有生产用码头泊位861个，年设计通过能力5.3亿吨，其中万吨级泊位16个，全年新改（扩）建码头泊位42个（其中万吨级1个），新增年吞吐能力4975吨。

二、主要工作开展情况

规划体系完善。开展《安徽省综合立体交通网规划（2021—2050年）》《安徽省淮河流域干支流水运交通网络建设规划（2019—2035年）》编制及“优化完善长江三角洲高等级航道网研究”“安徽省优化完善长三角高等级航道网专项研究”等工作。完成合肥港、芜湖港、马鞍山港、安庆港中心港区、宿州港、宣城港、淮南港、亳州港、滁州港、阜阳港等港口总体规划的修订调整工作。铜陵港、池州港、蚌埠港、六安港的港口总体规划正在修订调整中。芜湖、池州、铜陵港总体规划调整时，已将加注站码头岸线调整为LNG专用岸线。

项目建设推进。淮河临淮岗复线船闸工程、合裕线巢湖一线船闸扩容改造工程、沱浍河淮北韩村港区工程、宣州港二期工程、沱浍河航道临涣船闸工程、安庆港两条集疏运铁路、铜陵江北港区铁路专用线项目、安庆港长风港区公路集疏运项目、芜湖港朱家桥港区疏港道路和芜湖港三山港区疏港道路等水运重点工程前期工作有序推进。江淮运河、沱浍河航道临涣至南坪段整治工程、淮河干流航道三河尖至蚌埠闸段整治工程、滁河汊河集船闸改建工程、涡河航道大寺闸至入淮口段整治工程、淮河干流航道蚌埠闸至红山头段、合裕线裕溪一线船闸扩容改造工程、合肥港巢城港区二期工程、新汴河（宿县至徐岗段）航道整治工程、新汴河航道灵璧船闸工程等在建项目加快实施。马鞍山郑蒲港区疏港铁路、皖江物流淮南码头、铜陵新兴际华东港码头等社会和民间投资水运项目实施稳步推进。

水运服务能力。推进《安徽省港口条例》立法修改。对港口危险货物作业实施常态化监管；跟踪安庆石化码头迁建工程安全条件审查后续工作；合肥大兴集、芜湖三山、安庆凤凰化工园区三个危险货物集中区域开展安全风险评估。办结10件港口非深水岸线使用许可，转报3件深水岸线使用申请，办理54件涉航工程航评审核事项。完成对商合杭高铁跨越淮河、沙颍河、江淮运河、泉河等航道上7座桥梁的专项检查，督促建设单位全面落实航评审核意见。完成丰乐河、襄河、姑溪河和南淝河马家渡航行锚地等4项航道专项养护工程，疏浚土方量272万立方米。做好水运行业扫黑除恶工作，对全省水运三大领域15个重点方面开展督查指导。上报线索信息64条，其中港口生产类15条、非法营运类12条、欺行霸市类4条，非法采砂类（含运输非法海砂线索）17条，其他16条。对全省各级船检机构登记在检的8496艘营运船舶进行隐患排查。组织参加全国船检技能比武大赛，获得河船组二等奖和海船组三等奖。淮河船检局肖华山同志被评为全国十大最美验船师。开展140.8米、126.8米近海散货船等新特异大型船舶的审图、建造检验工作。开展空气动力船规范研究。与中船重工712研究所和CCS武汉规范所协作，共同完成全省两艘首制的纯锂电池电动船舶设计、检验工作，并成功下水航行。组织开展了三期共计225名验船师专项培训工作。组织新版船员管理系统、船员培训管理规则实施办法、《内河船舶船员适任培训和考试大纲（2019版）》的宣贯，完成计算机考场巡检工作。完成春运以及重要时段的水上运输任务。

水运绿色发展。启动全省第二阶段港口岸电建设项目摸排工作，完成2019年岸电改造计划。推进芜湖三山港区LNG接收加注站建设和安庆洗舱站建设，其中LNG项目已获省发改委立项审批，岸线规划调整已获交通运输部批复；安庆洗舱站已经发改委立项，正式启动EPC招标工作。督促马鞍山对158个非法码头进行整治，并配合省级专项验收组完成现场核查和验收工作。持续开展打击无证经营码头专项整治行动，全省990座无证码头、砂石堆场已全面完成销号和验收工作。巩固非法码头整治成果，继续推进长江非法码头整治，建立季度报表制度。针对省委巡视组反馈27座港口码头扬尘问题，督查相关单位整改并在4月中旬完成销号。继续推进全省港口船舶污染物接收转运处置设施建设方案实施工作。全省215座码头中已完成总建设任务的75%以上，建成的设施均已投入使用，其中建成垃圾接收设施的码头有209座，建成生活污水接收设施的码头有155座，建成油污水接收设施的码头有159座，建成初期雨水收集池的码头132座。主编《安徽省内河危管防污实务》，为一线执法人员提供工作手册。

三、2020年发展展望

加快基础设施建设。加快推进引江济淮航运工程。全面推进“一纵两横五干二十线”干线航道建设，加快改建碍航铁路桥。大力推进全省船闸建设。协调推进省际航道贯通，促进长三角区域航道互联互通。加快推进芜湖马鞍山、安庆江海联运枢纽，合肥江淮联运枢纽和蚌埠淮河航运枢纽建设。形成一批规模化、现代化、集约化港口作业区，促进专业化港口运输系统的加快形成。

推进运输结构调整。推进具备多式联运功能的港口物流园区建设。推进疏港铁路专用线建设。完善核心港口作业区的集疏运体系，推动多式联运发展。以芜湖港为核心，积极对接上海港、宁波舟山港，推动“江海联运+集装箱直达运输”班轮化发展；依托芜湖港、马鞍山港、安庆港，积极推进水水中转发展，强化与合肥港、淮南港等省内港口间协作，提高长江干线与内河运输的衔接效率；推进长三角联运信息化建设，协同制定联运标准和服务规范，实现长三角航运高效衔接。

优化运输组织方式。推进江海直达船型的研发，推广以集装箱船为重点的江海直达船型、长三角水网通用船型的规模化应用。配合交通运输部制定京杭运河—淮河水系过闸船舶船型主尺度系列国家标准，加快推进船舶标准化进程。进一步优化船舶结构，鼓励集装箱船、液货船、特种船的运用，提高海船在全省船舶的运力比例。加快全省港口一体化进程，优化省内港口间货物运输航线，提高全省水路运输效率。支持港航龙头企业发展，引导港航企业向全过程物流服务企业转型，进一步开辟并丰富对外航线，提升全省水运的辐射力和竞争力。

促进水运绿色发展。加快推进港口船舶污染物接收、转运、处置设施与城市公共转运处置设施的有效衔接。加快推进安庆水上洗舱站和芜湖LNG接收站等基础设施建设。推动码头岸电设施建设，全省内河港口、水上服务区、待闸锚地实现岸电全覆盖。推进400总吨以下内河运输船舶加装生活污水存储装置。推进LNG动力、电动船舶应用，鼓励淘汰使用20年以上的内河船舶，引导淘汰、改造安全和环保性能差的船舶，协同建立长三角区域船舶水污染防治协同机制。

提升智慧安全服务。加快推进智慧港口建设，完善船舶通关“一站式”作业，推进船舶证书电子化，推进“单一窗口”建设，协同推动长三角区域口岸管理相关部门信息互换、监管互认、执法互助。加快全省安全监管及应急救助基地建设。打造一体化公共服务平台。按照“企业主导+政府支持+市场运作”模式高起点、高标准建设国内有影响力和竞争力的皖江航运服务业聚集区，重点发展船舶交易、船员服务、航运代理、航运金融、法律服务、信息服务等航运服务业。

（安徽省交通运输厅）

报告5

江西省水运发展综述

2019年，坚决贯彻省委、省政府和省厅的决策部署，紧抓水运发展战略机遇，不忘初心，迎难而上，全面履职，全力推进水运建设攻坚、深化改革、转型升级和提质提速，水运发展取得显著成绩。

一、年度发展状况综述

水运基础设施建设。全年完成总投资47.48亿元，同比增长41.1%。赣江、信江高等级航道规划项目全面开工，基本建成新干航电枢纽、龙头山枢纽、井冈山航电枢纽船闸，赣江全线六个梯级枢纽船闸全部建成，具备三级通航条件；信江八字嘴航电枢纽工程东大河船闸混凝土浇筑完成89.44%，双港航运枢纽船闸主体工程土石方开挖完成95.54%，界牌枢纽船闸改建工程船闸主体混凝土浇筑完成81%，界牌至双港渠化航道配套整治工程、双港至褚溪河口航道整治工程稳步推进。港口及集疏运体系建设加快推进，红光码头（一期）主体土建工程基本完工，鹰潭港余江港区中童作业区综合码头一期、九江港城西港区赤湖公用码头等开工建设，九江港城西港区疏港铁路、九江港彭泽港区等4条疏港公路开工建设。

水运经济。全省完成水路货运量1.03亿吨，货物周转量255.4亿吨公里，港口吞吐量1.6亿吨，集装箱吞吐量71万TEU，客运量198万人。

水上交通安全形势。全年未发生一般等级及以上水上交通事故，无人员伤亡，港口生产、渡运、水上客运未发生伤亡事故，水运工程建设领域发生亡人事故2起，死亡2人。组织开展应急演练78次，出动水上搜救人员280余人次，出动搜救车辆28台次，出动搜救船舶46艘次，处置各类水上突发事件3起，会同其他单位清理拖带违法采砂船舶25艘，开展非法载客联合执法行动12次，打击非法载客船舶18艘次，有效提高了应急处置能力；开展水路运输安全生产专项整治、安全生产“双百日行动”、敞开式船舶“救生衣”专项检查、消防安全专项整治等行动，分别排查各类安全隐患3098个、679项、137个、1708个，已全部整改完成；开展长期停航船舶摸排专项行动，摸排出长期停航船舶638艘；完成全省水路运输安全生产、港口安全生产、水上交通安全生产等三方面的“一图一牌三清单”。

水运服务水平。进一步规范航道及通航管理工作，定期向社会公布航道水深，及时发布航行通告，赣江、信江和鄱阳湖区干线航道等重点水运安全畅通，通航率达到95%；在重点航段和浅滩维持通航秩序基本确保了枯水期航道的安全畅通；加强了洪水期巡航力度和航标管理，强化枢纽（船闸）安全运行监管，汛期集中对全省枢纽（船闸）进行了检查，确保枢纽形势总体平稳。开展了赣江丰城河段磨盘滩、等凰岗枢纽下游海漫修复等应急抢通工程，全年及时恢复和补充航标500余座，疏浚土方量42万立方米；严把涉航项目通航条件影响评价审核关，共完成通航条件影响评价批复49宗。开展全省水路运输企业年度核查工作，对7家省际普货运输企业进行“双随机一公开”抽查，注销了6家经营资质不符合要求的企业，重点对全省14家危货港口经营企业开展资质年度核查。加强运力审批，全省净增运力24万载重吨，新增运力33.47万载重吨。

水运机构改革。全力推进水上交通综合行政执法改革，局属11个分局海事（船检）职能划转地方政府，完成了246项事权的划转、548名在编人员和181名退休人员的转隶及转隶经费划转等工作，完成了11个设区市采用备忘录的签署，各地市的海事（船检）职能正式划入当地交通主管部门。推进通航管理机制改革，拟定了赣江、信江等两江船闸统一管理机制已形成工作方案，起草了组建五大区域航道局三定方案。有序推进江西省港航设计院和江西省航务勘察设计院等生产经营类事业单位转企改制工作。

港口资源整合。出台《江西省港口资源整合工作方案》等政策文件，确立了港口资源整合主体，组建省港口集团；按照分类施策、分步实施的原则，积极推进合作商谈，已与14家码头企业签订合作或划转协议，与9家码头企业达成合作意向，同步推进码头新、改、扩建前期工作，整合工作取得阶段性成效。

水运绿色发展。所有港口企业按规定配置船舶污染物接收设施，基本具备对靠港作业船舶接收污染物的能力；制定了《江西省船舶污染物接收站建设的有关要求》，并多渠道获取建设补助资金支持。峡江、新干、鹰潭等地船舶污染物接收站已开工建设，鹰潭、都昌、新干、樟树接收船建造已开工建设，抚州港船舶污染物接收站已建成运营，樟树船舶污染物接收站已完成接收泊位建设。各地运行了船舶污染物接收转运处置联单，开展了船舶污染防治专项执法检查行动，共实施危防类处罚68件，罚款金额21.43万元。全省共完成了船舶加装生活污水防污染装置72艘，累计完成1075艘，共淘汰了高污染高耗能客船、老旧船舶等228艘，完成了九江长江、赣江、信江沿线45家船舶修造企业的除锈排污督查工作。组织开展固废危废码头装卸和船舶运输倾倒排查工作，检查船舶1220艘次，港口码头130座次，水运企业135家，未发现港口码头非法装卸、船舶非法运输倾倒固废危废行为。完成了主要港口集装箱专业化泊位岸电全覆盖。

航运管理。全年检验新建船舶79艘，4.73万总吨；检验营运船舶4443艘次，348.22万总吨；审批船舶技术设计图纸63套；完成跨省转籍转入船舶186艘次，转出船舶26艘次。船舶法定检验质量管理体系中相应修改了船舶变更检验机构、船舶建造检验、船舶图纸审查等工作程序，新增《航区划分申报工作程序》《船舶补充修改图纸审查评估指导意见》《船舶重大改建受理指导意见》。研究拟定《江西省船舶检验局船舶检修检测服务监督管理办法》。开展106艘2001—2005年建造船舶的隐患排查工作，累计完成救生设备专项检查船舶1820艘次，完成824艘船舶的内河船舶涉海运输排查工作。

二、水运发展成就

七十载风雨兼程，水运人奋楫前行。江西省通过加大水运投入力度、加强水运建设步伐、加快水运绿色发展转型等综合举措，江西水运实现了千吨级航道从无到有、“小、散、乱码头”到初具规模港口体系的转变，形成了以“两横一纵”高等级航道网为骨架、九江港、南昌港为枢纽的现代化内河绿色航运体系，融入江西立体互联综合交通网。

航道建设有序推进。新中国成立以来，从1955—1963年赣江上游十八河滩河段整治到1983年昌江第一期渠化鲇鱼山梯级枢纽工程动工，再到1997年信江界牌枢纽建成，通过42年的努力，全省才有了第一条千吨级航道。随后全省加快了高等级航道建设步伐，建成了万安、石虎塘、峡江等一批枢纽，截止到2019年底，赣江已全线具备三级通航条件，全省通航里程达到5638公里，赣江、信江成为国家内河高等级航道网两横一纵两网十八线中重要一环。

港口发展日益壮大。经过70年的大发展，全省共有港口63个，生产用码头泊位1164个，通过能力达2.02亿吨。九江港、南昌港发展为全国内河主要港口，九江港2015年跻身全国内河亿吨大港行列，2019年全省港口吞吐量达1.6亿吨，集装箱量达71万TEU。

运输服务水平不断提升。随着运输船舶不断大型化、标准化，水运运输服务水平显著提升。截至2019年，全省拥有营运船舶2386艘、载重吨位254.3万吨，船舶平均载重吨位达1326吨。

三、2020年发展展望

2020年全省港航工作的总体要求是：以交通强国建设江西试点为契机，以“三大攻坚行动、三大提升工程”和水运建设改革为抓手，全力推进水运高质量、跨越式发展，确保“十三五”规划圆满收官。

科学谋划“十四五”发展蓝图。全面落实交通强国建设江西试点水运工作，开展《江西省航道与港口布局规划》《江西省“十四五”水运发展规划》和袁河、昌江、抚河、乐安河等航道规划编制，启动《江西省内河航运发展规划》编制，完善水运规划体系。

加快补齐水运发展短板。建成八字嘴航电枢纽东大河、双港航运枢纽船闸，界牌枢纽船闸完成改建主体工程，基本建成信江高等级航道整治工程，确保年底前信江具备三级通航条件。建成九江港红光码头一期工程，推动加快九江港疏港铁路、疏港公路建设，加快建设红光综合枢纽物流园一期工程，构建全省水运集疏运和多式联运体系。

维护高效畅通通航环境。对赣江航道全流域进行测量更新，形成赣江电子航道图。尽快组建五大区域航道局，成立赣江、信江船闸通航局，实行船闸统一调度，做好船闸交接工作，确保赣江船闸统一管理。

推动行业服务优化和转型升级。做好《江西省水路交通条例》立法前期工作，全面推行行政执法“三项制度”和《交通运输行政执法程序规定》。推动船检“检管分离”改革，适时调整完善船舶法定检验质量管理体系，推进渔船检验及监督管理职责划转工作。

完成全省内河非法码头整治工作，拓展九江港至上海洋山集装箱江海直达运输船舶规模和航线，适时开辟九江至东南亚、东北非国家和海峡两岸贸易直航班。加快集装箱内支班轮运输网络建设，加密九江至丰城集装箱内支线运输。

推动智慧绿色航运发展。力争2020年底内河船型标准化率达到75%。力争出台400总吨以下内河运输船舶安装生活污水收集存储或处理装置管理办法，推进湖口LNG加注站项目前期工作。完成全省港口和船舶污染物接收、转运及处置设施建设任务，开工建设九江港化学品洗舱站。深化码头扬尘治理，新建大型煤炭、矿石码头堆场年内100%建设防风抑尘设施或实现封闭储存加强危险品船进出港申报，严禁单壳化学品船和600载重吨以上的单壳油船进入长江干线、赣江、信江及鄱阳湖水域。

牢牢守住安全发展底线。探索引入第三方参与安全督查检查工作方式，建立企业安全信用管理信息平台，加快建设以信用监管为核心的行业安全监管机制。以交通执法体制改革为契机，理顺水上交通安全监管工作机制，加强对市（县）海事工作的指导和监督，重点加强“三类重点”船舶及渡口渡运的安全监管，重点打击鄱阳湖区枯水季节水上旅游非法载客现象，强化对长期停航船舶、无主船舶的管控，坚决防范化解重大风险。严格港口装卸作业源头管理，严厉打击港口非法作业、超经营范围作业等违规行为，全面深化“平安工地”建设。持续深入开展安全生产专项整治，制定出台水上搜救体系建设方案，完善应急信息互通机制。

重构优化港航治理体系。完成省级层面综合交通行政执法改革，稳步推进五大区域航道局和赣江、信江船闸通航局设置和重组工作；完成省港航设计院、航务勘察设计院转企改制后的新公司组建工作，继续推行“证照分离”改革。

（江西省港航管理局）

报告 6

山东省水运发展综述

一、水运经济运行情况

港口吞吐量。全年港口吞吐量累计完成16.7亿吨；沿海港口完成16.1亿吨，增长8.9%，其中外贸8.88亿吨、增长7%，金属矿石3.98亿吨、增长4%，液体散货2.83亿吨、增长10%，集装箱3010万标箱、增长8.7%；内河港口完成5891万吨，同比下降20%。水路客运量完成2014万人次、同比99%，旅客周转量14.39亿人公里、增长12.8%；货运量完成1.78亿吨、同比下降1.1%，货运周转量1896亿吨公里、增长3.3%。

基础设施建设。全年完成港航建设投资106亿元，新增万吨级以上泊位19个，港口总通过能力达到9.1亿吨。青岛港全自动化码头（二期）工程、日照港岚山港区南区15#（20万吨级）泊位工程、日照港岚山港区北作业区#6（20万吨级）大宗散货泊位等项目投产运营，青岛港30万吨级原油码头二期工程、日照港岚山港区30万吨级原油码头三期工程、日照港石臼港区南区30万吨级深水航道一期工程等一批大型泊位和深水航道项目新开工建设。京杭运河山东段升级改造工程有序推进，万年复线船闸工程交工验收，主航道济宁段升级改造工程和湖西航道整治工程全线开工，枣庄段升级改造工程施工单位已进场。小清河复航工程PPP项目公司“中铁建投山东小清河开发有限公司”注册成立，确定中央补助资金37.47亿元，于12月底开工建设。

水运运输管理。严把水路运输市场准入，共办理国内省际普通货物水路运输等许可事项15件，法人、地址等许可变更事项56件，无船承运备案事项976件，向交通运输部转报事项22件。开展2019年国内水路运输及其辅助业和国际船舶运输业核查工作，全省水路运输企业应核查469家，通过核查402家，未通过23家正在整改中，44家未参加企业依法依规进行处理。加强航运公司经营资质管理，严格市场退出机制，对不满足最低运力等法定条件的坚决要求整改并督促落实到位，整改不到位的按照有关规定坚决撤销其经营资质。做好省级政务服务事项流程优化及“双随机、一公开”监管建设。完成水运省级交通运输政务服务事项拆分及政务服务标准化梳理，对许可事项进行时限、申请材料压减和流程重构，认真研究国内船舶管理业务经营许可等14项水运省级权利事项下放至济青烟试点工作。

港口经营管理。陆续开展《港口经营管理规定》《港口收费计费办法》《港口设施保安规则》的贯彻实施工作，强化行业指导，落实监管责任。做好交通运输部下放事项承接工作，核发港口设施保安符合证书8个，切实履行行业管理职责。理货经营企业由许可改为备案以后，积极引入市场竞争机制，进一步放开理货市场，备案港口理货企业7家。进一步规范港口服务行为，下调港口收费标准，货物港务费、港口设施保安费、引航（移泊）费、航行国内航线船舶拖轮费的收费标准分别降低15%、20%、10%和5%。

港航安全形势。建立完善港口安全基础数据库，摸排完成全省港区危险货物码头、罐区等重点领域及危险货物装卸、储存等关键环节的安全风险，确定责任单位，建立了安全风险分布档案；组织开展港区内重大危险源辨识、分级和安全评估，通过摸清底数，建立了港区重大危险源数据库和分布档案。强化专业队伍建设，举办两期港口危险货物安全管理人员培训班、一期小型客渡船安全监管培训班，共计培训全省200余名水运安全管理人员。持续推动安全生产风险分级管控和隐患排查治理双重预防体系建设，开展港口安全生产检查，督促企业加强重大风险的辨识管控。推进政府购买安全技术服务工作，委托两家安全服务机构组织技术力量对全省102家港口危险货物装卸、仓储企业进行“诊断式”安全检查。加强渤海湾客滚运输安全管理工作力度，严格执行“逢七不开”规定，建立完善气象信息接收使用制度，所有客滚船加装二氧化碳消防系统、配备保温救生服、安装船舶远程监控系统。渤海湾客滚码头全部配备大型车辆安检仪，对上船车辆100%安检。加快淘汰老旧客运船舶，提升客滚船抗风等级。密切关注台风影响区域受灾情况，紧急下发七项安全警示，台风过境期间，组织台风区域内航线停航，船舶进港或锚泊避风，港口停止作业，内河渡运渡口停运。

港口一体化发展。8月6日，省港口集团正式挂牌，青岛港、烟台港、日照港、渤海湾港口集团成为省港口集团全资子公司，全省港口一体化改革进入全面实施阶段。

二、2020年重点工作

推进水运重点项目建设。争取完成投资107亿元。沿海方面，重点推进青岛港董家口港区30万吨级原油码头二期工程，日照港岚山港区30万吨级原油三期工程等重大项目；新开工建设烟台港西港区30万吨级原油码头二期工程、龙口南山LNG接收站配套码头工程等大型专业化泊位。京杭运河方面，建成韩庄复线船闸，加快推进京杭运河主航道升级改造和湖西航道整治，加快泰安港东平港区老湖、银山等作业区建设。小清河复航工程方面，在已获得交通运输部37.7亿元资金承诺基础上，做好年度计划安排和资金落实工作，争取完成投资35亿元，其中争取部补助资金10亿元。启动航道保护范围划定工作，完成船闸运行方案的编制和审批工作。进一步规范航评报告审核工作，建立项目信息库和监督检查制度，制定航评报告咨询机构管理和专家库管理等有关规定。解决改革后航道养护资金来源，确定过闸费使用方式和资金拨付渠道等。

加强水运行业监管。严把市场准入关，做好省级权利事项日常审核、流程再造、服务优化等工作，有序推进相关事项下放至济青烟试点。做好“双随机一公开”监管工作，开展国内水路运输及其辅助业和国际船舶运输业核查、港口设施保安年度核验工作，开展港口危险货物装卸仓储企业安全检查，严厉查处各类违法行为。强化事中事后监管，重点对上一年度检查出的问题企业，跟踪跟进，直到问题全部落实整改。研究出台水运工程设计变更管理办法等规章制度。制定实施《山东省水路运输市场信用信息管理实施细则》，建立企业及从业人员信用档案，对确定的守信及失信行为采取积分制管理，进行年度评定。升级完善省水路运输市场信用信息管理系统，加大对水运企业及从业人员的考核力度。加大严重失信行为的惩戒力度，对存在严重失信行为的企业，依法依规采取相应限制措施。

加强港口经营管理。规范口岸经营服务性收费，继续推动降低集装箱进出口环节合规成本工作。严格执行政府定价、市场调节价等有关规定标准；鼓励港口主动放开理货、船代和拖轮市场，推动降低经营服务性收费。落实口岸收费监督管理协作机制，做好口岸收费目录清单清查，引导口岸经营服务企业诚信经营。督促企业制定并公开作业流程及时限标准，便利企业合理安排生产运输计划。

推进智慧港航建设。加快智慧港口示范工程建设，重点推进青岛港迪拜环球自动化码头三期工程。推广应用青岛港港口物流电商服务平台，加强与船公司、大货主、口岸监管单位信息系统和平台的对接，打通以港口为枢纽的全程物流通道。加快推进渤海湾水路客运联网售票信息系统建设，为乘客提供统一的订售票及资讯服务。完善港口危险货物安全管理信息系统，加快实现港口危险货物智能化监管。

推进绿色港航建设。加强港口污染防治，推进港口船舶污染物接收、转运、处置设施建设，强化散货作业防尘抑尘措施。推动靠港船舶使用岸电项目建设，确保年底前沿海主要港口50%以上专业化泊位（危险货物泊位除外）具备向船舶供应岸电的能力。做好运输结构调整，落实好集疏港运输“公转铁、公转水”工作。完成《山东省防治船舶活动及海上溢油污染水域环境应急能力建设规划》编制，有序开展原油码头等重点溢油风险源专项检查，做好溢油风险防控。

加强港口危化客滚运输监管。强化渤海湾客滚运输安全管理，落实“逢七不开”、车辆行包100%安检、重点场所封闭等各项管理措施，研究探索渤海湾客运站安检查危新模式，加强客滚码头安全检查，升级港口安检设施设备，保障客滚运输形势安全稳定。强化陆岛旅客运输安全管理，从严审批陆岛运输新增运力，严格落实气象信息接收使用、大风限航、停航报备等制度。强化风险管控和隐患排查双重预防机制建设，开展重大风险源辨识工作，制定并落实有针对性的风险管控措施。开展港口危险货物安全生产集中整治，组织专业人员开展监督检查，结合第三方安全服务机构检查成果，对检查发现的问题隐患依据判定指南落实整改措施，对存在重大隐患的严格落实挂牌督办、整改备案等制度。重点抓好规划控制、经营资质、货种管理等关键环节、重要部位的过程管控，坚决防止出现失控漏管问题。加强培训，提升监管人员素质。推广港口危险货物现场教学，建立完善港口危险货物安全管理专家库。

（山东省交通运输厅）

报告 7

河南省水运发展综述

一、水运发展基本情况

水运规划建设。全省内河水运建设累计完成投资12.94亿元。周口港中心港中作业区码头项目年底建成完工，淮河淮滨至息县航运工程淮滨段基本建成。河南省水路路网运行监测信息系统开工建设，总投资4330万元。组建规划团队赴全省各地进行实地调研和座谈，搜集省内河流现状、货种货源、发展需求的资料，编制《河南省水运网规划（2021—2035年）》。对全省9个库区（水域）实施港航安全监管基础设施标准化建设，对全省11道农村渡口实施升级改造。制定实施2019年内河航道养护计划的通知，开展全省2019年度航道养护工作。开展2018年度内河航道养护技术考核，整体提升航道养护管理工作质量。

水路运输服务管理。全省完成旅客运输量307万人、旅客周转量0.66亿人公里，货物运输量17235万吨、货物周转量1212亿吨公里。港口吞吐（装卸）量1739万吨（按原统计口径统计），为2019年同期的175%。完成2019年国内水路运输业年度核查工作，为全省87家省际普货企业办理了年审手续，审批新增省际普货企业5家，撤销不符合经营资质条件的企业8家。全省共受理船员适任考试1838人，签发各类船员适任证书2965本，指导全省船舶登记机关开展船舶登记业务办理4089次，督导航行沙颍河、淮河航道的船舶进出港报告9186次。完成船舶检验6396艘、651万总吨，其中建造检验289艘、10.1万总吨，营运检验6107艘、640.9万总吨。

水路交通运输安全。紧盯"三船一桥"安全监管，在春运、两会、清明、五一、汛期、国庆等重要时段，开展开航前隐患排查、安全检查等工作。加大现场监管力度，严防超载超员、冒险开航等行为。深入推进企业安全主体责任落实。积极督促、指导水运企业、乡镇政府加强安全管理，确保主体责任落实到位。严格专项整治，全省共开展督导检查596次，检查企业606家次，排查一般安全隐患349处，整改333处，下发整改通知书9份，约谈企业20家，注销企业8家。深入推进内河船舶涉海运输整治。采取通报、约谈、抵押登记业务审查等方式，加大对涉海运输船舶和航运公司管理力度，10家航运公司被列入重点监管名单，167艘船舶列入重点跟踪船舶名单，完成召回船舶152艘次。开展长期脱管船舶整治。对全省6800余艘登记船舶脱检情况进行了全面排查，排查出脱检船舶309艘。组织开展水上交通安全知识宣贯50场，宣贯水运企业111家，渡口365道；结合防学生溺亡工作和校园周边安全建设年工作，深入开展“兰舟行·2019”水上交通安全知识进校园活动，走进学校180所，宣讲覆盖师生160000余人，发放宣传品120000余份，全年未发生一起涉及学生乘船伤亡的事故，因溺水死亡的学生数量明显下降。“兰舟行”讲师团顺利通过省直属机关工作委员会考核，被评为5星级“青年文明号”。全省社会救援队达到27支，人数达到2100余人。

绿色航运发展。贯彻落实《河南省交通运输行业2019年水和土壤污染防治攻坚战实施方案》，细化2019年水污染各项任务。截至年底，依法撤并、撤销失去功能和满足不了设渡条件的老旧渡口59道，全省纯电动旅游船舶已达到300多艘，配备各类应急船舶37艘，水上巡逻船艇57艘，围油栏2套500米（油泄漏后在水面围截），吸油毡2吨1万平方米。

“放管服”改革。梳理全省航务海事系统77项政务服务事项。按照省经济体制改革专项小组办公室要求，对照国家发改委印发的《市场准入负面清单（2018年版）》对航务海事系统市场准入负面清单涉及的地方性政策法规进行了梳理。做好“互联网+监管”系统监管事项目录清单编制工作，组织召开“互联网+监管”系统监管事项集中办公会，邀请部分地市航务海事机构的业务骨干集中攻关，编制录入检查实施清单83项，录入数据98条。

二、内河水运发展形势

国家重大战略实施带来了新机遇。习近平总书记先后提出“要想富，也要先建港”“经济强国必定是海洋强国、航运强国”，强调“推动长江经济带发展必须走生态优先、绿色发展之路”等。党的十九大提出建设交通强国，内河航运是现代综合交通运输体系的重要组成部分。

省委省政府提出了新目标。2019年7月8日，在省委召开的贯彻落实习近平总书记对河南工作重要指示批示精神专题交流座谈会上，王国生书记提出“要培育河南发展新空间、新优势，内河航运发展空间很大，要打通内河航运大通道”。

生态文明建设提出了新要求。贯彻落实国务院和省政府关于推进运输结构调整的决策部署，打赢蓝天保卫战、打好污染防治攻坚战，提高综合运输效率、降低物流成本，要充分发挥内河水运的运能大、占地省、运价低和生态友好的比较优势，推动大宗货物运输“公转水”。

人民群众对美好生活的向往带来了新需求。人民群众日益增长的水运需求，不仅对基本出行提出了更高标准，而且对水路运输服务模式以及多元化、个性化、舒适化等方面的要求也不断提高。城市观光游、湖库区生态游、水上巴士等内河水运旅游新业态正在蓬勃兴起，对内河航运发展提出了全新要求。

存在的风险与挑战。协调机制不完善，水运建设和运行管理尚未建立上下游和部门之间的协调联动机制；投融资渠道较单一，水运工程建设资金主要依靠国省补助和市县配套，缺乏港航建设投融资平台，社会资本进入航运领域较少；用地、环评等制约日渐趋紧，刚性约束趋强，前期工作推进难、开工难。

三、2020年重点工作安排

持续推进水运项目建设。推进沙颍河、淮河、唐河等“通江达海”的水运通道建设。进一步完善河南省水运网规划。建立完善水资源综合利用及航运建设与管理协调机制。强化污染防治攻坚，重点加强航务海事系统水污染防治各项工作，确保完成交通运输部门水污染防治的目标任务。强化巩固脱贫攻坚，做好2020年内河水运项目建设、库区（水域）港航安全监督基础设施建设和农村渡口升级改造计划安排工作。加强航道养护管理，研究航道专项养护工程资金补助政策，强化航道养护资金保障。

持续加强水上交通安全监管力度。继续开展交通安全攻坚年活动，以活动促能力提升，以活动促制度落实，以活动促水上安全。探索联动机制打击内河船非法参与海上输，加强与沿江、沿海海事机构联动，持续加大涉海运输违法行为查处力度。加强对客渡船的管理，严格落实“六不出航”制度，继续推行不符合设渡条件的渡口撤渡工作。

持续提升水路运输服务能力。加快推进内河船型标准化，加快推广三峡船型、江海直达船型和节能环保船型，做好船型标准化资金清算收尾工作，将船型标准化监管环节自查专项工作落到实处。积极培育省内水运市场，协调好船舶、港口、航道、船闸、货源等各生产要素的关系，鼓励水运企业回到省内经营。加快沙颍河、淮河运输能力提升，为服务水运企业，免费向水运企业提供新型船舶图纸。

（河南省交通运输厅航务局（地方海事局））

报告8

湖北省水运发展综述

一、水运经济运行情况

水运投资建设。全年完成水运固定资产投资77.95亿元。荆州、武汉、十堰投资分列全省前三。“十三五”累计完成投资252亿元，占总投资计划的84%。新开工10个重点港航项目，武汉金口重件二期、车阳河二期龙欣物流码头等9个重点港口项目完工，陆水河航道整治工程、长江三峡库区湖北省支流（青干河、九畹溪、吒溪河）航道整治工程等2个航道项目完工。汉江五级枢纽建设加快，雅口枢纽实现二期围堰截流并试通航，碾盘山枢纽一期围堰截流成功。汉江兴隆至汉川段航道整治工程通过竣工验收，河口段航道整治工程主体土建基本完工。2019年全省新增高等级航道46公里，新增港口吞吐能力2058万吨。

港口船舶污染防治。全年新增建设项目375个，港口船舶防污染设施建设累计完成2095个，远超计划的1946个，累计补助资金4094万元，垃圾接收设施、生活污水接收箱、油污水接收箱完成比例超过75%。全年新增污染物接收船20艘，累计达90艘。2019年底，武汉、宜昌两座化学品洗舱站在长江流域率先开工。宜昌首艘集船舶生活污水、油污水、垃圾接收功能于一体的船舶“蓝江6号”正式投入营运，国内首个船舶污染物协同治理信息系统“净小宜”、荆州市免费接收模式获得广泛肯定和报道。全省新建岸电泊位160个，大幅超前完成交通运输部19个泊位目标，数量位居全国前列。3000吨级以上客运泊位完成超过50%的目标，具有集装箱功能的泊位全部具备岸电供应能力。

非法码头治理和岸线清理整顿。全省长江干线累计拆除各类码头1211个、泊位1383个，腾退岸线150公里，岸线利用率从14%降低到6%，复绿面积达856平方公里。武汉着力开展长江和汉江核心区港口码头岸线资源优化调整，两桥之间拆除103个码头、189艘趸船，打造出了洁净、生态、靓丽的长江汉江岸线。加快推进砂石集并中心建设，2019年新建7个砂石集并中心，新增砂石吞吐能力1500万吨，全省累计建成41个砂石集并中心。荆州建成首个永久性砂石集并中心——李埠港砂石集并中心，也是湖北地区环保规格最高的砂石集并中心。荆州大力实施岸管员制度，并在荆州区试行政府购买服务的方式，免费接收船舶污染物，发挥了先行先试的表率作用。

多式联运发展。宜昌三峡枢纽白洋港疏港铁路、茅坪港疏港铁路开工建设，全省已建成10个疏港铁路项目，湖北多式联运骨干网逐步完善成型，长江中游航运中心枢纽定位进一步彰显。2019年全省新增江海直航航线1条，江海联运（含外高桥）、江海直达航线累计达到6条。长江上第一艘真正意义上的江海直达船“华航汉亚1号”，于2019年年底从武汉顺利首航日本。全省建成4艘1140集装箱船，1艘在建，累计运行37航次。武汉阳逻港多式联运示范项目通过国家验收，并获命名“国家多式联运示范工程”殊荣，全省5个全国多式联运示范项目均已实现常态化运营。武汉汽车滚装运输发展势头迅猛，武汉港发集团商品车年吞吐量首次突破100万辆，成为我国内河第一个年商品车吞吐量达到100万辆的港口。2019年，全省水路货运量3.91亿吨，货物周转量2926万吨公里；港口吞吐量3.07亿吨，集装箱量209万TEU，集装箱铁水联运量5.3万TEU。

水运市场管理。印发《湖北省水路运输市场信用信息管理实施细则（试行）》，对全省水路运输企业实行全覆盖式核查。开展水运市场亮剑行动，围绕招投标、市场履约等方面开展督查。组织年度水运工程施工和设计企业信用评价，开展水运工程建设领域“品质工程”创建，进一步提高了企业诚信履约意识，维护市场竞争秩序。开展危化品船“专家问诊”，进一步摸清了全省危险化学品船安全技术状况。开展长期脱检船舶专项整治、客（渡）船安全技术条件专项复核等专项整治活动，查明长期脱检船舶4498艘。组织各类船员适任证书考试18期、1743人次，基本安全培训考试18期、609人次，特殊培训考试26期、446人次。开展3期全国内河渔船检验适任资格考试，缓解渔船检验人员数量短缺的问题。创新审计检查形式，开展油价补贴资金交叉检查工作，实现全省各市州的全覆盖。组织开展油价补助资金审计，涉及资金8265万元，基层单位73个。

水运安全形势。“建国70周年”和“军运会”期间，全省港航海事人以最高的政治站位、万无一失的总目标、水上一盘棋的大格局，严防死守重要水域、重点船舶等安全，严格落实各项安检和防控举措，实现期间水上交通安全零事故。组织开展全省水上交通安全“亮剑行动”，严肃查处水上交通运输领域，特别是安全和服务方面存在的严重违法违规行为，全省通过“整治一批、查处一批、曝光一批、追责一批”，对违法违规者形成强力震慑，实现了线索大起底、工作大推动、安全大保障、服务大提升，确保了水上交通安全。襄阳改造拆除辖区1000余艘问题船舶；仙桃和天门加大对汉江违法船舶的处罚力度，共处罚金近200万元。船舶污染防治动态监管成效显著。联合长江海事、环保、住建等部门，着力推进船舶污染物接收、转运及处置“五联单”机制落实，全省累计回收联单2.3万份，接收、转运、处置船舶垃圾7000余吨。荆门、宜昌针对船舶污染违规排放监管难的问题，探索建设了船舶污染防治在线监管系统，试运行情况良好。开展“安全生产月”“水上安全知识进校园”、水上应急演练等各类活动，全省共开展各类活动330余次，参与人员14000余人，举办各类应急演练65次，进一步压实水上安全理念。

二、工作思路与主要目标

2020年，以实施《交通强国建设纲要》和服务“一芯两带三区”战略为主线，以“建设交通强国示范区、打造新时代九省通衢”新定位为总要求，以试点示范项目带动水运全面发展，以深化改革推进治理能力和治理体系现代化，以全面从严治党、“三基三化”建设锻造新时代水运发展的忠诚干净担当的干部队伍。

全年力争完成港航建设投资55亿元，新增港口吞吐能力2000万吨，新增和提等高等级航道里程100公里。雅口枢纽通航、第一台机组发电，新集枢纽开工建设；力争水路货运量突破4亿吨，港口集装箱吞吐量突破220万标箱，商品车滚装量增长10%，港口铁水联运量增长30%；遏制运输船舶一次死亡10人以上的水上交通安全和船舶污染重大责任事故，确保水上交通安全形势持续平稳。

三、主要任务

（一）坚决结好年度四项硬账

水运建设三年攻坚战。《湖北省综合交通公路水运部分四个三年攻坚工作方案（2018—2020年）》明确了50个水运项目，其中16个航道项目2020年建成或开工。加快推进松西河、唐白河、汉北河、富水、浠水、内荆河一期、武汉宇丰集装箱码头改扩建工程等20个港航项目，确保汉江蔡甸汉阳闸至南岸嘴段航道整治工程、武汉新港三江港区一期综合码头等18个项目完工。加快开展兴隆枢纽二线2000吨级船闸、王甫洲二线船闸的前期工作，加快推进香溪河、清江航道等级提升工程，实施陆水京港澳高速桥至红庙段航道工程。力争提前完成长江武汉至安庆6米深水航道整治工程。

非法码头治理和岸线资源清理。对照中央环保督察“回头看”及专项督查反馈意见11项整改任务和清单，逐项抓好落实，确保各项问题高质量整改。推进部分市州存量未批先建码头任务整改。加快建成环保安全岸线视频监控系统一期工程。加快武汉、襄阳等港口总规修编工作。

港口船舶污染防治建设。根据交通运输部船舶港口污染防治专项整治工作方案要求，全面评估各市州现有港口船舶污染物接收转运处置设施建设方案。推进船舶生活污水等集中转运上岸点建设。推进武汉、宜昌水上洗舱站和汉江武汉段、十堰段50吨级溢油应急处置设备库建设。抓好中央环保督察、国家长江办交办突出问题和警示片反映问题的整改落实。在汉江和江汉运河水域开展为期一年的船舶污染防治联合执法检查专项行动，建立崔家营、雅口、兴隆、龙洲垸船闸联合检查机制，实行逢船必检和联检联查，对不满足船舶水污染物达标排放标准或船上存储交岸处置要求的船舶禁止通过。推广应用好交通运输部统一开发的监管信息平台，发挥好宜昌“净小宜”协同平台作用，推动联单和联合监管制度落实。开展全省船舶污染源普查，加强船舶生活污水储存与处理装置的检验检查，严格监管船上储存与处理。

运输结构调整“公转水”任务。按照省政府《实施方案》和《重点任务分解表》要求，以“一市一策、一港一策、一企一策”的原则，细化分解任务，明确责任清单，确保按期完成任务。加快建设砂石集并中心，做好疏浚土利用，开通大宗货主专线，不断拓展货物来源渠道。推动适箱货物集装箱化运输，巩固武汉—日本、黄石—韩国、泸—汉—

台、东盟四国航线。补齐进港铁路集疏运体系短板，加快阳逻铁水联运二期工程、江北铁路建设。

（二）强化水上安全和行业管理

守牢安全底线。持续开展内河船涉海运输专项整治、长期脱管船舶专项整治、水上交通安全“百日行动”、中小船舶安全管理专项整治、全省水路交通质量安全服务专项整治亮剑行动、国内船舶救生设备专项检查、船舶载运危险货物安全综合治理等专项行动，持续全面推进渡口渡船管理的网格化，落实县市、乡镇、村组、船主“四级”责任，切实消除事故隐患。建立健全高效统一的应急指挥系统，形成统一接口的应急指挥和搜救工作信息平台。建立健全事故应急预案，加强应急演练和物资储备。严格落实港口安全风险辨识、分级管控、隐患治理相关要求，组织开展港口危险货物“双随机一公开”“专家会诊”，整改安全隐患，防范重大风险。水运重大工程要按照“平安百年品质工程”建设标准，开展“坚守公路水运工程质量安全红线”专项行动，排查治理隐患，搞好整改跟踪复查，保证工程质量。

守牢廉政底线。坚持和完善党风廉政建设责任制，持续推进“四个责任”贯通协同，形成班子共同抓、上下一起抓的良好局面。强化政治巡察、日常监督，持续规范党内政治生活，严明党的政治纪律和政治规矩，营造风清气正的政治生态。保持正风肃纪反腐高压态势，统筹纪检监察、内部审计、执法督察力量，到2020年底，基本建成贯穿预算编制、执行、监督全过程，涵盖部门预算项目支出绩效、部门预算单位整体支出绩效、中央对地方转移支付资金绩效的预算绩效管理体系。

守牢稳定底线。防范和化解不稳定因素，着眼预防为主，及时果断消除非法码头整治、船舶污染治理、不公平竞争、突发应急事件、堵航滞航、工程承包等方面可能导致不稳定的隐患苗头。

（三）谋划“十四五”湖北水运高质量发展

构建“一纵三横、一网十线”高等级航道网格局。落实“南北贯通、水网连通”作为“十四五”航道规划总要求，打通唐白河—汉江—江汉运河—长江通道，南联与湖南相通的松西河，构建贯通南北的一条纵向水运新干线，联通“3纵（松虎航线、府河、大富水）4横（汉北河航线、内荆河航线、东荆河、通顺河）5连（江汉航线新城段、天北长渠、田关渠、东干渠、沦河）”的江汉平原航道网，通过主干航道与连接段航道的衔接，外部形成内荆河—江汉运河—汉江—汉北河—汉江—长江为环江汉平原的骨干航道圈，内部则串联东荆河、通顺河，在航道圈内成网成片。畅通富水、陆水、蕲水、浠水、巴河、举水、堵河、沿渡河、香溪河和黄柏河等10条航道。

以建设一流港口为目标谋划港口建设发展。编制完成《全省港口布局规划》，打造以“主要港口为核心枢纽、重要港口为辅助支撑、一般港口为补充”的全省港口布局体系。强化区域港口一体化。引导新建港区码头集中布置、连片开发。鼓励港口提质增效，优化存量资源。依托港口积极发展港航信息、商贸、金融保险等现代服务业，提升航运服务能级，延伸港口物流产业链，不断提升港口综合服务能力。完善以游轮母港为引领、旅游客运码头为补充的旅游港口布局，提升水路客运码头综合服务功能。健全港口集疏运体系，重点解决核心港区铁路进港“最后一公里”问题。以铁水联运、江海联运、江海直达等为重点，大力发展以港口为枢纽、“一单制”为核心的多式联运和江海直达航线。

以《交通强国建设纲要》为指南谋划一批重大水运项目。建设畅通绿色智慧集约的汉江现代内河航道项目。加快电子航道图、岸基视频监控、雷达基站、遥测遥感航标、船闸“过闸通”APP等项目，实现汉江智能化全覆盖。推进汉江航道管理体制改革，统筹汉江航道上下游、左右岸一体化发展。实行梯级联合生态调度，完善枢纽鱼道设施，开展增殖放流。试点船舶污染物排放实时在线监控。统一规划布局建设汉江锚地、救助基地、污染物接受转运码头等设施，形成保障有力、覆盖全面的通航支持保障体系。建设花山港区5G智慧港口项目。在花山港区探索建设基于5G通讯解决传统港口集装箱水平运输智能化体系。关于宜昌白洋港无缝衔接铁水联运项目。将疏港铁路引入集装箱码头平台，采取车船直取连续作业模式，实现驳接智能化和作业一体化，2020年底建成。建造由氢燃料电池作为动力的内河船舶和自动驾驶功能内河船舶项目。建设服务“两坝一峡”核心景区为重点，辐射长江及三峡库区支流的宜昌三峡游轮中心母港，形成以宜昌长江三峡游轮中心为大三峡区域游船母港基地，以城区宜昌港、秭归茅坪港、太平溪港等为辅的“一主四副”旅游港站主骨架的新一代复合式游船母港休闲综合体。

（湖北省交通运输厅港航管理局）

报告9

湖南省水运发展综述

一、水运经济运行情况

基础设施建设。全年完成投资15.73亿元，新增2000吨级航道69公里、1000吨级航道28公里，3000吨级泊位3个、2000吨级泊位2个。大源渡二线船闸建成通航，湘江2000吨级航道上溯至衡阳；沅水浦市至常德和洞庭湖区澧县、安乡至茅草街航道完成主体工程建设；长沙港铜官港区一期、津市港窑坡渡港区工程完成竣工验收。

水路运输生产。全省完成客运量1640.6万人，同比下降5.1%，旅客周转量3.5亿人公里，同比下降5.0%。完成货运量2.0亿吨，同比下降4.8%，货物周转量421.6亿吨公里，同比下降8.1%。完成港口货物吞吐量1.5亿吨，同比增长9.3%，完成集装箱吞吐量69.1万TEU，同比增长0.5%。

水路运力。年末现有营运机动船舶4724艘、同比减少8.4%，总载重量430.1万吨、同比减少0.5%；6.0万客位、同比减少13.4%；标准箱位10769TEU，同比增加2.9%。机动船舶平均总载重量同比增加8.6%，运力结构进一步优化。

二、水运发展特点

水上交通安全。加强航运公司安全管理、涉砂船舶资格审核、预警信息推送等制度出台实施，"落实企业安全生产主体责任年"活动扎实开展，安全生产主体责任进一步压实。隐患排查治理不断加强，水上交通安全隐患排查治理深入推进，检查企业4667家次、船舶5.98万艘次，查处违章船舶3380艘次，处罚船员924人次，停业整顿企业109家，吊销26艘船舶证书，全面实施水上交通安全"隐患清零"，动态清零安全隐患636个。重点领域专项整治深入推进，全省运输船舶安全大检查、"强执法防事故"、内河船舶涉海运输整治、脱管船舶整治等专项行动深入开展，证书失效预警机制作用进一步显现，公示脱管船舶881艘，恢复脱检船舶检验136艘，查处湖南籍非法涉海运输船舶44艘，岳阳、邵阳、怀化等市深入推进"僵尸船"整治，拆解处置"三无"船舶1116艘。应急搜救能力持续提升，环洞庭湖区防污应急能力建设加快推进，建成应急码头10个、船艇20艘，救助遇险船舶38艘、遇险人员152人，岳阳、衡阳、长沙、郴州、常德、娄底等市联合应急演练相继举行。安全文化氛围更加浓厚，安全文化“五进”、安全生产月、港口码头志愿者服务等活动广泛开展，发放安全知识宣传资料10万余份，从业人员和人民群众水上交通安全意识不断增强。全年共发生一般及以上等级水上交通事故2起、死亡3人、沉船2艘、直接经济损失160万元，同比分别下降50%、67%、67%和18%，水上交通安全形势总体稳定。

水运污染防治。长江岸线治理成效显著，长江经济带生态环境问题整治全面完成；26处长江岸线利用项目完成规范整改；长江岸线港口码头提质改造加快推进，11个码头提质改造完成，完成投资4.6亿元。污染物回收处置逐步规范，全省350艘400总吨以下船舶生活污水处理装置加装任务全面完成，39个船舶污染物收集点基本建成，19个污染物回收单位完成组建。水运污染治理力度不断加大，深入推进船舶污染防治专项治理行动，查处环保违法案件211起，岳阳港危化品船舶洗舱站开工建设。节能环保技术加快推广，完成20个港口泊位22套岸电设备配备，全国首艘LNG动力客船在东江湖投入使用，全省纯电动客船达到156艘，双燃料（LNG/柴油）集装箱船加快建造。

水运结构调整。水运转型升级效果显现，长沙港、岳阳港汽车滚装码头建成投产，岳阳—日本、韩国、中国台湾接力航线开通，港澳航线稳定运行，货物通关时间进一步压缩，450万吨大宗物资货运公转水任务全面完成；煤炭、矿石、粮食、钢铁等大宗货物及集装箱、汽车滚装运输量占比持续提升，砂石运输量占比持续下降。港航资源加速整合，省港务集团组建完成，有效整合岳阳、长沙、衡阳等集装箱港口资源；全面实现水路客运公司化营运，80家客运公司组建完成，整合客船1606艘、5.36万客位；渡运公司化试点深入推进，3家渡运公司组建运营。水路运力结构持续调整，拆解淘汰老旧客船601艘，新增成品车滚装运力350车位，江海直达运力达到8艘、4194TEU，货运船舶平均吨位达到1400吨。

智慧水运建设。综合监管平台投入运行，有效整合视频监控、AIS、VHF和协同管理等信息化手段，水运信息“一张网”、监管“一张图”建设完成并投入使用，实施智慧巡航7374次、行政处罚204次。运砂船监管信息系统建成运行，完成1369艘运砂船AIS或北斗定位设备加装以及信息固化工作。整合水上危化品运输监控，全省7家危化品航运企业（75艘危化品船舶）、11家危化品港口企业视频监控纳入综合监管平台，监控覆盖危险品运输全过程。信息化监管覆盖面进一步扩大，山区、库区7个AIS基站补建完成，400套客渡船北斗终端投入使用。

水运服务保障。“放管服”改革持续推进，省管干线航道航政执法有序下放；行政审批事项100%网上办理，开通船员证书免费邮寄和证书过期预警服务，推行船检电子审图，实现船员办证“最多跑一次”、船检审图“一次都不跑”；行政审批、预警信息、突发情况、航道水情等政务服务信息推送内容进一步拓展。航道保障能力不断增强，航道管理精细化水平持续提升，航标维护正常率达到99.46%；湘江兴马洲航段实现客、货运输分道航行；碍航险滩应急抢通及时实施，公益助航995艘次，汛期航道保障和枯水期战枯保畅能力不断增强。船舶建造开工前检查办法出台实施，“船、图、证”一致性专项清理深入开展，船舶救生设备配备进一步规范；116人取得渔船检验资格，渔船检验职能平稳过渡；全年完成1.22万艘次、549.8万总吨的船舶检验工作。船员培训管理不断强化，船员培训驾驶模拟器等设备投入使用，船舶防污染和应急应变培训考试比重增加，新增高速客船、游艇船员资格考试，全年培训船员4544人；实施船员违法记分735人次、3114分，强制培训21人。

三、水运发展成就

通过加大水运投入、加强水运建设、推进港口码头整治、开展水运污染防治等综合举措，湖南水运实现了从羊肠小道到千吨级航道、"小码头"到深水良港的转变，形成了以洞庭湖为中心、湘资沅澧高等级航道为骨架、岳阳港长沙港为枢纽的现代化内河航运体系。

航道建设突飞猛进。20世纪90年代，岳阳城陵矶至株洲千吨级航道建成通航，湖南省才有了第一条千吨级航道。至2019年底，全省航道通航里程达1.2万公里、居全国第三，千吨级及以上航道1139公里，建成大源渡、株洲、土谷塘三个航电枢纽以及长沙综合枢纽，湘江、沅水成为国家内河高等级航道网中重要一环。

港口发展日益壮大。经过70年的大发展，全省共有港口63个，千吨级以上泊位107个，岳阳港、长沙港发展为全国内河主要港口，其中岳阳港跻身全国内河亿吨大港行列，全省港口吞吐量达1.5亿吨，集装箱量达69.1万TEU。

水运走向绿色发展。湖南全力推进"一江一湖四水"水运系统联治，关闭拆除长江岸线湖南段泊位42个、渡口13道、退出岸线7302米，整治非法砂石码头831处，清理"僵尸船"3193艘，建设洞庭湖区船舶污染物收集点18个，组建污染物接收企业18家，全省水运绿色发展取得明显成效。

水路运输方兴未艾。经过70年的大发展，全省共有轮驳船5131艘，完成水路客货运量分别达到1640.6万人次、2.0亿吨，分别为1950年的68倍、136倍、1776倍。

四、2020年发展展望

牢牢守住安全底线。压实安全管理责任，倒逼企业落实主体责任，完善属地管理责任体系，压实行业监管责任。加强安全风险分级管控和隐患排查治理双重预防机制建设。开展重点领域专项整治，抓好"四类重点船舶"安全监管，加大对超载、超限、超吃水船舶的治理力度。强化安全管理制度建设，完善落实安全生产责任的相关制度，出台水上交通安全管制实施办法。以"五进"活动为载体，进一步加强安全文化建设。

打好污染防治攻坚战。进一步巩固长江岸线整治成果，全面完成长江岸线湖南段码头泊位及渡口提质改造，打造"最美长江岸线"，推进《岳阳港总体规划》落地实施。推进"一湖四水"非法码头和渡口整治，完成非法码头清理整治和保留码头规范提升工作。全面加强船舶和港口污染防治，组织开展长江经济带船舶和港口污染突出问题专项整治，完成岳阳港化学品船舶洗舱站和全省船舶污染物接收站点建设任务。推进项目建设和水运节能减排，加快推动港口岸电和水上LNG加注站建设。

确保"十三五"规划圆满收官。加快推进湘江2000吨级航道二期工程、永州至衡阳高等级航道一期工程建设，完成岳阳港城陵矶港区（松阳湖）二期工程及长沙港霞凝港区三期工程南片区交工验收，推动长沙港铜官港区二期工程开工建设。加快湘江永州至衡阳高等级航道二期、三期、松虎航道、常鲇2000吨级航道、沅水洪江至浦市航道和澧水石门至澧县航道等重点项目前期工作，加强湘桂运河、涟水复航等项目前期研究，强化水运项目储备。

加快水运转型升级。推进港航资源整合，鼓励企业采取并购、重组等方式实行资源整合，做大做强港航龙头企业。推动现代化港口建设，加快推进港、产、城融合发展，完善港口通江达海、铁公水集疏运功能。优化水路运力结构，推广标准船型，鼓励集装箱、滚装、江海直达和重特大件等专业化运力发展。推进江海直达运输发展和江海联运航线拓展。编制《湖南省“一江一湖四水”水运发展规划》《湖南省水运“十四五”建设规划》。

创新行业治理手段。构建协同联动管控机制，加强流域间协调，与交通综合执法机构的合作，与水利、环保、公安、自然资源、应急管理等部门的联动。提升水上交通监管信息化水平，全面推广使用智慧水运综合监管平台，建设、接入内河航道智能卡口管理系统、北斗数据、AIS岸基系统等功能模块，推进渡口分级视频监控全覆盖，推进封闭水域智能监管，试点客渡船超载智能识别。推进行业诚信自律，建立港航企业安全信用管理机制，逐步建立船员诚信管理制度，完善水运建设市场诚信体系建设。

提升服务保障能力。持续完善船舶检验质量管理体系建设。加强船员培训管理，启动船员培训师资库建设，优化船员培训内容，加强船员异动服务管理，严格违法违章处罚。推进航道管理、服务标准化建设，加大重点水域应急抢通、战枯保畅力度，健全公益助航服务机制。优化政务服务，进一步简化船员办证程序、缩短办证时限，全面实施省内航行渡船“多证合一”工作。拓展水运信息服务内容，提升VHF信息、安全预警预防信息推送精度，完善雨情水情雾情通报机制，及时发布航道信息，不断拓展服务内容和服务方式。

（湖南省水运事务中心）

报告10

重庆市水运发展综述

2019年，重庆市港航系统紧扣中央和全市重大战略部署，围绕"抓党建、促发展、强安全、重生态、优服务"的工作思路，全年各项目标任务圆满完成，水运高质量发展态势不断稳固。

一、2019年工作情况

行业精神面貌不断向好。深刻把握新时代党的建设总要求，层层落实管党治党政治责任，推动行业精神面貌焕然一新。"不忘初心、牢记使命"主题教育深入开展，组织集中研学、讲座、革命传统教育22次，形成基层党建、航运发展、环境保护、水上安全等一批高质量调研报告，集中排查梳理问题31项，精心制定"9+2"专项整治实施方案，落实整改措施和整改时限，做到节点明确、任务到岗、责任到人。市委巡视反馈问题全面整改，采取动态管理、台账推进、挂账销号的办法，建立问题清单、责任清单、任务清单，倒排工期、挂图作战，制定整改措施97条，修订完善党委会议事规则、局长办公会议事规则等制度9项、新制定工作制度2项。制定印发《党委意识形态工作制实施细则》，强化意识形态工作主体责任，切实与水上交通工作"同谋划、同部署、同推进、同考核"。管好用好官方微信、微博平台，强化正面宣传力度，结合新中国成立70周年、长江绿动、水上应急救援、安全生产月等主题，广泛开展行业宣传，充分展示水运成就和形象。持续强化党委主体责任和纪委监督责任，修订完善"两个责任"考核办法，落实"基层减负年"工作要求，力戒形式主义、官僚主义，持续开展"以案四说"警示教育，形成行业系统以案为鉴、风清气正的良好生态。

水运对外通道作用不断增强。充分发挥长江黄金水道的黄金效益，做足水运文章，助推内陆开放高地建设。现代港口集群加快打造，主城果园等枢纽型港口加快完善，忠县新生等重点港稳步推进，主城佛耳岩二期开港运行，全市港口货物和集装箱吞吐能力分别达到2.1亿吨、480万标箱。"一干两支"航道体系加快建设，长江朝天门至涪陵段4.5米水深航道整治工可获批、朝天门至九龙坡段3.5米水深航道整治基本完成，5000吨级船舶可常年直达重庆主城。嘉陵江利泽、乌江白马和涪江双江航电枢纽开工，乌江白马至彭水枢纽航道整治工程持续推进，嘉陵江草街库尾航道整治一期工程及小江、梅溪河、汤溪河等6条库区支流航道整治利用工程基本完成。大力实施船型标准化工作，累计投入资金25亿元，拆解各类老旧运输船舶1345艘、老旧省际客船80艘，淘汰落后运力120万载重吨、3.38万个客位；累计建成大长宽比三峡船型155艘、116万载重吨，全市货运船舶运力规模达到757万载重吨，平均吨位3350载重吨，船型标准化率达83%，居全国内河领先。加快推进铁水、公水等多式联运发展，“渝黔桂新”铁水联运通道实现常态化运营，果园港开通至四川、贵阳等地多趟铁水联运集装箱班列，万州新田等港口铁路集疏运中心开工建设，多式联运基础设施不断完善。水路运输稳步增长。全年完成货运量2.1亿吨，增长8.4%；货运周转量2444.7亿吨公里，增长9.6%；集装箱运输量125.1万标箱，增长7.1%；客运量756.3万人次，增长3.6%，其中两江都市游客运量325.4万人次，增长38%，豪华游客运量66.5万人次，增长3%。

安全治理体系不断健全。始终将以人民为中心的思想贯穿水运安全发展全过程，圆满实现地方水上交通零事故、零死亡“双零”目标，全市水上交通已连续16年未发生重特大事故。持续加强双重预防机制建设，强化重大风险防控；深化“四会四制、片区联系、网格化管理”制度，加强隐患排查治理；创新引入第三方参与安全检查工作机制，提升安全监管专业化能力。督促企业落实主体责任，加大安全生产投入，加强全员安全教育培训，加大“日周月”隐患排查治理，全市288家水运企业安全生产标准化率达100%。督促区县落实属地责任，加大日常安全监管力度，严厉打击违法行为，不断巩固“区县党委政府高度重视、涉水部门齐抓共管”的综合治理模式。严格落实行业监管责任，认真执行年度监督检查计划，加强督导指导，加大隐患排查力度。争取专项资金7000余万元，加快推进客渡船抗风能力提升工作，更新改造客渡船219艘，客渡船安全性能大幅提升。扎实开展化危品领域专项整治、“防风险保安全护稳定迎大庆”集中攻坚等专项行动，强化危化品港区、重点船舶、重点水域、渡口渡船专项检查和隐患排查力度，全年共开展安全检查4000余次，排查整改安全隐患1500余项，停航整顿5艘次。持续推进装备、队伍、预案“三个贴近实战”建设，建成化龙桥应急基地和65米应急趸船，增配无人机、无人船等一批高科技救援装备；多渠道高水平选拔专业救援人才，加大水上应急救援培训，引入专家会商机制；完善应急预案，强化应急救援演练。全年共开展应急救援193次，出动船艇204艘次，成功救助遇险人员57人次，遇险船舶18艘次，处置溢油11次。参与2019年长江干线水上联合搜救演习，展示了重庆地方水上应急救援体系建设成果。

生态环保水平不断提高。坚决贯彻“共抓大保护、不搞大开发”方针，着力补齐水运绿色发展短板，为重庆在推进长江经济带绿色发展中发挥示范作用提供坚强支撑。持续巩固环保长效机制。建立健全与水利、环保等部门联合监管机制，完善船舶污染物接收转运处置联单制度，细化船舶、港口防污染治理标准，建立环保不达标船舶清单管理制度，严格落实环境影响评价制度，修订油品、化学品泄漏应急处置应急预案。全力配合完成中央第二轮生态环保督察，研究梳理涉及水上交通环保7个方面23项问题，并逐一落实整改举措，确保边察边改、立行立改。有序推进主城区“两江四岸”水上交通治理，完成84艘停泊船舶整治，关闭28座货运码头货运功能。加大船舶环保设施设备投入，新建高压岸电设施1处、船舶污染物接收转运点4处，完成全市138艘餐饮船舶整治，400总吨以上船舶全部按要求安装污水处理装置，推广应用清洁能源，鼓励新技术运用。完善港口环保配套设施，深化非法码头整治“回头看”，有序实施老旧码头技术检测评估。启动支流航道保护范围划定工作，深化航道定期巡查机制，依托河长制加强联合执法，加大跨临拦河建筑工程监管力度。

行业服务能力不断提升。积极推动行业管理向行业治理转变，优化服务理念和服务方式，切实为航运市场主体营造稳定健康的发展环境。大力推广运用“渝快办”，实行“一站式”服务，网审平台办结率达100%。推动“信用交通市”建设，落实诚信评价结果与三峡通航挂钩机制。充分运用企业资质核查手段，加强企业经营资质动态跟踪。定期召开与三峡通航局季度联席会，积极争取重庆籍船舶优先过闸，全年协调重点物资优先通过三峡船闸844艘次、21.8万标箱，成功开通外贸集装箱水路运输“渝沪直达快线”。举办上海、南京、武汉、重庆长江沿岸四中心城市地方水运协调会，共商区域协调合作，共护航运企业健康发展。支持企业做大做强航运产业，提升行业竞争力，重庆冠达游轮公司投资3亿元的长江新一代豪华游轮“世纪荣耀”号建成投用；重庆河牛滚装公司新建三峡船型6艘，企业总运力已达70万吨。

二、2020年工作思路

2020年，重庆港航系统深入贯彻落实总书记对重庆提出的“两点”定位、“两地”“两高”目标、发挥“三个作用”和营造良好政治生态的重要指示要求，在市委市政府和市交通局的坚强领导下，立足新使命、展现新作为，全力以赴推动重庆水运高质量发展，加快建成长江上游航运中心。

全面树立行业新形象。着力加强党的政治建设，坚定不移推进全面从严治党。着力加强干部队伍建设，坚持好干部标准，深化选人用人机制，配齐配优行业专业人才，形成一支讲政治、顾大局、敢担当的高素质港航干部队伍。着力加强行业宣传和精神文明建设，坚持意识形态工作责任制，充分运用微博、微信等新媒体平台，展示水运发展新成就；大力弘扬“航标灯”精神，充分挖掘行业先进典型，打造行业精品文化品牌，提升行业影响力和知名度。着力加强作风建设，压紧压实“两个责任”，加强党风廉政宣传教育，严格执行中央八项规定精神和市委实施意见精神，经常性开展正风肃纪，转变工作作风，优化发展环境。

全面提升行业治理能力。深化职能定位，对标对表新“三定”方案厘清职责边界，理顺工作机制，完善工作界面，细化权力清单和责任清单。强化事务执行，修订完善一批重大制度规定，明确一批重点攻坚任务，推出一批重要工作举措，坚持系统治理、依法治理、综合治理、源头治理，推动水运发展质量、安全环保能力、行业服务品质再上新台阶。落实保障机制，切实加强领导，创新工作方式方法，加大支持保障和督查督办工作力度，确保中央和市委重大决策部署在重庆水运行业落地见效。

全面服务国家重大战略部署。牢牢把握交通强国建设试点重大机遇，积极主动融入成渝地区双城经济圈建设。加快港航基础设施建设，继续呼吁国家尽快启动三峡水运新通道建设，全力推进支流航道整治工程，加快嘉陵江全江渠化建设，改善涪江航道条件，有序推进枢纽港及重点港后续建设。创新水运安全保障模式，严格抓好地方水上交通安全事务工作，大力狠抓科技兴安，充分运用互联网大数据，强化源头管控、过程管控，以科技创新提升行业安全水平。强化水上应急体系建设，加强水上应急救援管理体制研究，理顺水上应急救援机制，积极争取一批先进救援装备投入，打造一支专常兼备、反应灵敏、作风过硬、本领高强的水上应急救援队伍。深化水运绿色发展机制，认真落实水路行业生态环境保护工作要求，积极做好船舶防污染，提升港口码头防污染能力，加强绿色生态航道建设和管养等事务性工作。做深做实水运服务文章，坚持服务理念，强化运输保障服务和协调，加强航运市场监测与信息引导，助推航运发展优惠政策落地落实。

（重庆市港航海事事务中心）

报告 11

四川省水运发展综述

2019年，四川水运统筹建设、运输、安全、环保等各项工作，全年完成水运建设投资45.5亿元，水上交通安全再次实现3项指标全部为零，圆满完成各项目标任务。

一、水运发展综述

规划建设。编制完成全省港口集疏运系统布局规划。岷江成都至乐山段航运发展规划环评获批，渠江航运发展规划及规划环评加快推进。开展四川省综合立体交通网水运专项规划编制。7个续建项目完成投资42亿元，其中岷江犍为航电枢纽完成三期截流，尖子山枢纽实质性开工，龙溪口、汤坝枢纽开始主体工程建设。5个重点项目前期工作取得进展，沱江自贡段航道等级提升二期工程、岷江龙溪口至宜宾段航道整治一期工程实现开工动员；岷江老木孔枢纽涉及的流域规划环评上报生态环保部；渠江风洞子枢纽工可按缺件取得批复，土地预审上报自然资源部；沱江自贡段航道等级提升一期工程工可待批。川渝合作重点项目嘉陵江利泽航运枢纽开工。建成高等级航道专项养护工程项目14个、在建10个。

港口协调发展。推动泸、宜、乐三港资源整合，四川省港投集团成立并运行。落实《深化川渝合作深入推动长江经济带发展行动计划》，广元港与重庆果园港签订合作协议。泸州港在贵州赤水新建无水港，宜宾港在雅安新建集散中心，全省已建立无水港7个。宜宾港进港铁路建设进展顺利，泸州港大件路拓宽改造工程、广安港至襄渝铁路前锋站快速通道、广元港红岩作业区（一区）进港公路、遂宁港至城区通港大道等4个项目启动。泸州港多式联运示范工程通过验收。达州开行首趟达州至万州港东出铁水联运班列，泸州到广州双向班列、宜宾至钦州班列、广安至防城港铁海联运班列开行。宜宾港参与筹建南向班列平台公司。全年完成铁水联运集装箱量4万TEU，同比增长14.1%。嘉陵江航运推介会暨全线通航启航仪式举行，沿江货物实现水路运输通江达海。

运输服务。推动个体经营企业化规模化发展，全省减少个体户1373户、新增省内企业116家，达到346家。成立全省第一家船舶管理企业，省际运输企业达到71家，其中万吨以上企业30家。新增港口企业3家、达到32家。全省省际运输船舶达390艘，平均吨位3050吨。深化与长江中下游及北部湾等沿海港口合作，“天天直航快班”稳定开行，“水水中转航班”持续加密，宜宾—水富公共集装箱班轮常态化运行，新开通宜宾—上海“五定”集装箱班轮航线，全省集装班轮航线达10条，每周发班34班，完成港口集装箱吞吐量44万TEU。推出适合嘉陵江、岷江等符合川江特点的标准船型及主尺度系列，船型标准化体系逐步完善。落实“交通+旅游”融合发展专项行动计划，推进嘉陵江山水人文旅游试点项目，规划实施项目30个。加快推进水路交通“厕所革命”，建成水路客运码头厕所23个。

安全监管。编制完成水路交通安全生产责任清单。建立完善动态调整和重大风险源联防联控机制，重新定级全省700余个风险源等级并落实管控措施。新建成渡改人行桥23座，在建15座。推进建桥撤渡，撤销已建桥但未撤渡渡口32座，20座正在落实替代出行方案，全省渡口减少到886个。完成全省1.3万名船员集中安全教育。全省审查船舶图纸89套，检验船舶8719艘次。巡航救助一体化建设完成中期调整，规划实施的297个项目已完工186个。推进市级水上交通安全管理系统和县级视频监控中心建设，凉山、乐山、广元市级监控系统开工，泸州、宜宾、达州完成工可等前期工作，全省698套和76个一二类重点渡口视频监控接入厅应急指挥系统。完成内河渡运智能化研判系统开发，在眉山、乐山试点“客渡之眼”。金沙江、长江船舶动态监测终端投入使用，累计安装船舶定位设备1438套，出川船舶实现AIS动态数据与长江共享。发布《金沙江向家坝升船机通航调度规程》，联合云南省开展向家坝、溪洛渡水域执法检查。全行业共组织检查组1.3万个，检查船舶3.7万艘次、渡口码头8000余个次，巡航里程（车艇）17.2万公里，发现并整改隐患780起。开展大型水上交通安全暨船舶防污染应急演练，省市应急力量联合拉练获得圆满成功。2019年，全省处置水上交通突发事件37起，救助人命128人次，水上交通安全事故“零发生”，实现“不跑一艘船、不死一个人、不发一起事故”的目标。

绿色发展。泸州、宜宾和南充港建成岸电设施15套并推广使用，全省75%以上公务船舶靠港使用岸电。全面整治主要通航河流非法码头，摸排非法码头380座、拆除216座。17个市州发布《港口和船舶污染物接收、转运及处置设施建设方案》，完成75%的建设任务，港口船舶污染物接收设施与城镇转运处置设施基本做到有效衔接。完成长江干线（溪洛渡至合江）181个港口岸线利用项目的论证和整治。船舶污染防治有效落实。建立长江船舶污染治理工作协调机制。实施船舶水污染物转移处置联合监管制度，18个市已建立并运行船舶污染物接收、转运、处置联合监管机制和联单制度。全省未发生船舶污染水域事件。开展老旧船舶专项治理，取缔各类船舶1320艘。

行业治理。开展《四川省水路交通管理条例》修订工作。清理规范各级水路交通行政权力，优化完善行政权责清单制度，省本级实现公开透明运行。以航务海事综合信息平台为切入点，推进船舶证书“多证合一”。完成2019年水路交通行政执法评议。出台渔船检验和监督管理职责划转有关工作的指导意见，顺利承接渔业船舶检验和监督管理职责。开展“蜀水逐梦 传承奋进”行业先进典型宣传活动。按交通运输部时序要求推进“一史一录”四川部分编纂。新华社、四川电视台等省级以上媒体宣传报道行业发展动态100余次，行业形象明显提升。

二、工作思路与目标

抢抓交通强国建设战略机遇，全面贯彻省委十一届三次、四次全会精神，以供给侧结构性改革和推进运输结构三年行动计划为主线，以服务水路运输发展为方向，统筹谋划升级设施装备、夯实安全体系、转换发展动能、注重绿色发展等重点工作，推动四川水运高质量发展。总体目标是“保、稳、优、控”四个目标。“十三五”规划确保完成，加快实施《高等级航道达标升级专项工程》《渡口改桥建设》《水上交通安全监测巡航救助一体化建设》等专项方案，确保“十三五”期完成水运投资245亿元，其中2020年完成投资33亿元，四级及以上航道里程达到1580公里，高等级航道达标率达到93%，港口集装箱吞吐能力达到250万标箱。安全形势保持稳定，全年不发生重大及以上运输船舶水上交通安全事故。运输结构调整优化，三峡过闸船舶标准化率达90%，水路承担大宗货物运输量、港口集装箱铁水联运量持续增长。港口和船舶污染可控，全年不发生重大及以上港口和船舶污染水域事故。

三、重点任务

（一）加快升级基础装备设施

完善水运规划体系。完成《四川交通强省水运专项发展战略研究》《四川省综合立体交通网规划纲要（2021—2050年）水运专项规划》。联合云南编制《金沙江航运发展规划》及其环评规划。编制完成《岷江成都至乐山段和渠江航运发展规划》《四川省港口集疏运系统布局规划》。启动“十四五”规划编制工作。

推动航道畅通互联。加快10个项目前期工作进度，确保8个续建项目达到时序进度。推进长江干线宜宾至重庆段整治，开展水富至宜宾段等生态敏感区内航道现状通航条件监测；完成老木孔枢纽初步设计和项目环评，开展东风岩枢纽工可、初步设计和补助资金申报，加快龙溪口、尖子山等枢纽建设，犍为枢纽主体工程完工；推进利泽枢纽建设；渠江风洞子枢纽取得工可批复、初设批复；沱江自贡段航道等级提升工程形成实物工作量。启动金沙江乌东德、白鹤滩和溪洛渡库区翻坝转运码头建设、溪洛渡库区航道整治等项目前期工作。推进涪江遂宁以下复航工作。推进岷江上段枢纽、大渡河沫水枢纽、渠江达州至广安段航运配套工程等项目前期工作。实施高等级航道专项养护工程项目23个。

推进港口现代化。推动宜宾、泸州、乐山港协同发展。实施宜宾港志诚作业区进港铁路、广元港红岩作业区（一区）进港公路和遂宁港城区至遂宁港通港大道等项目。支持宜宾港志城作业区加快5G智慧港口建设，新改造码头岸电设施14个。完善无水港合作机制，鼓励在云贵陕等省加快发展无水港，扩宽港口辐射服务功能。

推进船型标准统一。鼓励发展集装箱、滚装船等专业化船舶。推广适合嘉陵江航线的标准货船船型，提升嘉陵江通航效率。试点应用新能源客船船型，推广第三代客渡船标准船型。

（二）加快推动新旧动能转换

发展智慧水运。完成AIS自动识别系统与北斗系统项目立项并启动实施，建成进出川船舶动态监测系统，运行四川航务海事综合信息平台，加快开发船舶证书“多证合一”系统。加快岷江、金沙江、嘉陵江船舶AIS定位设备建设，在江河库区及封闭水域推广新能源定位设备。规范视频监控系统建设，所有船舶动态位置数据和一、二类渡口视频监控统一接入厅平台。加快推进市级交管系统、县级监控室建设。完成“客渡之眼”试点，逐步在全省推广内河渡运智能化研判系统。

优化运输组织。加强与长江中下游港口联动，优化江海直达运输方式，拓展与重庆、武汉、上海等港口合作，推动内贸适水货物集装箱化运输。发挥泸州、宜宾港的干支中转作用，引导岷江、金沙江沿线货物在宜宾、泸州港中转。优化加密宜宾—泸州至重庆“水水中转航班”，发展达州至万州港铁水联运，推动宜宾、泸州港至钦州、黄埔港铁海联运班列常态化运行，推进中长距离大宗货物“公转水转铁”。完善嘉陵江通航建筑物运行管理制度，构建全江统一联合调度机制，推动嘉陵江沿线港口与重庆两路寸滩保税区协同合作发展。

壮大市场主体。建立完善重点港航企业联系制度，做好重点企业生产经营状况监测分析。落实长江等主要江河水路运价公布机制，加强市场引导。发挥省港投集团等骨干企业的引领作用，加大支持力度，推动港航企业规模化、集约化、专业化发展。鼓励铁路、公路货运企业向水路运输市场延伸产业链，优化航运资源配置。持续推进客运公司化，规范个体船舶公司化管理，推动个体船舶由运输承运向综合物流服务转变。

鼓励服务创新。积极探索长江上游（四川）航运中心建设，大力发展航运金融、船舶交易等航务服务业，推动建立以港口为核心的物流供应链服务体系。完善省物流平台水运数据信息。加快旅游码头、航道建设，重点打造嘉陵江山水人文旅游线试点工程，形成阆中古城游、嘉陵江风光游等精品线路，推进“水运+旅游”深度融合。

（三）加快实现生态绿色发展

强化资源集约利用。强化岸线审批后的跟踪管理。全面加快省内主要通航河流非法码头整治，6月底前完成符合条件码头的规范提升，年底前完成非法码头整治情况核查验收。以“河长制”为抓手，将非法码头整治纳入制度化、规范化和常态化轨道。

统筹推进四川省长江经济带船舶和港口污染突出问题整治工作。落实工作主体责任，加强问题整改，紧扣时间节点、倒排工期、挂图作战，确保10月底前全面完成整治工作；加强对整治工作的督促检查，按月通报进展情况，确保整治工作取得实效。

加强港口污染防治。编制《四川省港口污染防治指南》，完成四川省水上交通水污染防治能力评估。11个已取得港口总体规划批复的港口全面完成《港口和船舶污染物接收、转运及处置设施建设方案》，其余6个港口力争同步完成建设进度。推动加快散货码头防风抑尘设施建设，加强港口节能环保设备、工艺应用，引导港口企业淘汰老旧高排放港作机械。强化运行管理，确保港口船舶污染物接收设施与城镇转运处置设施基本做到有效衔接。

加强船舶污染防治。运行船舶污染物接收、转运、处置联合监管机制和联单制度，落实单证管理要求和监管职责，加快实施《防治船舶及其有关作业活动污染水域环境应急能力建设规划》，坚决防止船舶污染水域。分类推进400总吨以上及以下船舶污染处置装置改造，加强船舶污染防治设施设备配备及使用情况监督检测，开展船舶大气污染排放监测，坚决打击偷排直排行为。持续抓好中央环保督察和长江警示片等反馈问题的整改和销号工作。

（四）加快夯实安全监管体系

夯实安全基础。督促企业落实主体责任，健全安全管理体系。完善水上交通《企业安全生产主体责任清单》《安全生产监管责任清单》，试点开展安全清单管理，逐步在全省推广。加快渡改人行桥未开工和未完工项目实施进度，年内全面完成建设任务。从严控制新增江河渡口和渡口渡船流转，力争全面取消一、二类江河渡口和车渡。加快建桥撤渡。落实联合审查机制，新建旅游客船全部采用安全环保型指标体系。修订非统考船员理论考试题库，持续推进持证船员集中安全教育培训，加强水运建设工程通航安全评估。

构建双重预防控制体系。利用“两库一图”系统，细化风险等级和管控措施。委托第三方完成全省老旧闸坝监测，加强监督管理和隐患整治。创新港口经营及安全治理模式，依托危险货物港口安全风险防控平台，加强港口安全风险联防联控。强化船舶动态管理，督促落实船舶进出港报告制度和开航前自查自纠。突出“四类”重点船舶、重点区域和重点时段监管，强化一线监管力量及CCTV、AIS、VHF等无接触式巡查与现场巡航巡查联动，加大执法打击力度，确保将“六不发航”等安全制度落到实处。加强对桥梁及大坝等重点目标的防护。

强化应急救援。修订完善水上交通应急预案，组织开展省市联合演练和不同层级有针对性的专项演练。落实水上交通安全预警响应处置程序和流域汛情通报机制，做到影响航行安全的信息要及时获取、及时传递、及时响应。推动省级水上安全应急救援物资和川东北南充、川南泸州应急搜救基地建设，加强应急物资储备，做好春运、黄金周等重点时段应急保障。

（五）加快提升现代治理能力

加强法治建设。推进《四川省水路交通管理条例》立法。贯彻落实《四川省航道条例》，推动制定《嘉陵江流域制度规范》。清理规范各级水路交通行政审批事项，修订《四川省水路交通政务公开办事指南》及配套资料。加强信用体系建设。

凝聚发展活力。严格落实意识形态工作责任制，做好水运发展重点主题宣传，制作2020年四川水运发展宣传片、四川省非物质文化遗产“岷江号子”微电影。全面加强精神文明建设，做好行业先进典型培树。创新教育培训方式，分层分级加强业务培训。支持驻村扶贫工作，指导行业精准扶贫工作，确保圆满完成脱贫目标。做好行业体制改革和改革后续工作，保持行业稳定。

（四川省交通运输厅航务管理局）

报告 12

贵州省水运发展综述

一、水运发展情况

基础设施建设。全省内河航运建设累计完成固定资产投资7.96亿元。基本建成董箐、乌江渡库区航运工程，开工建设乌江索风营等四库区航运工程24个停靠点，总体形象进度达60%，新增Ⅳ级航道175公里。都柳江郎洞、温寨航电枢纽下闸蓄水发电，平寨、旁海航电枢纽工程形象进度分别为61%、75%。水运规划及项目前期储备取得重大进展。完成龙滩枢纽1000吨级通航建筑物工程可行性报告并经国家发展改革委评审通过；完成清水江白市至分水溪航道工程、乌江航道提等扩能一期工程工可报告，并提交省发改委审。

绿色水运发展。完成了贵州省主要内河货运船舶标准船型主尺度系列标准的修（制）订，加强船舶防污染检验标准执行，开展防治船舶污染专项整治，建立船舶污染目标考核制度，推进船舶和港口污染防治工作。全省9个市州船舶与港口污染物接收转运处置建设工作进度均完成75%以上；全省15家船舶修造厂已配备简易船舶污染收集储存装置，累计完成701艘生活污水排放不达标船舶的改造，完成改造任务的88.73%。

水上交通安全监管。联合应急、公安、水利、乡镇开展联合执法，“打非治违”工作有力推进，清理取缔碍航网箱、拦河网具3.3万余亩。构皮滩、万峰湖、龙滩、彭水、三板溪等库区通航环境极大改善，在共管库区周边省（区）形成带动示范作用，为开展省际共管库区通航环境整治打下了坚实基础。积极推动乡镇自用船安全管理责任落实。深刻汲取黔西南贞丰“5・23”乡镇自用船翻沉事故教训，出台《关于进一步加强水上交通安全工作的意见》，进一步明确涉水有关活动安全管理主体，制订完善农村“红白喜事”等人流集中经水上出行需向村镇、海事“双报备”制度，将水上交通安全相关禁止性规定列入村规民约，在推动乡镇自用船安全管理责任落实上走在全国前列，水上交通安全形势持续稳定。

智慧水运建设。完成贵州省水运综合平台管理平台（一期）、乌江数字航道（一期）验收和省政府OA政务办公系统PC端和移动端建设，对办公系统进行国产密码应用改造、内网“云桌面”系统、办公环境正版化等工作，网络信息安全进一步强化；启动“智慧党建”系统开发、省交通大数据水运分中心建设工作；编制“贵州省水运信息化发展规划

（2019—2030年）”；贵州省科技重大专项“峡谷河流超高水头梯级水运通道开发关键技术研究及应用”研究取得阶段性成果。

水路运输服务。累计完成客运量、旅客周转量、货运量、货物周转量分别为1647万人、4.9亿人公里、1029万吨、31.6亿吨公里。协助省级河长开展生态大巡河活动，河长制工作有效落实。完成15座渡改桥、21座便民码头建设，开工建设20座渡改桥、20座便民码头，改善了沿江、库区周边人民群众安全便捷出行条件，提升了水运基本公共服务均等化水平。

行业治理。《贵州省通航设施管理办法》宣贯工作深入推进，送法进基层进企业等活动有序开展，营造了全行业学法、懂法、用法、守法的浓厚氛围。强化航道管养，省管通航河流航道维护通透水深保证率达99.1%、维护正常率96%以上，全年未发生因航道维护水深不足而发生船舶滞航、搁浅等碍航现象或因信号司挂错误而发生船舶航行安全事故。

二、2020年重点工作任务

不折不扣确保目标完成。加速推进水运项目建设。完成水路交通8亿元的固定资产投资建设任务，完成清水江平寨、旁海航电枢纽、索风营四库区航运建设工程形象进度分别达75%、80%、80%。完成渡改桥和便民码头建设任务。积极支持毕节试验区交通基础设施建设工作任务，补齐毕节试验区水路基础设施短板。加强项目管理。继续抓好《进一步加强贵州省水运建设工程项目管理工作的实施意见（试行）》，推进水运项目建设规范化、制度化。继续弘扬工匠精神，除继续推进航电枢纽“品质工程”示范创建外，库区航运建设工程也要打造具有自身特色的品质工程。加快前期工作。积极推进龙滩枢纽1000吨级通航建筑物工程前期工作，加快推进乌江航道提等扩能一期工程前期工作和清水江白市至分水溪航道工程勘察设计编制工作，力争实现年内开工建设清水江白市至分水溪航道工程。

持续不断谋划发展思路。贯彻落实《交通强国建设纲要》，根据省政府部署，努力补齐水运发展短板，积极争取《关于推进贵州水运高质量发展的实施意见》的出台，全力推进贵州水运高质量发展。坚持规划先行，立足实际，编好“十四五”贵州水运发展规划。大力推进绿色航道和绿色港口建设，加强船舶和港口污染防治，筑牢发展和生态两条底线。继续深入推行船舶检验政府购买服务方式，积极破解验船师人力资源、检验能力不足，满足船舶检验业务需求。不断优化运输结构和组织方式，推进中长距离大宗货物“公转水”，充分发挥水运的比较优势。根据《贵州省水运综合管理平台（一期）密码应用安全性评估报告》对密码应用进行整改、完善，通过最终评估，完成密码改造任务。编好《贵州省水运信息化发展规划（2019—2030年）》，实现贵州水运信息化建设全面提升。

锲而不舍增强地位作用。抓好通道大畅通，确保省管赤水河、乌江、南北盘江红水河航道畅通，全年完成航标维护10万座天；航标维护正常率不小于95%；航道维护水深年保证率赤水河88%以上，乌江、红水河94%以上，确保航道安全畅通。抓好生态大巩固，严格落实“党政同责、一岗双责”和生态环境保护、节能减排工作要求，做好危险货物水路运输监管和污染防治、船舶与港口污染防治、船舶及其有关作业活动污染内河水域环境监督管理。严格落实河长制相关工作要求，开展巡河、督促整改等相关工作；继续推进职能职责范围内非法码头整治工作。抓好成果大转换，积极开展交通强国建设试点任务工作，推进“智慧水运”工程等试点建设任务，完成4项科技项目验收（结题），并推进成果转化应用。

坚持不懈保持稳中向好，守好“点”。坚持安全发展理念不动摇，时刻绷紧安全生产这根“弦”，紧扣“平安交通”建设，切实履行安全责任，认真落实水路交通安全各项规章制度，实现安全形势持续稳定。抓好“线”。全面排查清理安全隐患，建立隐患台账和销号制度，明确责任主体，跟踪直至销号。深入开展船舶超载、违法占用航道、证照不全、带病出航等专项整治行动，严厉打击违法违规行为。加强安全预警、宣传教育，营造氛围，完善水上搜救应急体系建设，开展应急救援演练，提高部门协作能力、水路交通应急队伍救援实战能力。控好“面”。突出抓根治本，对容易出现安全问题的水路工程、质量、航道等方面，要盯紧不放，形成闭环管理，加强源头治理，重心下移，加大源头管控力度。通过责任传导、网格监管、视频监控，利用科技信息资源，形成以信息化为支撑的立体监管格局。

（贵州省地方海事（航务管理、通航管理）局）

报告13

云南省水运发展综述

一、2019年水运发展情况

基础设施建设。完成云南省综合立体交通规划水运专题研究报告（2021—2050年）。开展《云南省界河航道维护十四五规划》及澜沧江海事“十四五”发展规划和建设规划、中长期规划编制工作。川滇联合开展金沙江下游航运发展规划编制工作。推进百色水利枢纽过船设施建设项目前期工作，完成可研报告修编；右江百色库区（云南段）高等级航道工程可研报告完成审查待批复；推进金沙江下游翻坝转运设施建设方案编制；联合四川省开展水富至宜宾航道项目环评报告编制承担单位选择；完成关累海事工作船码头、关累溢油应急设备库等4个海事项目可研编制并上报；开展中缅伊洛瓦底江陆水联运通道、澜沧江—湄公河国际航运等综合调研。新开工水富港扩能二期、金沙江溪洛渡至向家坝高等级航道项目。加快建设澜沧江244界碑至临沧港Ⅳ级航道建设工程，重点滩险整治、维护基地、航标工程、航道维护专用设备等建设按计划推进；水富港扩能一期、滇池航运建设（一期）项目已交工验收，投入试运营；普洱海事工作船码头、景洪至橄榄坝船舶动态监管系统等3个海事项目已100%完成下达计划任务；金沙江中游库区航运基础设施综合建设工程一、二期有序推进。

水路运输服务。制定全省水路运输结构调整三年行动任务分解方案，并落实相关责任部门。加大对金沙江—长江长途货运、澜沧江—湄公河国际航运龙头企业的扶持力度，与云花集团、云投集团、新华普信（北京）资产管理有限公司就糯扎渡公水联运方案进行磋商。研究国际旅客运输航线补贴政策，开展好冻品集装箱运输、装卸保障工作。帮助澜沧江国际旅客运输企业开通泰国清盛至老挝会晤旅游航线。着力打造昆明城市水上公交和旅游观光，积极推进盘龙江复航工作。全年完成水路客运量1147万人、客运周转量2.3亿人公里，同比分别下降14.54%、24.08%；完成水路货运量696万吨、货物周转量17.44亿吨公里，同比分别增长1.2%、0.65%。

港航管理与养护。加强航电协调，西双版纳、昭通等州市与华能澜沧江、三峡集团持续发布水情预报，有效指导船舶的安全航行。组织完成界河航道养护补助资金及航道应急抢通补助资金的申报工作，及时组织航道疏浚及应急保通，重点开展澜沧江对外开放水域航道维护巡查，全省航道安全畅通，重点航段通航保障率达95%以上。修改水路汛期灾害防御预案，组织完成澜沧江景洪升船机2019年度检修计划审查，与四川省联合发布《金沙江向家坝升船机通航调度规程》，积极推动向家坝升船机安检制度、饱和试航实验的研究。依法开展航道条件影响评价审核（其中省级直接完成6项，配合交通运输部完成3项），指导各州市开展港口航道相关行政审批，航道通航资源及港口岸线资源得到有效保护。积极引导港口企业规范收费行为、减低收费，创造良好营商环境。

安全监管与应急保障。全省全年未发生统计上报的水上交通事故，水上交通安全形势持续稳定。全面落实各级政府、海事管理部门水上安全监管责任及水运企业主体责任，签订乡镇船舶安全管理责任书7261份、签订率达100%，并定期联合县乡人民政府进行抽检。深入开展乡镇船舶安全管理调研，对基层水上交通安全监管履责情况、乡镇船舶安全监管的难点和重点，明确长效措施。加强源头管控，全省受理船舶图纸审查77套，新建船舶建造检验92艘，船舶营运检验1953艘，梳理核实脱检、漏检、休眠船舶30艘，开展全省4个水系、34个库湖区的船舶航区核查工作及船舶救生设备专项检查活动，对2001—2005年建造的51艘货船进行隐患重点排查。加强重点水域、重点船舶、重点时段和重点人员的监督检查及现场监管，全力做好国庆70周年水运安保工作；全年开展5次安全检查督查，投入海事执法人员5615人次，出动船艇340艘次，执法车辆1464台次，巡航里程7882.3公里，发布预警信息1344条，发放宣传资料4231份，发现安全隐患500余项，隐患整改率达100%。推进水上交通领域安全管控能力提升工程，针对不同的库湖区，制定6套船舶标准化改造图纸，制定了渡口安全工程提升标准，选定2种应急搜救小型船艇船型。开展长江干线水上应急救助能力提升专项行动；推动西双版纳、普洱两州市设立以州市政府为主体的水上搜救应急体制；圆满完成2019年海事网络安全攻防演练，保障系统设备的安全运行。启动澜沧江244界碑至临沧港Ⅳ级航道建设“品质工程”示范创建工作；发布实施《水运工程施工标准化指南》；开展2次水运建设市场综合督查；完成2018年度全省水运工程设计和施工企业信用评价工作。

绿色航运发展。加大防污染宣传教育和现场监管，对各州市2018年度船舶与港口污染防治工作进行了考核打分。继续落实港口污染物接收、转运和处置设施建设及接收、转运和处置联单制，逐步实现船舶垃圾和污水集中处理、达标排放，昆明港、大理港、水富港、景洪港分别完成建设方案的81.5%、85%、72.6%、83%。完成西双版纳11艘大型旅游客船生活污水舱设计改造，船舶生活污水上岸转运处置，昭通辖区400总吨以上的船舶设置了污水处理器，在建的水富港扩能工程、滇池航运基础设施工程同步建设了岸电设施。完成大理洱海可以改造的全部41艘船舶“水润滑”代替“油润滑”的改造工作。全省没有船舶及港口污染水域的事故发生。落实水路交通绿色发展行动方案，右江百色库区（云南境内）高等级航道项目采用“生态优先”设计理念；依托澜沧江244号界碑至临沧港Ⅳ级航道项目，开展生态航道示范，充分考虑预留鱼类通道、疏浚弃土用于坝体抛筑或边滩修复、采用扭王字块和钢丝网石笼等生态环保材料，环境保护内容纳入到各参建单位日常检查。

二、水运主要成就

新中国成立70年来，云南水路交通建设取得了显著成就。全省内河通航里程从1979年重新调整后的1006公里增长到4366.8公里，重点建成了金沙江高等级航道、澜沧江国际航道和众多湖（库）区航道等；码头泊位从无到有，并增长到194个，港口从0个增长到12个，重点建成了水富港、大理港、富宁港等内河港口和景洪港、思茅港、关累港等对外开放港口；运输船舶从181艘增长到1244艘，载重量从630吨增长到17.3万吨，载客量从1960年有统计数据的75客位增长到30181客位，船舶总功率从18千瓦增长到131962千瓦；年货运量从13万吨增长到696万吨，货运周转量从200万吨公里增长到174375万吨公里；年客运量从1956年有统计的1.3万人增长到1147万人，年客运周转量从1957年有统计的100万人公里增长到22955万人公里。水路运输企业从1956年的3家国营航运企业发展到340家民营企业。船舶大型化发展迅速，水富港进港船舶达4000~7000吨级。

三、2020年发展展望

统筹水路交通规划。贯彻《交通强国建设纲要》部署要求，找准云南水路交通发展定位。完成云南省综合立体交通网规划水运专题、水运十四五发展规划、中长期发展规划（2021—2050年）等编制工作。

加快重点项目建设。狠抓项目前期工作，抓住水运建设项目专项债券发行等有利政策，加快推进澜沧江244界碑至临沧港四级航道建设、水富港二期等水运重点项目建设，确保水路交通基础设施建设投资稳步增长。加大向国家部委的汇报力度，抢抓国家政策倾斜的重大历史机遇，加快推动政府专项债券发行使用工作。

提升水运服务品质。加大对运输龙头企业的扶持力度，推进水路运输企业调整经营结构，研究制定支持运输结构调整和多式联动发展的政策措施。推动金沙江江海直达、干支直达运输及集装箱、散装运输发展。发展洱海、滇池等库湖区旅游航运，稳定原有客源，开发新客源。加强对库湖区运输服务的指导、监督和服务，使旅游与航运融合发展。

保障安全形势稳定。实施好水上交通领域安全管控能力提升工程三年行动计划，继续开展好“四重”安全监管及水上交通安全专项整治行动。继续推进以州市政府为主体的水上搜救应急体制建设。继续解决乡镇客渡船、农用船等乡镇船舶管理难点问题。加强信息化建设，全面推进重点港口、码头、渡口视频监控系统建设，试点农村学生渡运船舶视频实时监控，研究对外开放水域电子巡航系统，提升海事监管能力。

积极推进污染防治。加强重点航段航道巡查，保障重点航段通航保障率达95%；加强生态环境保护，协同推进重点港口和船舶污染物防治工作，坚决打好污染防治攻坚战；落实好长江干线港口船舶使用岸电设施建设。

（云南省航务管理局）

报告14

陕西省水运发展综述

2019年，全省水路运输完成客运量285万人，客运周转量0.5亿人公里；货运量197万吨，货运周转量0.6亿吨公里。近年来，全省水路运输保持持续增长，总载重吨和平均吨位年均增长4.1%、19%；客运船舶总客位年均增长0.6%，为全省经济发展和人民群众出行做出了积极贡献。

一、水运发展综述

重大项目推进。积极推进黄河壶口至禹门口航运建设项目报批各项前置工作审批事项，完成《陕西省黄河壶口至禹门口航运建设工程对陕西黄河湿地省级自然保护区生物多样性影响评价报告》并报省林业局；推进项目洪评线上审批办理事宜，启动编制水工程建设规划同意论证书。编制完成《黄河壶口至禹门口航运建设工程对黄河陕西龙门段黄河鲤、兰州鲇国家级水产种质资源保护区影响评价专题报告》。修改完善旬阳、蜀河通航建筑物初步设计。积极协调水电枢纽单位做好白河水电枢纽500吨级船闸资金申报工作，白河船闸建设资金获得交通运输部核准批复并开工建设。

船员船舶事务。强化船员管理，组织二类船员适任考前培训。严把船舶防污染关，对新建船舶审图、建造中要求必须有生活污水处理柜或环保厕所，柴油机无论大小必须置备油底壳，内置吸油毡。在现场定期检验中，严格要求污油桶、垃圾桶、生活污水回收桶的配备，并在证书中要求不得直排江中，必须采用岸上统一回收收纳方式。对新建船舶使用2019年后出厂的130千瓦以上船用柴油机要求船厂报备船级社空气污染证书，同时，经过现场效用试验，下发了船舶空气污染证书，保证新规的贯彻落实。开展老旧渡船改造，完成全省老旧渡船摸排工作，建立老旧渡船台账。开展船舶救生衣、救生圈专项检查活动，确保水路交通源头安全。组织2019年水上交通安全知识进校园活动，开展专项知识讲座，邀请师生走进海事站点、码头、船舶参观，设立安全警示牌，安排专人开展救生演练。

水上安全监管。做好水路行业安全生产工作，强化元旦、春节、春运、两会、清明等重点时段水上安全监管工作。做好新中国成立70周年维稳、信访、安保工作。组织“扫黑除恶”专项斗争，开展督导检查，杜绝重特大责任事故，确保安全工作落到实处，保障群众出行安全。

港航设施建养。汉江洋县至安康航运建设工程全面完成建设任务，完成码头18座、整治滩险14个，已经通过第三方质量检测，交工验收和竣工验收准备就绪。小型水运建设工程1处已开工，其余5处受招投标、预算审计周期过长，计划下达晚及天气因素的影响，尚未开工，现已完成前期准备工作。海事执勤站点1处已完成，1处已开工建设，2处前期工作已完成，待资金到位后开工建设。

信息化发展。《陕西省航运海事综合业务管理平台（汉江瀛湖火石岩至紫阳汉王智慧航道）》建设项目年度投资计划及年度建设任务全面完成，建成市级机房、监控大厅及外场监控，完成电子航道图50平方公里航飞航测工作。完成软件需求规格书编制、业务系统模型开发及软件测试环境部署。完成《汉江石泉至汉王智慧航道建设工程可行性研究报告》并上报省交通运输厅。

机构改革。全面完成厅属承担行政职能事业单位改革任务，稳步推进全省交通运输综合执法改革，陕西省水路交通事业发展中心的职责、机构调整基本完成。

二、2020年工作任务

做好行业发展顶层设计，引领水路运输事业发展。按照《交通强国建设陕西行动方案》明确具体目标任务。编制好“十四五”水运发展规划，强化规划衔接，确保规划方案及项目有效落地。高标准推进建设项目前期工作，统筹做好“十三五”“十四五”规划衔接，加快形成“储备一批、开工一批、建设一批、竣工一批”的梯次项目格局。继续推进黄河壶口至禹门口航运建设工程前期工作，力争黄河壶口至禹门口航运建设工程开工建设；深化黄河府谷至吴堡段航运建设工程前期工作。

围绕促投资稳增长大局，强力推进重点项目建设。协调推进蜀河—旬阳—白河水电枢纽通航设施建设，畅通汉江安康至白河黄金水道。

坚决打好三大攻坚战，服务保障全面建成小康社会。做好防止船舶油污染、大气污染、垃圾污染、生活污水污染工作。持续巩固交通脱贫攻坚建设成果，保障群众安全便捷出行。

深化供给侧结构性改革，推动行业高质量发展。加快推进运输结构调整，积极推动多式联运发展。深化水运领域简政放权，精简和规范“互联网+监管”事项清单和检查实施清单，推进“互联网+监管”和“双随机、一公开”日常监管行业全覆盖。加强社会信用体系建设，不断优化行业营商环境。

强化行业管理，持续提升治理能力。巩固机构改革成果，做好机构改革过渡期各项工作。推进法治部门建设，加强水路运输市场监管，切实维护运输市场良好秩序。加快智慧航运发展，在项目建设、养护管理、监测应急等业务领域，融合应用智慧交通新理念，全面完成《陕西省航运海事综合业务管理平台（汉江瀛湖火石岩至紫阳汉王智慧航道）》项目建设任务，完成《汉江石泉至汉王智慧航道建设工程初步设计》编制工作。推进品质工程建设。

推进平安交通建设，牢牢守住安全底线。从严落实安全责任，持续抓好重点领域安全管理，提升行业安全监管水平。强化安全风险防控，推动行业风险管控和隐患排查双重预防机制建设。开展坚守公路水运工程质量安全红线、水上交通安全等专项行动，集中解决一批突出矛盾和问题，夯实安全基础，提升本质安全水平。强化应急管理，加强应急救援队伍建设，强化装备技术支撑，不断增强应急处置能力。持续深入开展扫黑除恶专项斗争，着重加大对行业重点领域、突出乱象的专项整治力度。

加强党的建设，推动全面从严治党向纵深发展。加强行业党建工作和作风建设，加强干部队伍建设和党风廉政建设，持续打造良好的行业政治生态。加强精神文明建设，搭建行业文化网上平台，提升行业文化建设水平。

（陕西省水路交通事业发展中心）

专题报告

专题 1

贯彻落实《交通强国建设纲要》工作综述

改革开放以来，中国交通实现跨越式发展，为建设社会主义现代化强国奠定了坚实基础。建设交通强国是党中央深刻把握新时代我国社会主义现代化强国建设总要求，对交通发展的再定位，进一步明确了我国交通发展的历史方位和发展方向。2019年9月19日，新华社公布了党中央、国务院批准印发的《交通强国建设纲要》（简称《纲要》）。《纲要》对如何建设交通强国进行了顶层设计和系统谋划，是指引新时代我国交通运输发展的纲领性文件和行动指南，是新时代做好交通工作的总抓手。

一、深入宣贯，认真领会精神

《纲要》发布后，在交通运输行业、长航局系统引发热烈反响，长江水系各省（市）交通运输系统干部职工迅速掀起学习热潮，提高落实党中央、国务院交通强国建设部署的思想自觉、行动自觉，立足本职岗位作贡献，奋力开启交通强国建设新时代。

全面动员部署。交通运输部制定了学习领会宣传贯彻重在落实《纲要》的工作方案，召开交通强国建设试点工作启动视频会议，印发《关于做好〈交通强国建设纲要〉宣传贯彻工作的通知》《〈交通强国建设纲要〉任务分工方案》，动员部署全行业加快推进交通强国建设。各地强化部署、迅速行动，加强谋划协调形成浓厚舆论氛围。

加强宣传贯彻。以交通运输部党组名义在人民日报发表题为《奋力建设交通强国》的署名文章，李小鹏部长以“为加快建设交通强国而努力奋斗”为题，为中央党校在校学员作专题报告。加强网上宣传，在人民网、新华网等中央媒体和《中国交通报》《中国水运报》等行业媒体的“两微一端”等平台开设专栏，扩大宣传贯彻工作的传播力、影响力。各地组织干部职工深入开展“交通强国和我”大讨论，组织交通强国宣讲活动，推动交通强国建设深入人心。结合庆祝中华人民共和国成立70周年，积极协调新闻媒体，充分利用门户网站、官方微博、微信公众号等形式，广泛宣传《纲要》和交通发展成就。四川省第一时间在全省交通运输系统传达了《纲要》精神，要求广大交通干部职工全面深入学习、抓好贯彻落实。江西省全面对标建设交通强国新要求，科学定位建设交通强国江西坐标，迅速将《纲要》精神传导到基层一线。

强化学习培训。各地转发《纲要》和《中国交通报》评论文章，推进学习贯彻《纲要》精神。通过党委（组）理论中心组集中学习、专题辅导等形式，认真领会《纲要》精神，增强学习宣传贯彻实效，进一步明确今后交通运输发展的方向和任务；通过开设专题专栏充分解读《纲要》内容，通过学习强国、交通强国APP、微信客户端等多渠道开展学习培训。安徽省交通运输厅召开党组会议，集中学习《纲要》，研究提出贯彻落实意见和措施。浙江省交通运输厅要求全省交通运输系统以干在实处、走在前列、勇立潮头的使命担当，加强学习宣传，实现学习传达全覆盖、深入到基层。贵州、河南等省交通运输厅组织举办专题讲座，深入解读《纲要》出台的背景过程、战略目标、主要内容、重点任务等，让干部职工明晰了交通强国建设的重要意义。长航局通过党委中心组专题学习，围绕贯彻落实《纲要》进行了集中研讨，强调全系统要迅速兴起学习热潮，争当交通强国建设排头兵。

二、对标对表，推进任务落实

贯彻落实《纲要》，推进交通强国建设，是新时代交通运输系统的历史使命，需要社会各界的鼎力支持、合力推进。

加快制订细化落实方案。各地结合省情和水运发展实际，加强工作对接，相互学习借鉴好的做法，科学制定配套政策，谋深谋细谋实贯彻落实措施和实施方案，为交通强国建设奋力先行。云南、四川、湖北、江西、安徽、山东等省加快研究起草贯彻落实《纲要》的实施意见，完善体制机制，加强实施管理，促进政策协同，加快补齐交通基础设施短板，及早谋划交通发展长远规划，加快构建现代化综合交通体系。

加快明确具体工作举措。各地科学谋划“十四五”和中长期发展蓝图，围绕抓试点抓项目当先行，统筹做好综合交通运输发展规划和项目前期工作。四川省将围绕“加强东向、突出南向、提升北向、拓展西向、强化空中”，加快构建以“四向八廊五枢纽”为主骨架的现代综合立体交通运输体系。安徽省将紧抓长三角一体化等国家战略机遇，结合《国家综合立体交通网规划纲要（2021—2050年）》编制，把《安徽省综合立体交通网规划（2021—2050年）》编制作为推进交通强国建设纲要的重要抓手，全方位补齐高速公路、航空、港口等发展短板，着力完善交通基础设施网络。浙江省将紧扣“两个高水平”和高质量竞争力现代化，加快构建省域、市域、城区3个“1小时交通圈”，推动海港、空港、陆港、信息港“四港”联动发展，着力培育万亿元综合交通产业，以高水平“四好农村路”、城市交通治堵等民生实招，进一步增强群众获得感、满意度。山东将对标交通强国建设和全省新旧动能转换重大工程要求，统筹谋划公路、铁路、水路、机场、城市轨道等运输方式一体融合发展，制定大规划、构建大体系、建设大枢纽、整合大平台、发展大产业，在新的起点上推动山东交通互联互通。陕西省开展交通强省建设研究工作，形成《交通强国建设陕西行动方案》阶段性成果。长航局深刻领会交通强国建设的总体要求、重点任务和保障措施，对标对表《纲要》部署，研究制订了《交通强国建设长江航运行动纲要》。

强化交通强国建设科教支撑。重庆交通大学、武汉理工大学、江西省交通职业技术学院、上海交通大学等高等院校师生积极响应，结合实际深入思考实践，为攻克交通运输行业“卡脖子”环节，开展前瞻性、颠覆性技术研究提供更多支持。重庆交通大学将进一步增强机遇意识、责任意识和进取意识，主动在学科设置、人才培养和科技创新等方面提前布局，主动结合、主动融入、主动服务交通强国建设。江西省交通职业技术学院将紧紧围绕“交通”和“职业”特色，以服务交通行业发展为宗旨，对标建设交通强国的目标，主动服务、提前布局、大胆创新，继续深化教育教学改革，全面提高人才培养质量。

三、抓好试点，全力推进实施

开展交通强国建设试点是贯彻落实《纲要》的重大举措。交通运输部积极推进交通强国试点工作，出台开展交通强国建设试点工作的通知，提出围绕重点领域、优势领域、急需领域或关键环节，分地区、分主题、分批次开展试点任务。各地按照交通运输部工作部署，起草制定具体实施意见及行动计划，明确试点方向和重点任务，掀起加快建设交通强国热潮。

分批推进试点工作。交通强国建设试点工作坚持“点面结合、探索创新，近远结合、滚动实施，因地制宜、分类推进，多方联合、创新机制”的原则，力争用1~2年时间取得试点任务的阶段性成果，用3~5年时间取得相对完善的系统性成果，打造一批先行先试典型样板。交通运输部分两批公布了共34个交通强国建设试点单位名单，长江水系14省市均入选。首批13个试点单位于2019年10月9日公布，分别是长江水系江苏、浙江、山东、河南、湖北、湖南、重庆、贵州和河北雄安新区、辽宁、广西、新疆、深圳。第二批21个试点单位于2019年12月26~27日召开的全国交通运输工作会议上公布，分别是长江水系上海、安徽、江西、四川、云南、陕西、宁波和天津、山西、内蒙古、吉林、福建、广东、厦门、中国移动、中国远洋海运、招商局、中国铁建、中国交建、中国邮政、大连海事大学。长航局研究制订了交通强国建设长江航务管理局试点实施方案，积极申报第三批试点单位。

加快启动试点工作。交通强国建设两批试点单位名单公布后，试点单位已覆盖长江水系14省市。各省市按照试点工作要求，聚焦落实交通强国建设纲要重点任务，结合区域发展实际，大胆创新，积极探索，完善实施方案，明确试点方向，加快任务实施。各省市交通强国建设试点方向和任务见表1。长航局制订的试点实施方案，围绕设施、技术、管理、服务四大领域，提出了船岸协同、北斗应用、污染防治、信用监管、绿色航道、智慧养护、智能通航、港口船舶岸电等八个方向的试点任务。

交通强国建设试点任务 表1

单位	试点任务
江苏省	交通品质工程样板、交通引领城市群发展样板、“一带一路”的交通标杆示范项目样板、交通服务乡村振兴样板、枢纽经济发展样板、创新驱动发展样板、平安交通发展样板、综合交通运输改革发展样板、长江经济带运输结构调整样板、航运特色鲜明的大运河文化带样板
浙江省	重点聚焦设施水平全国领先、创新技术率先应用、交通治理引领示范、运输服务品质一流4个方面，发挥现代物流、数字经济、城乡一体化等优势，梳理出12项试点任务

续上表

单位	试点任务
安徽省	皖南交旅融合发展试点、合肥全国性综合交通枢纽示范、交通助力乡村振兴试点、智慧交通技术应用转型升级
江西省	普通国省道公路与城市道路衔接协调发展、赣州市建设革命老区交通运输高质量发展先行示范区、九江彭湖国际港综合交通运输体系、推进“四好农村路”高质量发展、传承红色文化培育交通文明、现代化交通技能人才队伍建设、打造“平安百年品质示范工程”
山东省	高速铁路建设管理模式、“四好农村路”乡村振兴齐鲁样板、智慧高速公路系统工程研究及实践、智慧港口建设、综合交通体制机制改革
河南省	“四好农村路”建设、多式联运发展
湖北省	交通基础设施高质量发展、农村交通基础设施、智能交通、交通运输现代市场体系建设、深化交通运输投融资体制改革、现代物流
湖南省	城乡客运一体化、全域旅游公路、湘赣边综合交通运输发展、“两客”车辆智能监管
重庆市	内陆国际物流枢纽建设、都市圈交通一体化、长江经济带绿色航运发展
四川省	构建成渝地区双城经济圈一体化交通网、创新构建高原山区综合立体交通网、建立公园城市绿色交通体系、建设有韧性的交通防灾减灾体系、探索面向车路协同的智慧高速公路体系、打造“交通+旅游”“交通+文化”融合新名片
贵州省	交通运输投融资模式创新、智慧交通建设、交通与旅游融合发展、“四好农村路”高质量发展、山区公路建设运营安全风险管控
陕西省	现代国际一流航空枢纽建设、现代多式联运区域物流中心建设、秦岭隧道安全防控体系建设、智能化高速公路建设运营管理
云南省	大滇西“交通+旅游”融合发展、云南省面向南亚东南亚辐射中心大通道建设、综合交通枢纽一体化规划设计和协同建设模式
长航局	船岸协同、北斗系统推广应用、船舶污染物防治、行业信用管理、绿色航道、智慧养护、智能枢纽通航、港口船舶岸电应用

建设交通强国，就是要加快推进交通运输发展质量变革、效率变革和动力变革，不断提高交通运输产品和服务供给质量，全面提升综合交通体系整体效率，形成完善的交通现代治理体系，在全球新一轮竞争中赢得主动。2020年，各地将以新发展理念为统领，以推动高质量发展为主题，以加快建设交通强国为使命，围绕“固根基、扬优势、补短板、强弱项”，加快航运基础设施建设，完善多式联运体系，推动行业创新发展，提高航运服务品质，让内河水运发展更有质量、治理更有水平，为加快建设交通强国提供有力保障。

（长江航运发展研究中心）

专题 2

重点联系港航企业运输生产经营调查分析

2019年，对61家航运企业和25家港口企业的生产经营状况进行了调查。被调查企业积极应对经济下行压力，生产经营状况总体稳定，40家航运企业、21家港口企业实现盈利，企业盈利面分别占被调查企业的65.6%、84.0%。

一、干散货运输

被调查的26家干散货运输企业，拥有运输船舶715艘/229.1万载重吨，同比分别增加1.1%和6.1%；完成货运量3239.6万吨、货物周转量259.05亿吨公里，同比分别增加6.1%和5.3%；企业平均收入利润率4.2%，同比增加0.5%。16家企业实现盈利，占61.5%，其中7家利润同比增加；10家亏损，占38.5%；企业盈利面下降7.7%。被调查企业的生产经营特点：

（1）单位运力完成货运量14.1吨、货物周转量11305吨公里，同比分别持平和下降0.7%。

（2）船舶平均营运率71%，船舶平均负载率86%，同比分别下降3%和2%。

（3）平均运价0.044元/吨公里，同比下降12%。长江干线主要货种运价为：煤炭0.025~0.058元/吨公里，金属矿石0.025~0.06元/吨公里，矿建材料0.025~0.064元/吨公里。

（4）企业完成主营业务收入10.17亿元，主营业务成本9.46亿元，同比分别减少8.7%和4.9%；实现利润4257.35万元，同比减少18.8%。

二、液货危险品运输

被调查的13家液货危险品运输企业，拥有运输船舶202艘/46.29万载重吨，同比分别减少4.7%和2.4%；完成货运量802.5万吨、货物周转量71.6亿吨公里，同比分别增加0.1%和11.5%。企业平均收入利润率3.5%，同比下降0.1%。9家企业实现盈利，占69.2%，其中3家利润增长；4家亏损，占30.8%；企业盈利面下降7.7%。被调查企业的生产经营特点：

（1）单位运力完成货运量17.3吨、货运周转量15469.3吨公里，同比分别增加2.6%和14.2%。

（2）船舶平均营运率78%，船舶平均负载率66%，同比分别下降1%和3%。

（3）平均运价0.143元/吨公里，同比下降8.9%。不同种类、不同航区运价存在较大差别，散装化学品0.11~0.20元/吨公里，成品油0.065~0.20元/吨公里，原油0.2~0.4元/吨公里。

（4）企业完成主营业务收入7.91亿元，主营业务成本7.5亿元，同比分别减少2.6%和2.4%；实现利润2800.5万元，同比减少4.7%。

三、集装箱运输

被调查的6家集装箱运输企业，拥有运输船舶61艘/16877TEU，同比分别减少1.6%和增加30.7%；完成集装箱运输量33.96万TEU，同比增加13.5%。企业平均收入利润率3.8%，下降0.2%。4家企业实现盈利，占66.7%；2家亏损，占33.3%。被调查企业的生产经营特点：

（1）单位运力完成货运量20.1TEU/箱位，同比减少3.1%。

（2）船舶平均营运率85%，平均负载率75%，同比分别下降2%和3%。

（3）平均运价0.50元/标箱公里，同比下降2.5%。

（4）企业完成主营业务收入4.05亿元，主营业务成本3.96亿元，同比分别增长0.4%和下降2.3%；实现利润1532.4万元，同比减少4.5%。

四、旅客运输

被调查的10家旅客运输企业，拥有运输船舶46艘/14512客位，同比分别增加12.2%和11.4%；完成客运量86.6万人、旅客周转量4.67亿人公里，同比分别增加12.4%和17.9%；企业平均收入利润率10.1%，与2018年持平。9家企业实现盈利，其中6家利润同比增加；1家亏损；企业盈利面与2018年持平。被调查企业的生产经营特点：

（1）单位运力完成客运量59.7人次、旅客周转量32199人公里，同比分别持平和下降17.7%。

（2）船舶平均营运率74%，船舶平均负载率85%，同比分别下降1%和2%。

（3）平均运价2.35元/吨公里，同比下降5%。

（4）企业完成主营业务收入11.97亿元，主营业务成本10.32亿元，同比分别增加6.8%和5.9%；实现利润1.21亿元，同比增加0.5%。

五、载货汽车滚装运输

被调查的6家载货汽车滚装运输公司，共有运力38艘/2278车位，同比持平，完成滚装车量17.66万辆，同比减少4.7%。企业平均收入利润率1.1%。5家企业实现盈利，1家企业亏损，企业盈利面较2018年下降16.7 %。被调查企业的生产经营特点：

（1）船舶平均营运率77%，平均负载率48%，同比分别下降2%和上升4%。

（2）平均运价为3.2元/车公里，同比下降14.6%。其中，上水平均运价3.9元/车公里，下水平均运价2.5元/车公里。

（3）企业完成主营业务收入2.06亿元，主营业务成本1.98亿元，同比分别下降12.5%和

11.4%；实现利润233.92万元，同比下降59.8%。

六、港口企业

被调查长江干线25家港口企业，年综合通过能力约6亿吨，完成港口货物吞吐量7.4亿吨，同比分别增长1.2%和5.2%。其中，完成外贸吞吐量1.4亿吨、集装箱吞吐量1263.1万TEU，同比分别增长0.5%和13.5%。企业平均收入利润率6.5%，21家企业实现盈利，占84%，其中11家利润同比增加，占盈利企业的52.4%；3家亏损，占16%。被调查企业的生产经营特点：

（1）主要货种装卸价格有减有增，总体上平均装卸价格略有下降。长江上中下游不同区段、不同货种装卸价格存在差异。其中，煤炭平均12.2元/吨，同比基本持平；金属矿石12.8元/吨，同比下降2.3%；集装箱240元/TEU，同比下降2.0%；矿建材料7.1元/吨，同比增长4.4%。

（2）企业实现主营业务收入193.7亿元，同比下降5.9%；主营业务成本约175.6亿元，同比下降5%；实现利润13.5亿元，同比下降6.1%。

（长航局运输处、长江航运发展研究中心）

专题3

航运指数运行状况综述

2019年，受中美贸易摩擦、地缘政治紧张等影响，全球贸易增速放缓，经济增速降至2010年以来的最低，主要经济体货币政策由“加息”转向了“降息”，贸易保护主义导致国际贸易局势不断反复，为全球海运发展带来了风险和挑战。

一、波罗的海干散货运价指数

2019年，全球干散货运输需求增幅继续放缓，但运力增速上调，高于运量增速，市场总体供过于求，波罗的海干散货运价指数（BDI）（图1）年平均值在连续两年上涨后，恢复到2018年的水平。在澳洲台风、巴西淡水河谷尾矿溃坝、国际海事组织（IMO）限硫令、国际煤价下跌、非洲猪瘟、中美贸易摩擦等因素影响下，国际干散货运输市场呈前低后高、冲高回落走势。全年进口铁矿石10.7亿吨、煤炭3亿吨、大豆0.89亿吨，同比分别增长0.5%、6.3%、0.5%。2019年，BDI平均值1352.8点，与2018年基本持平，微涨0.02%；全年中位数1264.5点，下降6.78%。全年波动更为剧烈，最低595点，仅为2018年最低值的一半多；最高2518点，为2011年以来最高。

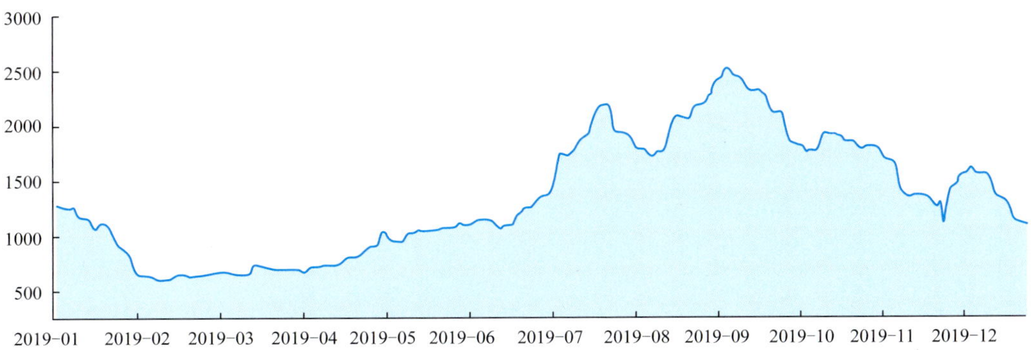

图1 波罗的海干散货运价指数走势图

二、中国航运指数

中国航运景气指数。根据上海国际航运研究中心发布的中国航运景气报告，2019年四季度，中国航运企业经营基本保持稳定，中国航运景气指数为107.55点，小幅下跌但保持在微景气区间；中国航运信心指数为107.58点，维持在景气区间。受疫情影响，2020年一季度航运景气指数为62.95点，比2019年四季度下降44.6点；中国航运信心指数39.05点，比2019年四季度下降68.53点。图2为2010—2019年中国航运景气指数走势。

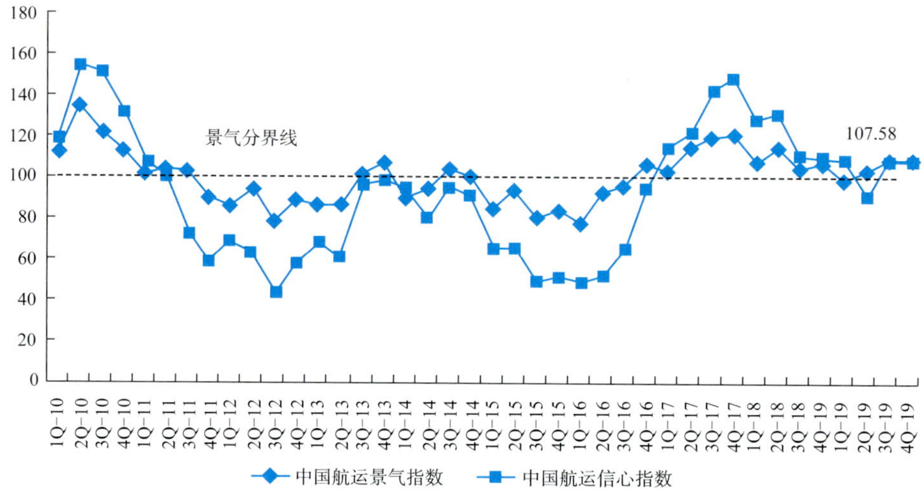

图2　中国航运景气指数走势图（2010—2019年）

中国沿海散货综合运价指数。2019年，全球经济增速放缓，不稳定不确定因素增多，国内经济下行压力较大，对大宗散货运输需求增速下降，煤炭沿海运输需求回落。截至2019年底，全国拥有沿海省际万吨以上干散货船1752艘、6248万载重吨，吨位同比基本不变。全年中国沿海散货运价指数呈“W”型波动走势，最低、最高值分别出现在春节前夕的932.48点和年末的1235.32点，上、下半年各有一次持续时间较长的波动上涨行情，但波动区间较2018年度整体收窄。上半年受海砂货源支撑，运输需求特别是大型船舶运力需求旺盛，造成运力阶段性供应紧张，运价上涨；下半年受外贸市场行情持续转好，部分兼营国际航线的船舶运力转投国际航运市场，一定程度上缓解了国内运力过剩的情况。总的来看，沿海散货运输市场船舶运力总体上处于过剩态势，市场行情明显趋弱。中国沿海散货运价指数全年平均值为1059.98点（图3），同比下跌7.8%，煤炭、矿石和粮食运价指数同比分别下跌9.7%，11.5%和13.6%。

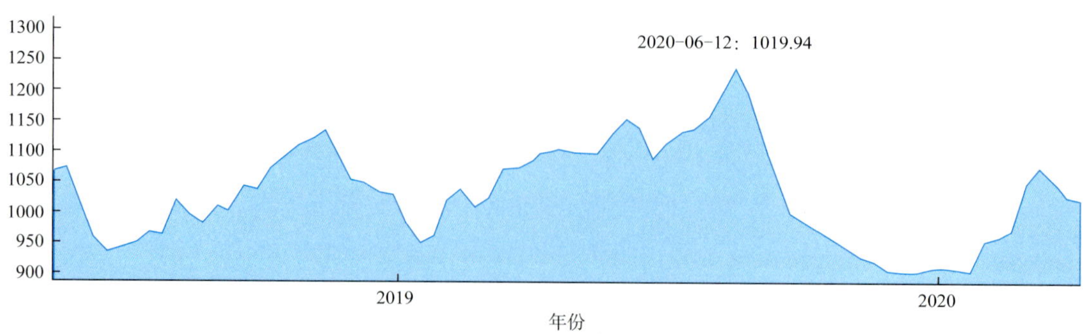

图3　中国沿海散货运价指数走势图

中国集装箱海运市场。上海国际航运研究中心发布的《中国国内集装箱运输市场分析》报告显示，2019年中国内贸和内支线集装箱运输需求分别增长5.65%和8.03%，市场运力增长4.08%，市场供需矛盾有所缓和，市场整体运价增长7.86%。煤炭等货物“散改集”仍是推动沿海集装箱运量增长的重要因素，但前两年大量新增运力使得市场仍面临着化解过剩运力的压力，运输市场集中度有所上升，船舶大型化趋势仍在持续。中国出口集装箱运价综合指数全年平均值为823.55点（图4），较2018年上涨5.73点。

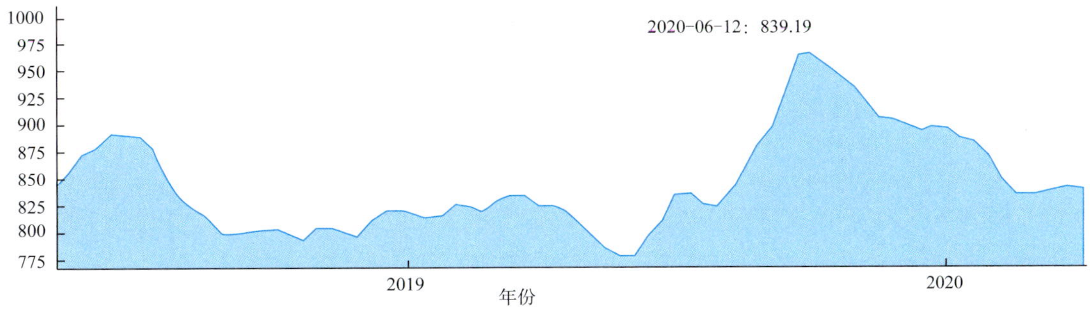

图4　中国出口集装箱运价综合指数走势图

三、长江航运指数

（一）长江航运景气指数

2019年，长江航运景气状况稳中向好，其中一季度景气指数位于景气分界线以下，二季度景气状况全面回升，三、四季度景气状况持续小幅回升。一季度至四季度景气指数分别为98.79、104.37、104.69、105.49（表1），与2018年同期相比分别上升1.11点、下降3.14点、上升0.84点、上升0.69点。一季度至四季度信心指数分别为103.40、103.86、101.25、104.65，与2018年同期相比分别上升5.14点、下降7.07点、下降3.46点、上升8.33点。从企业类型看，港口企业景气指数均高于航运企业，其中，一季度港口企业景气处于临界区、航运企业景气处于不景气区，二、三、四季度港口企业和航运企业景气均处于景气区。从区域分布看，一、二、三季度下游景气水平要好于上、中游，四季度中游景气水平要好于上、下游。从运输分类看，除一季度外，货运景气水平好于客运。从主要运输货种看，一、二季度液体散货景气指数均好于干散货、集装箱、滚装汽车，三、四季度干散货景气指数均好于液体散货、集装箱、滚装汽车。图5为2015—2019年长江航运景气指数和信心指数走势。

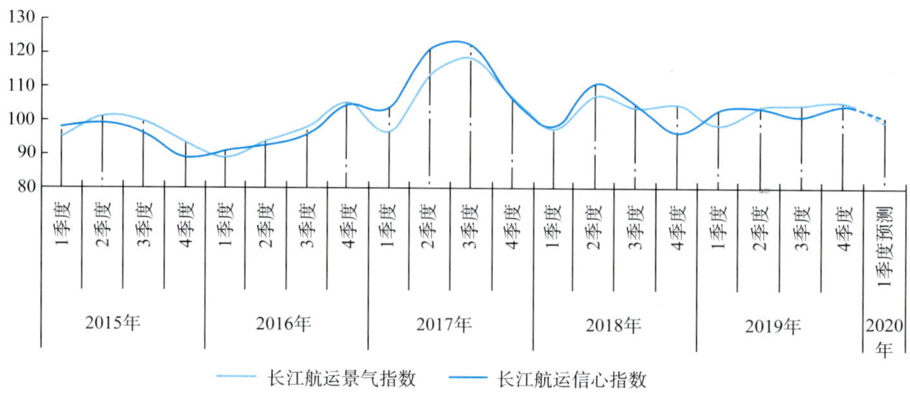

图5　长江航运景气指数和信心指数走势图（2015—2019年）

长江航运景气指数　　表1

景气指数	2019年			
	1季度	2季度	3季度	4季度
长江航运景气指数	98.79 ↓	104.37 ↑	104.69 ↑	105.49 ↑
长江航运信心指数	103.40 ↑	103.86 ↑	101.25 ↓	104.65 ↑
港口企业景气指数	100.40 ↓	107.15 ↑	107.51 ↑	107.64 ↑
航运企业景气指数	98.14 ↓	103.00 ↑	102.39 ↓	103.46 ↑
上游企业景气指数	91.53 ↓	101.61 ↑	101.81 ↑	105.99 ↑
中游企业景气指数	103.54 ↓	106.18 ↑	105.38 ↓	106.16 ↑
下游企业景气指数	104.71 ↑	109.03 ↑	109.87 ↑	104.26 ↓
客运景气指数	99.01 ↓	100.27 ↑	100.17 ↓	99.63 ↓
货运景气指数	97.33 ↓	108.40 ↑	108.62 ↑	109.47 ↑
其中：干散货运输	97.07 ↓	107.23 ↑	109.97 ↑	110.20 ↑
液体散货运输	100.62 ↓	110.28 ↑	107.34 ↓	101.75 ↓
外贸运输	96.39 ↓	98.79 ↑	99.05 ↑	99.67 ↑
集装箱运输	99.75 ↓	102.01 ↑	100.71 ↓	102.58 ↑
载货汽车滚装运输	98.64 ↓	99.80 ↑	100.42 ↑	98.47 ↓

（二）长江航运运价指数

长江干散货综合运价指数。2019年上半年，长江打击非法采砂，中游采砂区统一限量开采，长江砂船运力过剩进一步显现，长江干散货运价延续下跌走势。下半年受季节性因素及稳基建、房地产“一城一策”调控及降税等政策发力，长江干散货运价回升。全年长江干散货综合运价指数维持在731~855点，呈先跌后升态势，一季度下跌6.69%，二季度下跌8.36%，三季度上涨8.27%，四季度上涨0.96%。12月较2018年同期下降8.0%。其中，煤炭、金属矿石、矿建材料、非金属矿石12月运价指数较2018年同期分别下降3.9%、12.5%、9.0%和4.5%，全年均值较2018年分别下跌0.3%、16.4%、8.5%和8.2%。图6为2017—2019年长江干散货运价指数走势。

长江集装箱综合运价指数。2019年，集装箱运价受中美贸易战影响较大，震荡下行。

全年长江集装箱运价指数维持在1045~1097点，总体呈先跌后升态势，一、二、三季度分别环比下跌1.58%、1.26%、3.41%，四季度环比上升0.73%。四季度运价指数同比下降5.44%，其中，上游区域、中游区域、下游区域运价指数分别同比下降1.0%、3.43%、6.61%。图7为2017—2019年长江集装箱运价指数走势。

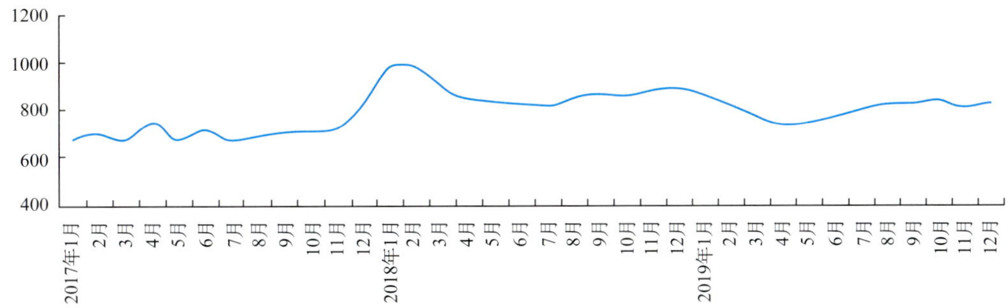

图6　长江干散货运价指数走势图（2017—2019年）

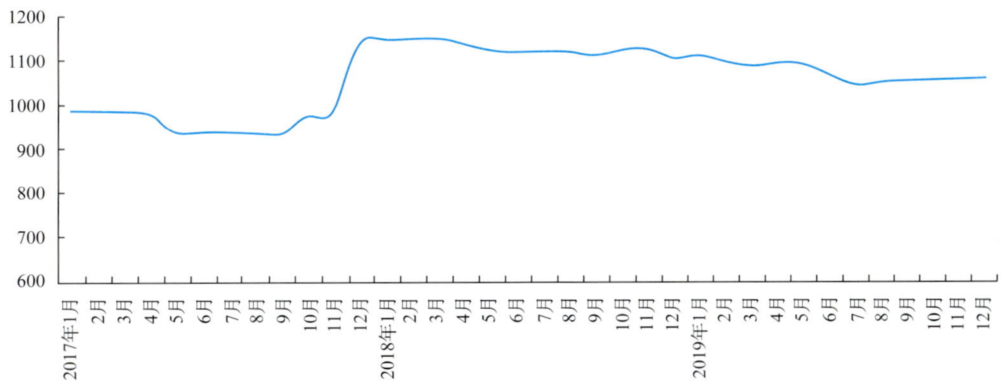

图7　长江集装箱运价指数走势图（2017—2019年）

长江船员工资指数。四个季度长江船员工资综合指数分别为1149.29、1175.37、1224.91、1243.65点，环比小幅递增。四季度，普货一类船、液货一类船、集装箱船、旅游客运船、江海直达船船员工资指数同比分别增长9.0%、7.5%、3.8%、20.7%、8.6%，载货汽车滚装船船员工资指数同比下降0.3%。长江船员供给偏紧，对二副、三副、水手、二管轮、三管轮、机工船员需求增加。图8为2017—2019年长江船员工资综合指数走势。

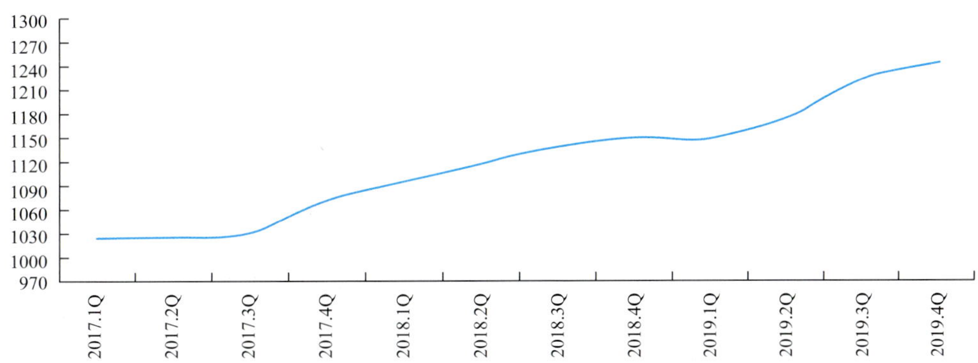

图8　长江船员工资综合指数（2017—2019年）

长江船东满意度指数。2019年上半年、下半年长江船东满意度分别为90.0分、90.5分，均为优秀等级（≥90分）。分区域看，上游区域满意度指数上半年、下半年分别为89.4分、90.2分，中游区域分别为90.2分、90.5分，下游区域分别为90.3分、90.7分。图9为2008—2019年长江船东满意度走势。

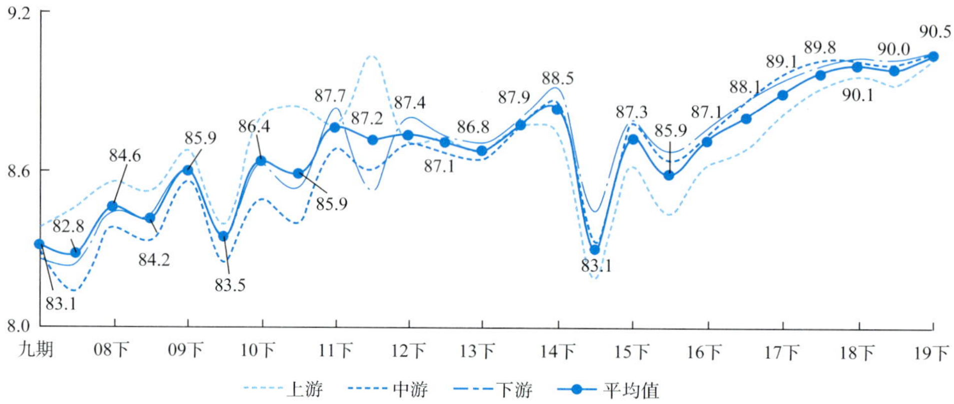

图9　长江船东满意度走势图

（长江航运发展研究中心）

专题4

长江干线省际旅游客运市场监测分析

2019年，长江干线省际旅游客运市场继续保持稳健增长态势，淡季有所缩短，局部市场供需关系进一步优化，船票价格趋于稳定，总体实现了持续健康发展。

一、市场主体及运力情况

2019年，长江干线省际旅游客运企业13家，较2018年没有变化。其中，从事省际高端游轮旅游的企业7家，从事经济型游轮旅游的企业6家[❶]。其中，重庆—宜昌航线新增2艘（世纪荣耀号2019年8月28日下水首航，世纪天子号由中下游航线调整为重庆—宜昌航线）；万州—宜昌航线新增2艘（皇家星光、皇家花苑、皇家盛世号投入运营，经济型游轮仙娜号由万州—宜昌航线调整为奉节—宜昌航线）；奉节—宜昌航线新增1艘（仙娜）、停运1艘（一代天骄）。共计17158客位，单船平均324客位，平均船龄16.0年。其中，高端游轮34艘，共11945位，占总客位69.6%，平均船龄12.6年；经济型游轮19艘，共5213客位，占总客位30.4%，平均船龄21.2年。此外，还有1艘经营奉节—宜昌客滚航线的新高湖游轮。表1为长江干线省际旅客运输运力基本情况。

长江干线省际旅客运输运力基本情况[❷]（2019年） 表1

		高端游轮	经济型游轮	合计
总体情况	艘数（艘）	34	19	53
	客位（个）	11945	5213	17158
	占总客位比例（%）	69.6	30.4	100
	平均船龄（年）	12.6	21.2	16
运力结构	客位<200（艘）	5	8	13
	200≤客位<300（艘）	9	5	14
	300≤客位<400（艘）	5	4	9
	≥400客位（艘）	15	2	17

❶ 高端游轮：是指符合《内河旅游船星级的划分与评定》五星级内河旅游船标准，从事省际游轮旅游的游轮；经济型游轮：是指符合《内河旅游船星级的划分与评定》四星级及以下内河旅游船标准，从事省际游轮旅游的游轮。

❷ 表中不含新高湖游轮运力情况。

长江干线省际旅游客运航线以重庆（包括主城、涪陵、丰都等地，下同）—宜昌为主，运力约占总运力的67.6%，以高端游轮为主；其次为万州—宜昌、奉节—宜昌航线，投入运力约占总运力的29.0%，集中了大部分的经济型游轮；此外，还有少量中下游航线[❶]及奉节—宜昌客滚专线。表2为长江干线省际旅游客运航线及运力基本情况。

长江干线省际旅游客运航线及运力情况表（2019年） 表2

航线	船舶总数（艘）	客位总数（个）	航线运力占比（%）	高端游轮		经济型游轮	
				艘数（艘）	客位（个）	艘数（艘）	客位（个）
重庆—宜昌	34	11915	69.4%	31	11299	3	616
万州—宜昌	11	2873	16.7%	2	376	9	2497
奉节—宜昌	7	2100	12.2%	0	0	7	2100
中下游航线	1	270	1.6%	2	588	0	0
合计	53	17158	100.0%	35	12263	19	5213
奉节—宜昌客滚专线	1	636					

二、市场运行情况分析

总体情况。2019年，长江省际旅游客运船舶运行5765航次，同比增加662航次；接待游客109.3万人次，增长10.0%。从港口出口情况看，重庆主城、奉节与2018年基本持平；宜昌上水、万州下水游客增加较多，宜昌增加7.9万人次、增长19.3%，万州增加1.3万人、增长10.5%。从分月游客接待量来看（图1），10月、4月、5月、8月、7月、9月接待量均超过10万人次，分别达到13.8万、13.7万、13.0万、12.6万、12.2万、10.4万；1月、2月、12月接待量较少。从航线看，下水客运量占54.1%，上水占44.9%，其他航线占1.0%。其中，重庆到宜昌下水、宜昌到重庆上水航线客运量占市场总量的55.8%，万州到宜昌下水、宜昌到万州上水航线客运量占20.5%，奉节到宜昌下水、宜昌到奉节上水航线客运量占18.7%。

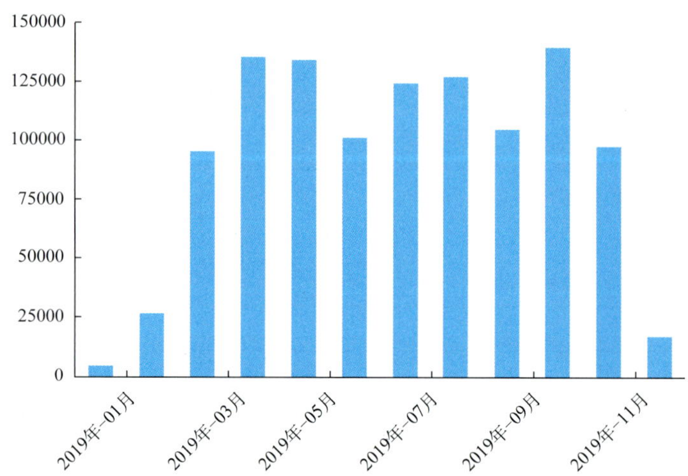

图1 长江干线省际旅游客运船舶分月接待游客量走势

❶ 中下游航线是指重庆—武汉、上海，上海—南京、武汉等航线。

船舶负载率。2019年，长江干线省际旅游客运船舶平均负载率62.7%（表3），同比下降8.4%。其中，下水航线发船2816班次，增加254班次，平均负载率70.8%，下降1.6%；上水航线发船2579班次，增加511班次，平均负载率64.0%，增加1.6%；其他航线发船370班次，平均负载率30.5%。分船型来看（图2），高端游轮运行2848航次，增加91航次，接待游客65.2万人次，增长6.9%；平均负载率78.4%，下降1.7%。经济型游轮运行2917航次，增加589航次，接待游客45.1万人次，增长14.2%；平均负载率48.8%，下降10.8%。

长江干线省际旅游客运船舶总体负载率情况表❶（2019年） 表3

航线		发船班次	载客数量	船舶负载率
下水	重庆—宜昌	1241	294824	79.6%
	万州—宜昌	718	137573	68.7%
	奉节—宜昌	857	132963	58.3%
小计		2816	565360	70.8%
上水	宜昌—重庆	1302	315251	80.3%
	宜昌—万州	671	86697	46.9%
	宜昌—奉节	606	72358	44.1%
小计		2579	474306	64.0%
其他航线		370	53719	30.5%
合计		5765	1093385	62.7%

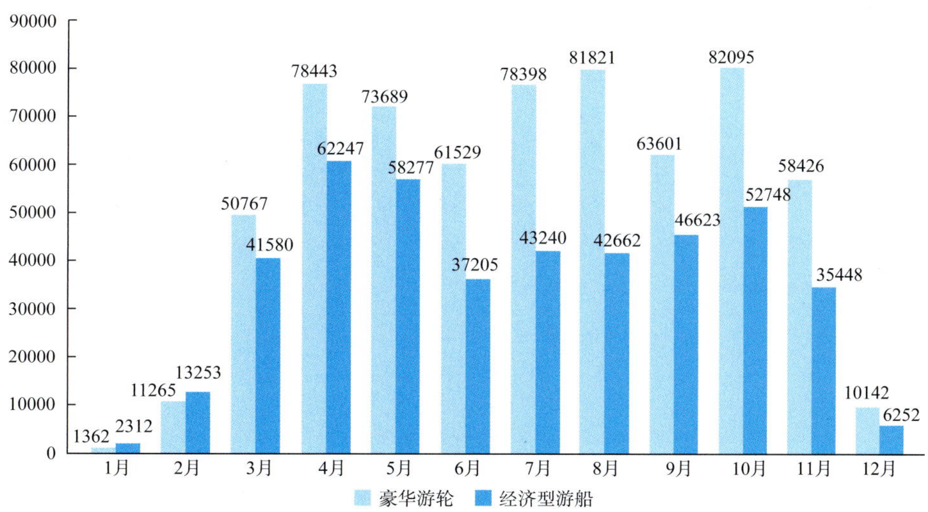

图2 长江干线省际旅游客运船舶分船型游客接待情况

客源结构。从游客构成情况看，2019年长江干线省际旅游客船共接待国内游客99.1万人次，占市场总量的90.7%，比2018年增加11.3万人次；接待国（境）外游客10.2万人次，占总量的9.3%，减少1.3万人次。从客源地看，国内游客主要来自西南和华东地区，前十位

❶ 涪陵、丰都统计到重庆，云阳统计到万州，数据不含省内航线（如宜昌两坝游、重庆两江游、重庆—巫山游等）。

省份占总量的60.5%；国（境）外游客主要来自美国、德国、澳大利亚和英国等地区，前十位国家（地区）占总量的84.3%。从国内游客年龄结构来看，18岁以下占7.0%，18~35岁占6.5%，35~60岁占39.3%，60岁以上占47.2%，游客结构以中老年群体为主，各年龄段结构与2018年同期变化不大。

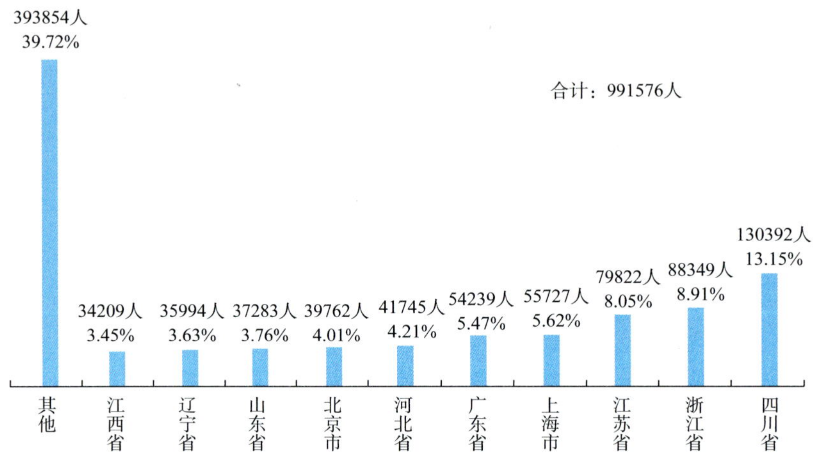

图3　国内游客来源地区分布

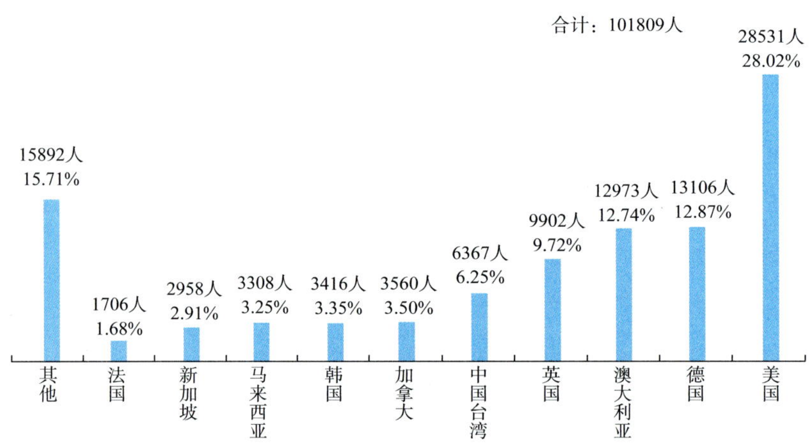

图4　国（境）外游客来源地分布

运行特点。2019年长江旅游客运量增长10%，高于全国经济增速和旅游增速，保持了渐进式稳健增长趋势。其中，国内游客接待量增长、国（境）外游客量下降，经济型游轮游客接待量增长较快，但负载率较大幅度下降，且显著低于高端游轮。与以往相比，长江游轮旅游淡季逐渐缩短，传统淡平季3~6月呈低速增长，7~8月暑期市场有一定提升，9月以后保持平稳增长态势。全年价格趋于平稳，高端游轮船票价格（重庆—宜昌）均价每人2000元，部分在2500~2800元/人，经济型游轮船票价格（重庆—宜昌）在1200~1500元/人，略有增长。整个市场发展不够平衡，国（境）外主要依托于传统的欧美市场，亚洲入境客源所占份额较小，游客总量和占比有所下降；国内长江沿线及周边区域市场开发力度不够，新兴市场启动较慢。同时，长江游轮在接待量、营业收入、经营利润等方面发展不平衡。

三、市场供需关系评价

根据长江水路运输市场供需平衡指数模型，测算2018、2019年长江省际旅游客运市场及各航线市场的供需平衡指数，得到长江省际旅游客运市场供需平衡状态对应的预警信号。2019年长江省际旅游客运市场供需平衡指数为70.77，较2018年下降0.49，处于绿灯区间，表明运力供给总体适应市场需求。分航线来看，重庆—宜昌航线指数为72.23，处于绿灯区间，运力供给与需求基本均衡，在新增运力投放的情况下较2018年仍有所上升，表明市场需求旺盛，需求增长幅度大于运力增加幅度；万州—宜昌航线指数较2018年下降13.11，主要是皇家星光、皇家花苑、皇家盛世三艘游轮上线运行，使供需矛盾得以缓和，供需平衡指数由红灯区间转为黄灯区间，但运力不足情况尚未得到完全缓解；奉节—宜昌航线指数较2018年上升15.38，供需关系有所改善，但仍处于蓝灯区间，依然存在较大运力富余。根据长江水路运输市场供需平衡指数模型[1]，供需平衡的状态区间划分为“供给严重不足”“供给不足”“供需平衡”“供给过剩”“供给严重过剩”五个区域，分别以五种颜色的预警信号灯表示，测算2018、2019年长江省际旅游客运市场及各航线市场的供需平衡指数，得到长江省际旅游客运市场供需平衡状态对应的预警信号，见表4、表5。

长江省际旅游客运市场供需平衡指数状态区间 表4

状态区间	预警信号	区间范围综合取值
供给严重不足	红灯	（76.6，+∞）
供给不足	黄灯	（73.2，76.6）
供需平衡	绿灯	（62.6，73.2）
供给过剩	浅蓝灯	（59.3，62.6）
供给严重过剩	蓝灯	（0，59.3）

2019年长江省际旅游客运市场供需平衡指数为65.28，较2018年下降0.6，处于绿灯区间，表明运力供给总体适应市场需求。分航线来看，重庆—宜昌航线指数为70.23，新增2艘运力导致指数较2018年有所下降，但仍处于绿灯区间，运力供给与需求基本均衡；万州—宜昌航线指数较2018年下降4.27，主要是皇家星光、皇家花苑、皇家盛世三艘游轮上线运行，供需矛盾得以缓解，供需平衡指数由黄灯区间转为绿灯区间；奉节—宜昌航线指数较2018年上升5.38，供需关系有所改善，但仍处于蓝灯区间，依然存在较大运力富余；重庆—武汉等中下游航线指数处于红灯区间，主要受中下游市场仍处于培育阶段影响，运力投放较少，未来该区域的市场需求仍有待进一步挖掘。

[1] 根据《长江水路运输市场供需评价方法研究》成果，长江水路运输市场供需平衡指数模型为$I=D/S$。其中I为某一运输市场的供需平衡指数，D为理想条件下完成该市场运输需求所需当量运力，S为该市场运力供给量。

长江省际旅游客运市场供需平衡指数与预警信号 表5

年份	分航线								综合	
	重庆—宜昌		万州—宜昌		奉节—宜昌		中下游航线			
	指数	信号	指数	信号	指数	信号	指数	信号	指数	信号
2019	70.23	绿灯	69.97	绿灯	37.09	蓝灯	90.48	红灯	65.28	绿灯
2018	71.76	绿灯	74.24	黄灯	31.71	蓝灯	93.50	红灯	65.88	绿灯

四、市场发展趋势分析

新冠肺炎疫情暴发给旅游行业带来明显冲击。长江游轮旅游主要集中在湖北、重庆，航线以宜昌—重庆为主，受疫情影响尤为严重，航次停运带来的经济损失较大，企业固定成本开支压力较大，完成开航前的疫情防控、停航维修、员工招聘、办理相关检测及证件等准备工作面临诸多问题，民众对经济增长及收入水平上升的预期降低在短期内将抑制旅游消费需求，市场恢复周期漫长。预计2020年长江省际游轮旅游市场运力供需将呈现如下态势：

一是市场运力供给过剩。受疫情影响，2020年长江游轮旅游需求预计下滑40%以上，除2019年的存量运力外，重庆大美游轮公司“华夏神女三号”将于2020年下半年或2021年初投入营运，新增运力650客位，现状运力将存在较大富余。

二是运行航次将大幅减少。疫情导致各公司停航几个月，运行航次大幅减少。市场恢复初期，因客源不足、载客率低，使更多游轮公司在初期仅选择部分游轮、部分航次开航运行，个别公司通过营运与停航的成本比较分析，将缩减绝大部分运行航次。

三是运力供需趋于动态平衡。为应对疫情带来需求下降影响，各公司将根据市场运行情况来确定实际投入运行的航次，以确保游轮运营收入覆盖运行成本（在合理的票价水平下，高端游轮盈亏平衡点在载客率70%左右，经济型游轮由于运行成本相对低，盈亏平衡点在载客率50%~60%之间）。同时，个别老旧船、品质差的船舶将自动退出或到期强制退出，从而促进市场运力供需关系逐步趋于动态平衡。

（长江航运发展研究中心、长江港航物流联盟旅游客运专业委员会）

专题5

长江水系省际液货危险品运输市场监测分析

长江经济带“共抓大保护、不搞大开发”“生态优先、绿色发展”理念不断深入，沿海石化产业布局与功能完善也在一定程度上挤压了沿江石化产业发展空间，沿江石化产业布局和结构不断优化调整。2019年，长江水系省际液货危险品运输市场保持平稳，部分细分市场货运需求略有下降，企业盈利能力有所下滑，部分企业效益和船舶效率处于较低水平。

一、市场主体及运力情况

截至2019年底，长江水系共有省际液货危险品运输企业154家，较2018年减少4家。从经营航线看，经营长江水系省际运输（含上、中、下游）及支流省际运输的企业48家，占企业总数的31.2%，较2018年增加8.4%；经营中下游及支流省际运输的企业106家，占企业总数的68.8%，较2018年减少8.4%。从业务范围看，经营成品油船、化学品船运输企业151家，经营原油船运输企业5家，经营液化气体船运输企业7家。其中，兼营成品油船、原油船运输5家，兼营成品油船、液化气体船运输4家。图1为长江水系省际危险品船运输企业地区分布与运力结构情况。

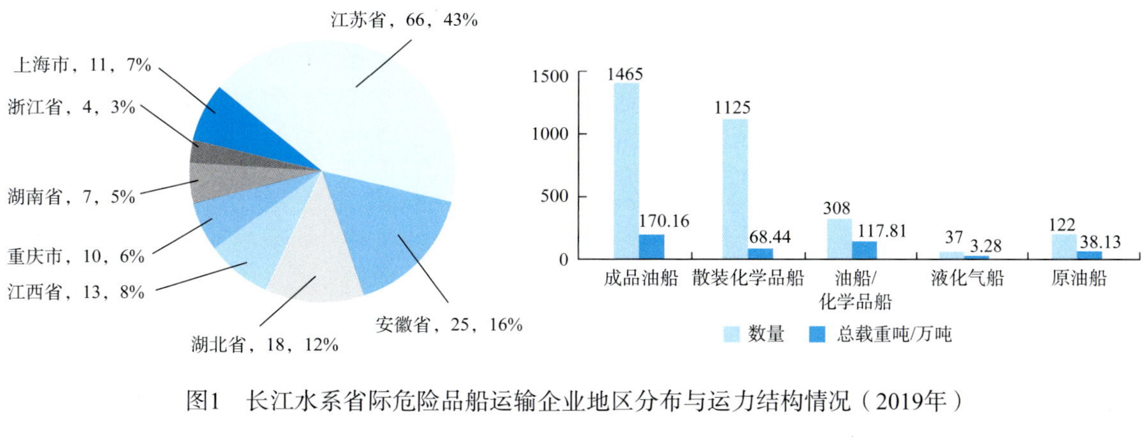

图1　长江水系省际危险品船运输企业地区分布与运力结构情况（2019年）

截至2019年底，长江水系共有省际液货危险品运输船舶2955艘，同比减少76艘；总计367.3万载重吨，同比减少3.9万载重吨；平均吨位1243.0载重吨/艘，同比增加18.2载重吨/艘。

其中，经营长江干线及支流省际运输的船舶363艘、132.7万载重吨。平均船龄10.6年，其中船龄16~26年的473艘，26年及以上的33艘。表1为长江水系省际液货危险品运输船舶船龄情况。

长江水系省际液货危险品运输船舶船龄情况 表1

船舶类型	数量（艘）	平均船龄（年）	16~26年		≥26年	
			数量（艘）	占比（%）	数量（艘）	占比（%）
成品油船	1465	9.9	305	20.8	28	1.9
散装化学品船	1125	11.7	152	13.5	4	0.4
油船/化学品船	308	6.2	5	1.6	1	0.3
液化气船	37	13.0	10	27.0	0	0
原油船	122	9.8	36	29.5	0	0
合计	2955[❶]	10.6	473[❷]	16.0	33	1.1

二、市场运行情况分析

（一）总体运行情况

原油市场。省际运输主要客户为巴陵石化、金澳科技（湖北）、中海沥青（四川）；省内运输主要客户扬子石化、清江石化。2019年，海进江原油运输量约1680万吨，其中上海进港约367万吨，江苏进港约1310万吨。内河运输量约640万吨，其中上海出港约20万吨（省际），江苏出港565万吨（省际415万吨、省内150万吨），湖南出港55万吨（省际）。省际运输主要为江苏南京—湖南岳阳、湖南岳阳—四川泸州航线；省内运输主要为江苏仪征—南京扬子、江苏淮安航线。

成品油市场。主要客户为中石化、中海油、中国石油、中航油、中化等五大石油化工企业。山东民营炼厂与沿江省市成品油销售存在较大价差，相关贸易商也成为重要的服务对象。2019年，海进江成品油运输量约2260万吨，其中上海进港537万吨、江苏进港1643万吨、安徽进港62万吨、江西进港16万吨、湖北进港5万吨。内河运输量约5050万吨（图2），其中省际约2600万吨，主要为五大石化企业及贸易商运输需求；省内约2450万吨，主要为中石化系统沿江炼厂、相关大型成品油罐区储运企业及各省市中心库分销倒库、相关库的调剂倒罐、国储库的更新油品等原因产生二、三次中转运量。长江成品油省际运输基本呈长江下游往上游阶梯式递送运输，重庆地区为中上游最大目的地。江苏为长江成品油最大中转地，2019年省际运输出港量达1650万吨。表2为沿江主要省市成品油内河运输进出港运量情况。

❶ 表中合计数扣除了同时从事原油、成品油运输的船舶102艘。

❷ 船龄16~26年的36艘原油船中有35艘同时从事原油、成品油运输。

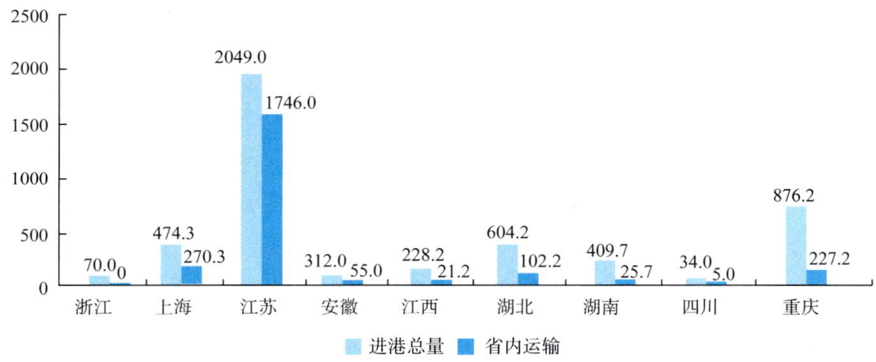

图2 长江成品油内河运输情况（单位：万吨）

沿江主要省市成品油内河运输进出港运量[❶]（单位：万吨） 表2

始发港	目的港									
	浙江	上海	江苏	安徽	江西	湖北	湖南	四川	重庆	出港合计
上海	28	270	122	17	8	24	23	0	8	500
江苏	42	198	1746	224	190	337	272	10	382	3401
安徽	0	1	29	55	4	65	19	1	35	209
江西	0	1	47	1	21	32	22	1	57	182
湖北	0	2	15	13	3	102	47	4	134	320
湖南	0	1	83	1	1	39	26	2	33	186
重庆	0	1	7	1	1	5	1	11	227	254
进港合计	70	474	2049	312	228	604	410	29	876	5053

化工品市场。2019年，海进江化工品运输量约628万吨，其中上海进港127万吨、江苏进港490万吨、安徽进港11万吨；江出海化工品运输量约428万吨，其中上海出港95万吨、江苏出港319万吨、安徽出港14万吨。长江化工品内河运输量约3100万吨，其中省际运输量约1800万吨，省内运输量约1300万吨，主要生产厂家和客户为中国石化、铜陵有色、新浦化学（泰兴）、江苏索普、大冶有色等企业。长江化工品运输主要航线整体呈由上游往下游运输态势，重庆为长江中上游化工品最大输出港，全年省际化工品运输出港量达322万吨；南京为长江化工品最大目的港，全年省际化工品运输进港量达610万吨。从产品流向来看，PX受货方主要以重庆蓬威石化、中韩（武汉）石化、仪征化纤为主；硫酸受货方主要以江苏、湖北宜昌相关化工企业为主。表3为沿江主要省市化工品内河运输进出港运量情况。

❶ 表中数据为“0”表示小于5000吨，下同。

沿江主要省市化工品内河运输进出港运量（单位：万吨）　　表3

始发港	目的港									
	浙江	上海	江苏	安徽	江西	湖北	湖南	四川	重庆	出港合计
上海	70	82	111	1	1	1	1	0	0	267
江苏	103	84	920	38	34	303	24	1	23	1530
安徽	6	4	191	28	46	154	4	1	1	435
江西	0	0	33	5	40	28	2	0	0	108
湖北	0	9	113	4	13	118	16	0	5	278
湖南	0	0	22	1	0	5	5	0	1	34
四川	0	2	7	0	0	6	1	11	4	31
重庆	0	60	132	12	2	99	9	8	97	419
进港合计	179	241	1529	89	136	714	62	21	131	3101

（二）重点联系企业运行情况监测分析

运力状况及结构。抽样调查的25家重点联系长江水系省际液货危险品运输企业中，经营长江干线及支流（以下简称干线）省际液货危险运输企业有17家，经营长江中下游及支流（以下简称中下游）省际液货危险运输企业8家。25家样本企业拥有液货危险品船舶总计871艘、163.7万载重吨（占长江水系省际液货危险品总运力的28.5%、42.6%），平均1879.7载重吨/艘，分别较2018年减少1.6%、减少0.9%、增加0.7%。25家样本企业运力结构情况见表4、表5。

样本企业分船型运力结构　　表4

运力分类 船舶类型	艘数（艘）			载重吨（万吨）			平均载重吨（吨/艘）		
	本期	上年	同比	本期	上年	同比	本期	上年	同比
散装化学品船	387	394	–1.8%	66.4	68.0	–2.4%	1715.6	1726.9	–0.7%
成品油船	385	392	–1.8%	65.8	65.7	0.3%	1710.0	1675.2	2.1 %
原油船	97	97	0	31.3	31.3	0	3229.5	3229.5	0
液化气船	2	2	0	0.2	0.2	0	850.0	850.0	0
合计	871	885	–1.6%	163.7	165.2	–0.9%	1879.7	1866.7	0.7%

样本企业分许可航线运力结构　　表5

运输业务	艘数（艘）			载重吨（万吨）			平均载重吨（吨/艘）		
	本期	上年	同比	本期	上年	同比	本期	上年	同比
干线	698	712	–2.0%	146.7	148.3	–1.1%	2101.7	2083.1	0.9%
中下游	173	173	0	17.0	16.9	0.8%	984.4	976.2	0.8%
合计	871	885	–1.6%	163.7	165.2	–0.9%	1879.7	1866.7	0.7%

生产经营情况。样本企业共完成液货危险品运输3063.8万吨，比2018年减少5.1%；货物周转量共202.9亿吨公里，比2018年增加3.7%，见表6。样本企业主营业务收入227451.8万元，比2018年减少0.3%；主营业务成本203495.9万元，比2018年增加0.6%；主营业务利润20355.6万元，比2018年减少3.1%。营收利润率在0以下的占16%，0~5%占24%、5%~10%占8%、10%~15%占24%、15%以上占28%。

样本企业省际液货危险品运输情况　　表6

运输业务	货运量（万吨）			周转量（亿吨公里）		
	本期	上年	同比	本期	上年	同比
干线	2678.4	2767.8	-3.2%	184.5	177.7	3.8%
中下游	385.4	461.5	-16.5%	18.4	18.1	2.1%
合计	3063.8	3229.3	-5.1%	202.9	195.8	3.7%

船舶运行情况。样本企业船舶单位产量[1]的运量为18.3吨/载重吨，比2018年减少2.2%；周转量12574.6吨公里/载重吨，比2018年增加5.0%，见表7。样本企业船舶综合运输成本0.1003元/吨公里，同比减少2.9%，其中干线企业0.0955元/吨公里，下降1.9%，中下游企业0.1484元/吨公里，减少8.5%。样本企业单船平均营收261.1万元，增加1.3%；单船平均成本233.6万元，增加2.2%；单船平均利润23.4万元，减少1.5%。

样本企业省际液货危险品运输船舶单位产量　　表7

单位船产量	运量（吨/载重吨）			周转量（吨公里/载重吨）		
	本期	上年	同比	本期	上年	同比
综合平均	18.3	18.7	-2.2%	12574.6	11980.9	5.0%
干线	22.6	27.3	-17.2%	10822.5	10689.6	1.2%
中下游	18.7	19.6	-4.3%	12392.3	11848.9	4.6%

（三）运行特点

分运输市场情况。原重油市场，中海沥青（四川）在改制结束后进入正常生产，长江原重油运输市场较2018年稍有增长，恢复至2017年需求水平。成品油市场，受经济增速放缓影响，以及国内主要石化企业进一步落实成品油管道运输优先及就近配送措施，缩小了石化企业系统内调运规模，长江成品油运输量有所下降。化工品市场，环保政策对沿江小型化工企业的影响逐步体现，长江沿线精细化工产业发展带来部分运输需求增量，全年化工品运输市场基本平稳。

市场主体经营情况。2019年货运量同比减少5.1%，货物周转量增加3.7%，反映市场需求稍有下滑，其中中下游短途运输需求下降明显。全年收入同比减少0.3%，成本同比增加0.6%，利润同比减少3.1%，收入减少、成本上升的主要原因为财务成本上涨，反映企业融资压力增加。货物周转量增加而收入却有所减少，反映全年运价下滑速度增加。全年企业亏损面扩大至16%，利润率小于5%的达24%，企业盈利能力大幅下降。

❶ 船舶单位产量：船舶一个载重吨一年内完成的运量和周转量。

（四）市场供需关系评价

综合样本企业调研情况，长江水系省际液货危险品运输的往返航次平均航速取14公里/小时，往返航次综合在港时取8~11天，待闸时间取7天，综合枯水期影响，装载率取96%，方向不均衡系数取2，时间不均衡系数取1，干线及中下游区段各有关参数见表8。

长江水系省际液货危险品运输相关参数 表8

区段	平均航速（公里/小时）	综合在港停时（小时）	平均待闸时间（小时）	装载率（%）	方向不均衡系数	时间不均衡系数
干线	14	192	168	96	2	1
中下游	14	264	0	96	2	1

根据长江水路运输市场供需平衡指数模型，供需平衡的状态区间划分为“供给严重不足”“供给不足”“供需平衡”“供给过剩”“供给严重过剩”五个区域，分别以五种颜色的预警信号灯表示。结合长江水系省际液货危险品运输相关参数，测算2018、2019年长江水系省际液货危险品市场供需平衡指数，并得到市场供需平衡状态对应的预警信号，见表9、表10。

长江水系省际液货危险品运输市场供需平衡状态区间 表9

状态区间	预警信号	区间范围综合取值
供给严重不足	红灯	（101.01，+∞）
供给不足	黄灯	（97.03，101.01）
供需平衡	绿灯	（88.70，97.03）
供给过剩	浅蓝灯	（84.72，88.70）
供给严重过剩	蓝灯	（0，84.72）

长江水系省际液货危险品运输市场供需平衡指数与预警信号 表10

年份	干线		中下游		综合	
	平衡指数	预警信号	平衡指数	预警信号	平衡指数	预警信号
2019	93.45	绿灯	84.38	蓝灯	92.51	绿灯
2018	94.38	绿灯	91.58	绿灯	94.41	绿灯

2019年，长江水系省际液货危险品运输市场供需平衡指数为92.51，较2018年下降1.90，处于绿灯区间，表明市场运力供给总体适应运输需求，运力富余程度有所增加。分航线来看，干线区段供需平衡指数为93.45，小幅下降0.93，处于绿灯区间，表明干线区段运力供需基本均衡；中下游区段供需平衡指数为84.38，下降7.2，由绿灯区间落入蓝灯区间，表明存在明显的供给过剩。

三、市场发展趋势分析

2020年，随着国内经济活动逐步恢复，大量生产消费和运输服务需求将逐步释放。短期来看，沿江环保整治使化工企业面临成本提高的压力，将加速落后中小产能退出，给航运及相关产业带来阵痛。长期来看，将加快传统化工向高端化、集群化、园区化、绿色化发展。预计长江液体危险品运输市场将整体保持平稳，但2020年受疫情影响，需求量将有不同程度下降。其中，原重油市场在进口需求增长、国家环保政策趋严、炼厂区域布局优化等因素影响下，未来2~3年原油运输市场基本稳定，2020年有小幅下降；成品油市场受国内成品油需求下降、长江经济带管网布局统筹建设带来的管道替代风险等影响，未来2~3年运输需求有小幅下降，疫情对2020年成品油水运有直接影响，预计运输需求有较大幅度下降；化工品市场方面，沿江石化企业“控油转化”发展提速，部分安全环保不达标的化工企业面临关停转型，将影响长江化工品运输市场，预计未来2~3年化工品运输需求有一定增量，但2020年受疫情影响有所下降。

（长江航运发展研究中心、长江港航物流联盟液货危险品专业委员会）

专题6

长江干线省际载货汽车滚装运输市场监测分析

2019年，随着国家运输结构调整步伐不断加快，公路治超力度不断加大，载货汽车通过水路运输与通过公路运输之间的收益差距缩小，长江干线省际载货汽车滚装整体运输市场有所下滑，部分航线运输量下滑严重。

一、市场主体及运力情况

2019年，长江干线省际载货汽车滚装船运输企业10家，较2018年无变化。其中湖北3家、重庆7家。经营宜渝航、宜忠、宜万航线7家，经营宜渝、宜万航线2家，经营宜渝航线1家。长江干线省际载货汽车滚装船45艘，共2695车位，平均船龄14.2年，均为59或60车位的标准船型。其中，宜渝航线运力30艘/1796车位，实际投入运营21艘/1257车位，自愿停航9艘/539车位；宜忠航线运力8艘/479车位；宜万航线运力7艘/420车位。部分停航船舶联系到外部作其他用途如转运趸船、运输钢结构等。按照《宜渝航线停船提效方案》，9艘船舶自愿停航，但保留资质，根据滚装市场行情可自愿恢复运营。表1为长江干线省际载货汽车滚装船运力运营情况。

长江干线省际载货汽车滚装船运力运营情况表（2019年） 表1

航　　线	船舶总数（艘）	车位总数（个）	航线运力占比（%）
宜渝航线	21	1257	58.3
宜忠航线	8	479	22.2
宜万航线	7	420	19.5
合计	36	2156	100

二、市场运行情况分析

（一）市场运行情况

总体情况。2019年，长江省际载货汽车滚装运输总量为18.76万台，同比下降6.8%，其中上行7.41万台、下行11.35万台，分别下降18.4%、增长2.7%。宜渝航线运量7.45万台，其中上行3.59万台、下行3.86万台；宜忠航线运量5.53万台，其中上行1.81万台、下行3.72万台；宜万航线运量5.79万台，其中上行2.01万台、下行3.78万台。三条航线运行情况差异较大，其中，宜渝航线运输量降幅最大，同比下降近30%，上下行车流量均呈现下降趋势；宜忠航线着力打造精品航线，通过在码头建立专门的司机食堂、定班发船、改进服务态度等，促进了服务质量和水平提升，运输量实现了快速增长，同比增长超过30%。宜万航线同比增长7.3%，下行方向车流量增长幅度较大，主要是由于G42沪蓉高速湖北巴东核桃树大桥维修实施交通管制，使得部分车辆由陆转水。长江干线省际载货汽车滚装船运输市场分航线、分月份对比情况如图1、图2所示。

运输价格。根据川江载货汽车滚装运输定价管理机制，宜渝航线作为滚装运输的主航线，通过主航线定价方式和标准确定其他航线价格。以17.5米长的普通货车为例，宜昌到重庆、忠县、万州运价分别为2495元、2055元、1788元，重庆、忠县、万州到宜昌运价分别为2200元、1500元、2050元。万州码头实行优惠政策，外地车优惠20%、本地车优惠15%。宜忠航线、宜万航线为联合经营，实现定班发船；宜渝航线为保证船舶营运效益，按照装车金额发班，一般上水12万元、下水7万元。

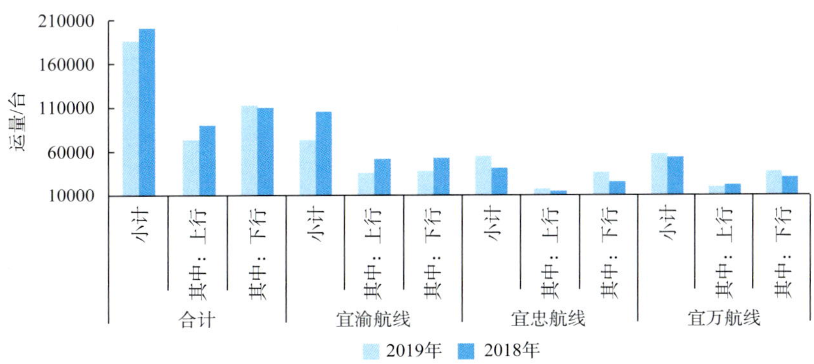

图1　年长江干线省际载货汽车滚装船运输市场情况（2019）

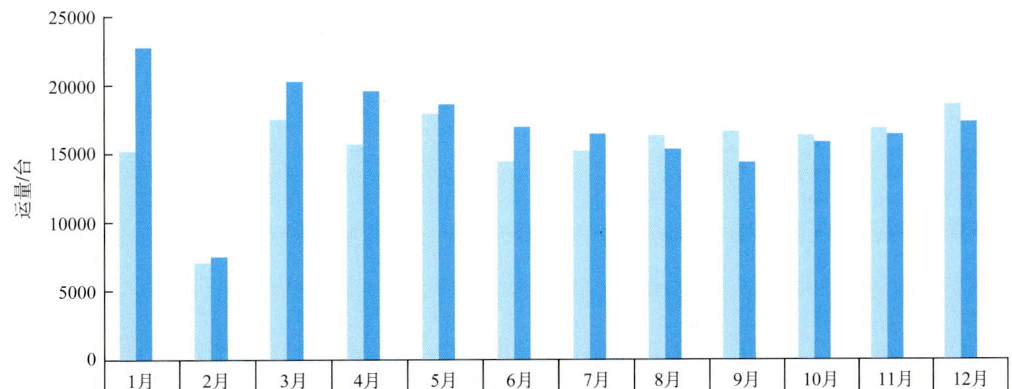

	1月	2月	3月	4月	5月	6月	7月	8月	9月	10月	11月	12月
2019年	15172	7069	17514	15738	17923	14384	15200	16286	16597	16319	16839	18588
2018年	22781	7489	20262	19568	18605	16931	16447	15368	14350	15879	16425	17232
增长率	-33.40%	-5.61%	-13.56%	-19.57%	-3.67%	-9.33%	-7.58%	5.97%	15.66%	2.77%	2.52%	7.87%

图2　长江干线省际载货汽车滚装船运输市场月份对比情况

经营效益。宜渝航线、宜忠航线、宜万航线单个往返航次营运收入分别为19万元、11.5万元、10万元。其中宜忠航线、宜万航线经营效益较好，单船年毛利润在100万元以上，最高可达200万元。宜渝航线经营效益不佳，部分船舶处于停航状态，营运船舶年毛利润近80万元（未分摊到停航船舶上）。以宜渝航线营运船舶为样本进行效益测算，上行轻车2150元/台、重车2300元/台，下行标车2385元/台，月往返3个航次，月营运收入约57万元，运营成本约50万元，月毛利润约6.7万元（图3）。

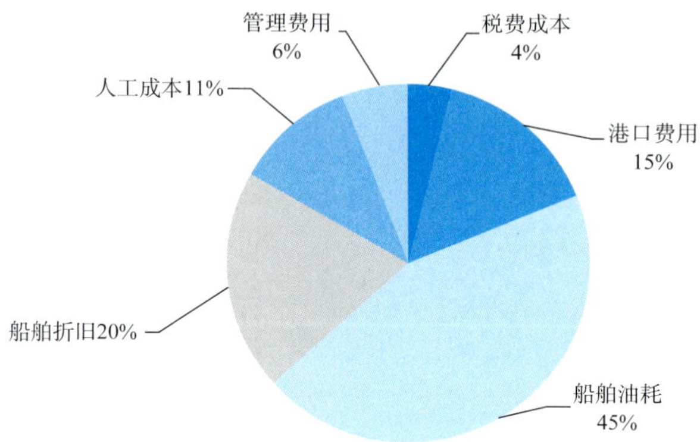

图3　宜渝航线船舶运营成本构成图

（二）市场供需关系评价

根据调研，宜渝航线上水42小时、下水35小时；宜忠航线上水为25小时、下水21小时；宜万航线上水20小时、下水17小时，单航次综合在港时间5~10小时，由于标车和实载车车型差距较大，装载率综合取70%。根据长江水路运输市场供需平衡指数模型，按月份测算三条航线供需平衡指数（表2）。

长江干线省际载货汽车滚装船相关运营参数　　表2

航　线	往返航次航行时间（小时）	往返航次综合在港停时（小时）	装载率（%）	方向不均衡系数	时间不均衡系数
宜渝航线	77	30	70	1.05	1.1
宜忠航线	46	20	70	1.29	1.1
宜万航线	37	20	70	1.24	1.1

根据长江水路运输市场供需平衡指数模型，供需平衡的状态区间划分为“供给严重不足”“供给不足”“供需平衡”“供给过剩”“供给严重过剩”五个区域，分别以五种颜色的预警信号灯表示。结合长江省际载货汽车滚装船相关运营参数，按月份测算三条航线供需平衡指数，见表3。2019年长江省际载货汽车滚装船运输市场供需平衡指数在32.32~111.48之间波动，其中2月份指数最低，主要是由于春节期间公路运输车辆减少，运输需求不足的原因。

长江干线省际载货汽车滚装船运输市场供需平衡指数 表3

月份	1	2	3	4	5	6	7	8	9	10	11	12	综合
宜渝	70.20	34.10	84.25	72.50	72.68	53.92	54.94	52.08	54.46	56.45	58.11	66.77	63.71
宜忠	74.49	32.32	88.46	83.14	105.40	82.65	88.71	94.27	93.24	91.59	102.33	111.48	94.03
宜万	79.37	36.67	91.62	68.72	86.73	79.75	86.82	97.31	99.33	93.19	89.89	90.30	93.27
综合	72.94	34.21	86.62	74.13	82.69	65.33	68.65	71.52	73.07	72.44	75.01	82.60	77.84

根据供需平衡状态区间的取值范围，得到长江省际载货汽车滚装运输市场供需平衡状态对应的预警信号，见表4。

长江省际载货汽车滚装船运输市场供需平衡状态区间 表4

状态区间	预警信号	区间范围综合取值
供给严重不足	红灯	（100.30，+∞）
供给不足	黄灯	（96.41，100.30）
供需平衡	绿灯	（88.59，96.41）
供给过剩	浅蓝灯	（77.70，88.59）
供给严重过剩	蓝灯	（0，77.70）

根据供需平衡状态区间的取值范围，得到长江省际载货汽车滚装船运输市场供需平衡状态对应的预警信号，见表5。2019年长江省际载货汽车滚装船运输市场供需平衡指数为77.84，处于浅蓝灯区间，表明运力供给有所富余。分航线来看，宜渝航线供需平衡指数为63.71，处于蓝灯区间，表明存在较大运力富余；宜忠航线、宜万航线需平衡指数分别为94.03、93.27，处于绿灯区间，表明运力供给总体适应市场需求。

长江省际载货汽车滚装船运输市场供需平衡预警信号 表5

航线	供需平衡指数	预警信号	状态区间
宜渝航线	63.71	蓝灯	供给严重过剩
宜忠航线	94.03	绿灯	供需平衡
宜万航线	93.27	绿灯	供需平衡
综合	77.84	浅蓝灯	供给过剩

三、市场发展趋势分析

近年来长江干线省际滚装运输市场持续低迷，量价双跌，滚装运输企业收入、利润大幅下滑。受疫情影响，载货汽车滚装运输自2020年1月中旬全线停运、港口停业、船舶停航。湖北是长江省际载货汽车滚装运输必经之地，出于疫情防控考虑，复航仍存在较大不确定性，同时疫情的全球蔓延带来油价不断下跌，载货汽车滚装运输还将面临陆运通道的竞争压力。考虑到传染病防控特点及市场预期，滚装运输的恢复期预计至少半年以上。在航线恢复运营后，宜渝航线综合考虑重庆地区港口作业效率较低、货车存在额外支出及重庆主城区对大货车交通管制等影响，2020年下半年运量可能进一步下滑。宜忠航线通过提升服务质量，打造精品航线，有利于与陆上高速公路竞争，陆上分流车源将回归水路，同时能吸引重庆地区车源，预测2020年下半年运量将与2019年下半年持平或略低。宜万航线因G42沪蓉高速巴东段核桃村大桥维修交通管制，从2019年7月30日至2020年12月31日，沪蓉高速1250KM+100M~1270KM+300M路段禁止货车通行，陆路绕行方案的安全性、及时性得不到保证，2020年下半年的增量有望继续维持。为合理分配运力，缓解宜忠、宜万航线运力阶段性不足情况，载货汽车滚装专委会已于2019年底推进航线运力调整，宜渝航线为18艘/1077车位，宜忠航线为9艘/539车位，宜万航线为9艘/540车位。

（长江航运发展研究中心、长江港航物流联盟载货汽车滚装运输专业委员会）

专题 7

长三角地区港口经济运行情况及形势分析

2019年全球经济贸易增速显著放缓，主要经济体增速持续下行，新兴经济体下行压力加大。美国推行单边主义和保护主义政策导致世界经济增速下滑，发达经济体货币与财政政策效果减弱，全球需求不足严重抑制了世界经济的增长。在促内需、稳增长措施助力下，我国经济运行总体平稳，主要预期目标较好实现。全年国内生产总值增长6.1%，外贸进出口总额增长3.4%，增速继续下降。长三角地区GDP同比增长6.4%，外贸进出口总额增长2.1%。

一、长三角地区经济发展态势

2019年，长三角区域一体化发展上升为国家战略，全方位推进和深度融合是长三角一体化发展国家战略的必然选择。长三角各省市深化改革创新，打破“行政区经济”束缚，扩大对内开放，强化区域分工，构建深度融合的一体化现代经济体系，全面推进长三角一体化发展，打造具有国际竞争力的经济一体化发展区域。2019年，长三角三省一市完成国内生产总值237253亿元，按可比价格计算增长6.4%，经济总量占全国比重为23.9%（表1）。

长三角三省一市主要经济指标数据（2019年） 表1

地区	GDP		第一产业增加值		第二产业增加值		第三产业增加值	
	总量（亿元）	增速（%）	总量（亿元）	增速（%）	总量（亿元）	增速（%）	总量（亿元）	增速（%）
上海市	38155	6.0	104	-5.0	10299	0.5	27752	8.2
江苏省	99632	6.1	4296	1.3	44271	5.9	51065	6.6
浙江省	62352	6.8	2097	2.0	26567	5.9	33688	7.8
安徽省	37114	7.5	2916	3.2	15338	8.0	18860	7.7

二、长三角地区对外贸易发展态势

2019年，长三角地区进出口总额为112911亿元，同比增长2.14%；外贸总量占全国外贸总量的35.8%，其中：上海市34046.82亿元，同比增长0.1%；浙江省30831.9亿元，同比增长8.1%；江苏省43379.7亿元，同比下降0.97%；安徽省4653亿元，同比增长9.3%。2019年，我国外贸进出口的主要情况是：（1）进出口规模逐季攀升。四个季度进出口值分别为7.03万亿元、7.68万亿元、8.26万亿元、8.59万亿元。（2）主要贸易伙伴位次发生变化，东盟成为我国第二大贸易伙伴。2019年，第一大贸易伙伴仍是欧盟，对欧盟进出口4.86万亿元，增长8%；对东盟进出口4.43万亿元，增长14.1%；对美国进出口3.73万亿元，下降10.7%；第四大贸易伙伴是日本，进出口2.17万亿元，增长0.4%。此外，我国对"一带一路"沿线国家进出口9.27万亿元，增长10.8%，高出整体增速7.4个百分点。（3）民营企业首次超过外商投资企业，成为我国第一大外贸主体。2019年，民营企业进出口13.48万亿元，增长11.4%，占我国外贸总值的42.7%，比2018年提升3.1个百分点。外商投资企业进出口12.57万亿元，占我国外贸总值的39.9%。国有企业进出口5.32万亿元，占16.9%。（4）贸易方式结构进一步优化，一般贸易进出口比重提升。全年一般贸易进出口18.61万亿元，增长5.6%，占我国外贸总值的59%，比2018年提升1.2个百分点。其中，出口9.95万亿元，增长7.8%；进口8.66万亿元，增长3.1%。加工贸易进出口7.95万亿元，下降5.1%，占25.2%。（5）出口商品以机电产品和劳动密集型产品为主，机电产品所占比重接近六成。全年机电产品出口10.06万亿元，增长4.4%，占出口总值的58.4%。同期，纺织服装等7大类劳动密集型产品出口3.31万亿元，增长6.1%。（6）铁矿砂、原油、天然气、大豆等大宗商品进口量增加。2019年，我国进口铁矿砂10.69亿吨，增加0.5%；进口原油5.06亿吨，增加9.5%；进口天然气9656万吨，增加6.9%；进口大豆8851万吨，增加0.5%。此外，肉类产品进口增长比较快，全年进口猪肉210.8万吨，增加75%；进口牛肉165.9万吨，增加59.7%。

总的来看，在国内外风险挑战明显上升的情况下，全年外贸进出口实现了量的稳定增长和质的稳步提升。但国际经济贸易领域仍然存在一些不确定、不稳定因素，世界经济增长放缓，新冠肺炎疫情的冲击已确定第一季度生产活动的减少，2020年跨国贸易和投资可能受到拖累。

三、长三角地区水路货运量与货物周转量

2019年，全国水路运输总体上平稳增长，全国水路完成货运量74.72亿吨，同比增长6.3%；全国水路完成货物周转量103963亿吨公里，同比增长5.0%。

长三角地区完成水路货运量39.25亿吨，同比增长6.7%；占全国水路货运量比重52.5%。其中：上海市7亿吨，同比增长4.6%；江苏省9.07亿吨，同比增长3.3%；浙江省10.69亿吨，同比增长8.8%；安徽省12.5亿吨，同比增长8.8%。

长三角地区完成水路货物周转量52149亿吨公里，同比增长6.22%，占全国水路货物周转量比重50.2%。其中：上海市29471亿吨公里，同比增长5.3%；浙江省10074亿吨公里，同比增长7.7%；江苏省6379亿吨公里，同比增长4.2%；安徽省6225亿吨公里，同比增长10.5%。

四、长三角地区港口货物吞吐量完成情况

港口吞吐量。2019年，全国规模以上港口完成货物吞吐量139.51亿吨，同比增长5.7%。其中：沿海港口完成91.88亿吨，内河港口完成47.63亿吨。长三角地区港口共完成货物吞吐量49.67亿吨，同比增长7.84%，规模以上港口货物吞吐量占全国比重为35.6%。其中，上海市港口完成7.2亿吨，同比下降1.39%；浙江省港口完成17.5亿吨，同比增长11.1%；江苏省港口完成26.3亿吨，同比增长12.8%；安徽省港口完成5.5亿吨，同比增长13.6%。长三角地区各港口货物吞吐量同比有增有降，总体有稳定的增长。各港货物吞吐量情况见图1。

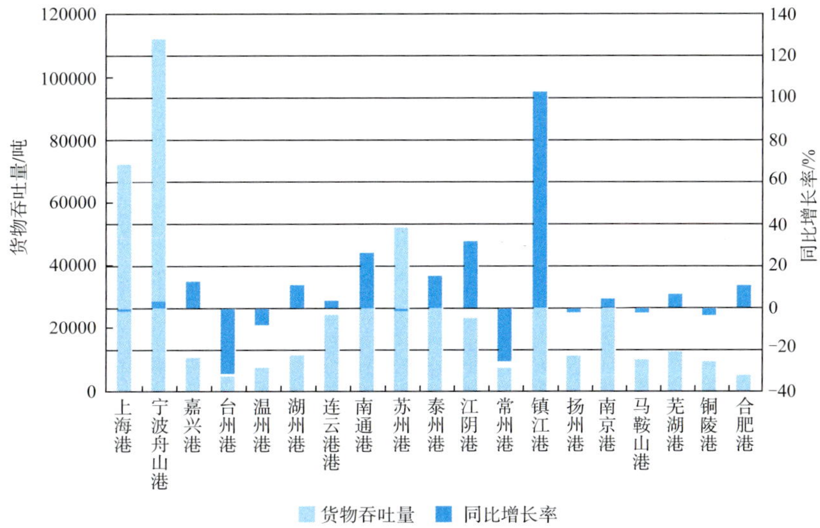

图1 长三角地区港口货物吞吐量情况

外贸吞吐量。2019年，全国规模以上港口完成外贸货物吞吐量43.21亿吨，同比增长4.7%，其中：沿海港口完成38.55亿吨，内河港口完成4.65亿吨。由于全球保护主义、单边主义抬头，中美贸易摩擦不断升级，世界贸易受到影响，经济增速低于预期，长三角区域港口外贸吞吐量增长受压，全年完成外贸货物吞吐量14.79亿吨，同比增长2.98%，占全国比重为34.2%。其中：上海港3.97亿吨，同比下降1.36%；浙江省港口5.36亿吨，同比增长2.7%；江苏省港口5.3亿吨，同比增长8%；安徽省港口0.16亿吨，同比下降4.8%。各港外贸吞吐量情况见图2。

集装箱吞吐量。2019年，全国规模以上港口完成集装箱吞吐量26107万TEU，同比增长4.4%，其中：沿海港口完成23092万TEU，内河港口完成3015万TEU。长三角地区港口集装箱吞吐量总体保持稳定增长态势，全年完成9545.4万TEU，同比增长4.23%，占全国总量的36.6%。其中：上海港4331万TEU，同比增长3.1%，继续保持世界第一；浙江省港口3158万TEU，同比增长6.0%；江苏省港口1877万TEU，同比增长5.0%；安徽省主要港口179.4万TEU，同比增长19.9%。各港集装箱吞吐量情况见图3。

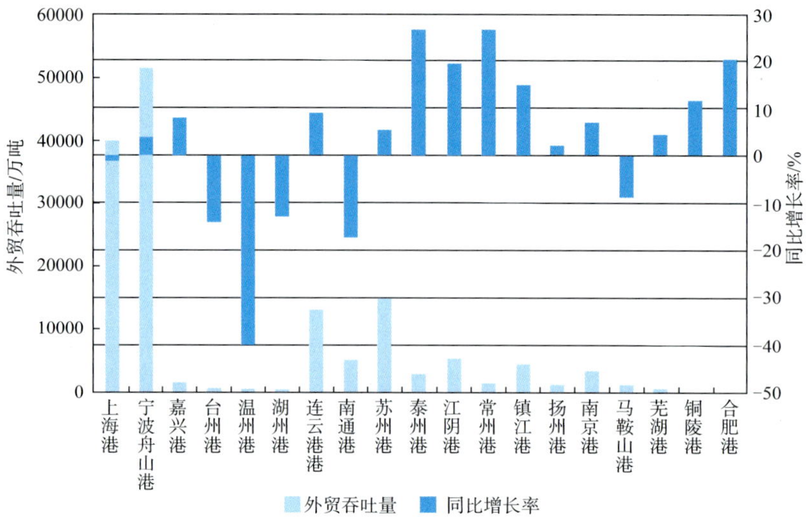

图2　长三角地区港口外贸吞吐量情况

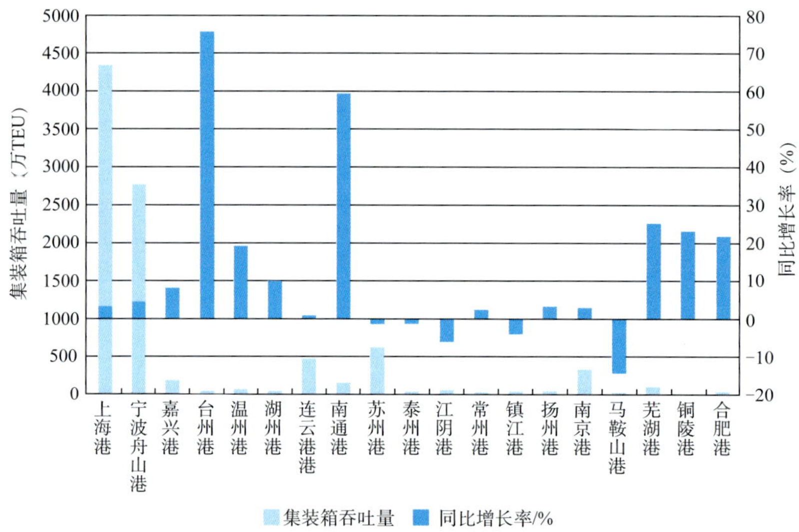

图3　长三角地区港口集装箱吞吐量情况

五、2020年港口经济发展形势展望

2019年，全球贸易增长创2012年以来新低，全球投资增速大幅下滑。2019年12月，中美双方就第一阶段经贸协议文本达成一致。这无疑有利于增强全球市场信心、稳定市场预期，为世界经济注入新动力。IMF下调了2020年、2021年的全球增长预测，分别为增长3.3%、3.4%，比2019年10月的预测低0.1和0.2个百分点。疫情蔓延将对全球经济增长造成影响，IMF可能因此继续下调其增长预估。

2020年，我国对外贸易面临的主要风险来自国内疫情控制情况和境外疫情发展程度，国内一季度生产活动的减少，导致消费和购买力下降。我国制造业和交通物流业在控制疫情下受到短期影响，经济增速预计会下调。预计2020年全国规模以上港口货物吞吐量和外贸货物吞吐量将继续低速增长，增速基本在3%左右，较2019有所减缓。如果其他主要经济体疫情发展超出预期，还将进一步对世界经济造成超出预期的严重负面影响，进而对港口外贸吞吐量造成冲击。

经济社会发展，交通运输先行。长三角区域港口一体化稳步推进，内河高等级航道高标准贯通，港航基础设施互联互通和融合协同，并通过互联网科技的手段，加强长三角一体化后的港口经济发展，实现资源的优化配置，促进铁水联运、江海联运、公水联运融合发展，提升物流效率，区域港口将进一步转型升级、提升服务保障能力、提质增效。预计2020年长三角地区规模以上港口货物吞吐量将突破50亿吨，外贸货物吞吐量达到15亿吨，集装箱吞吐量突破9500万TEU。

（上海组合港管委会办公室）

专题 8

三峡枢纽通航情况分析

2019年，三峡船闸运行安全高效，升船机试通航运行顺利，通航组织顺畅和谐，联动控制措施成效显著，过坝船舶待闸平稳有序，过闸船舶进一步大型化，三峡坝区通航总体安全、平稳、有序。三峡枢纽（含三峡船闸、升船机）通过量1.48亿吨，再创历史新高。

一、三峡船闸过闸统计分析

2019年，三峡船闸日运行24小时，年通航天数北线348.71天、南线352.26天，高于设计的年通航335天、日运行22小时。日运行30.32闸次（北线15.08、南线15.24）。单次过闸平均吨位18614.48吨（上行18507.01吨、下行18721.89吨），大大超出设计的10200吨。过闸船舶平均装载系数0.738（上行0.745、下行0.732），介于《船闸总体设计规范》（JTJ 305—2001）推荐值0.5~0.8之间，没有达到设计值0.9。运量不均衡系数1.151（上行1.328、下行1.192）。全年三峡船闸运行10627闸次，通过船舶43248艘次，货运量1.46亿吨，分别增长4.21%、1.58%、3.12%。

（一）过闸船舶吨位分析

2019年，三峡船闸过闸船舶3000吨以上船舶占比达到74.08%，5000吨及以上船舶占比达46.25%。过闸货船平均额定载重吨位4582吨（表1）。

三峡船闸过闸船舶额定载重吨位比例统计表　　表1

吨位级别	＜1000吨	1000~3000吨	3000~5000吨	≥5000吨	艘次合计
2019年艘次	342	10869	12033	20004	43248
所占比例	0.79%	25.13%	27.82%	46.25%	100%
2018年艘次	426	11161	11920	19067	42574
所占比例	1.00%	26.22%	28.00%	44.79%	100%

（二）过闸货运量情况分析

2019年没有开展船闸大修，汛期亦未出现因大流量造成船闸停航度汛的情况，全年船闸及升船机通过能力有所释放。2011年以前，三峡船闸货运量年均增长16.57%，2011—

2019年平均增长速度降至4.81%，2019年三峡船闸过闸货运量1.46亿吨，同比增长3.12%，船闸通过能力运用已经接近饱和，无法实现持续高速增长。图1为三峡船闸2019年分月货运量对比。

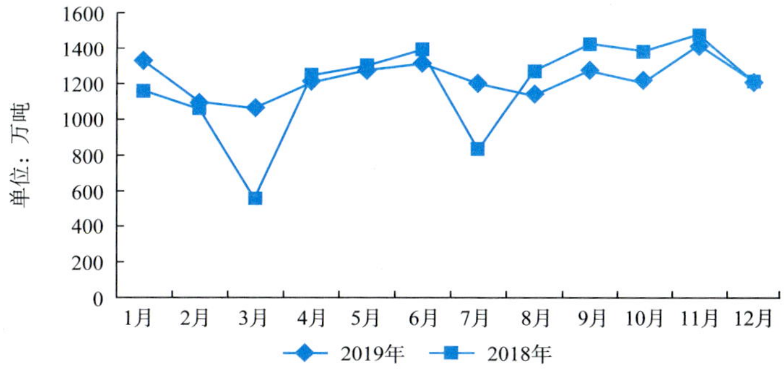

图1　三峡船闸分月货运量

上下行过闸货运量。2019年，三峡船闸上、下行货运量基本相当（图2），上行50.15%，略高于下行。受非法采砂打击力度加大、船舶污染防治要求提高，以及国内外经济形势波动带来的原上行主要过闸货物矿建材料、金属矿石等运量需求下降影响，5~9月上行占比低于下行。

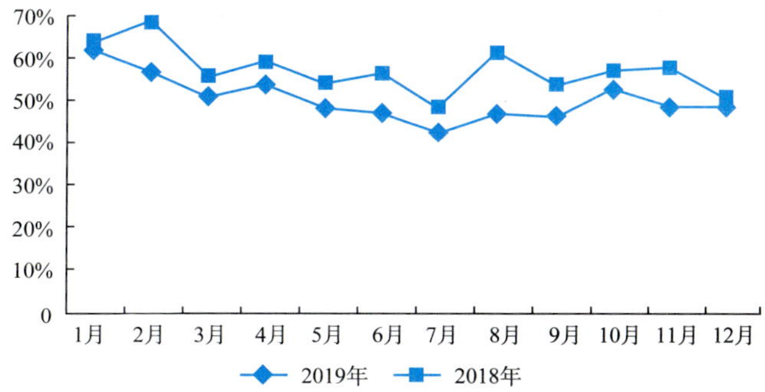

图2　三峡船闸上行货运量比例

过闸货种结构。2019年，三峡船闸主要过闸货物为矿建材料、矿石、集装箱、水泥、钢材、煤炭、石油等（表2），所占比例分别为29.60%、25.82%、9.89%、6.32%、4.52%、4.51%、3.92%。矿建材料受房地产市场调控及长江四川、重庆、湖北等地部分河段禁采砂石影响，以黄沙为主的上行运输量下降明显。铁矿石价格震荡上行带动金属矿石过闸货运量增长。钢铁去产能、汽车产业增速放缓及建筑用钢需求不足，带来钢材过闸货运量有所下降。

三峡枢纽过闸主要物资（万吨、万TEU）　表2

货种	上　行		下　行		合　计		
	货运量（万吨）	增长率（%）	货运量（万吨）	增长率（%）	货运量（万吨）	增长率（%）	比例（%）
矿建	1341	-51.15	3018	49.28	4358	8.55	29.60
矿石	2049	-1.54	1392	-5.88	3801	6.78	25.82

续上表

货种	上行		下行		合计		
	货运量（万吨）	增长率（%）	货运量（万吨）	增长率（%）	货运量（万吨）	增长率（%）	比例（%）
集装箱	41.51	4.02	44.94	14.82	86.45	9.37	9.89
水泥	32	183.15	898	7.52	931	9.88	6.32
钢材	491	5.40	174	-18.01	666	-9.06	4.52
煤炭	504	28.01	161	11.84	665	23.68	4.51
石油	534	5.16	42	56.13	577	-4.91	3.92

二、三峡升船机运行情况分析

升船机运行情况。三峡升船机自2016年9月试通航以来，设备设施运行总体平稳，通航管理各环节协调有力，分流部分三峡过坝船舶，较好发挥了快速通道功能，一定程度上提高了三峡枢纽综合通过能力。2017—2019年，三峡升船机实际通航时数分别为5556.62小时、7633.22小时和7390.02小时，通航率分别为63.43%、87.14%、84.36%。截至2019年底，三峡升船机共运行9680个有载闸次，通过船舶9762艘次，通过旅客35.85万人次，通过货物322.98万吨。表3为三峡升船机2016—2019年运行数据统计。

三峡升船机运行数据统计　　表3

年份	厢次	通过船舶（艘次）	旅客人数（人）	货运量（万吨）
2016	232	236	2114	2.4
2017	2289	2303	54954	55.0
2018	4257	4293	154153	151.4
2019	2902	2930	147258	114.2
合计	9680	9762	358479	323.0

通过船舶类型。2019年，通过三峡升船机的船舶类型以普通货船、客船为主，普通货船占比达62.16%，表明升船机除满足符合升船机通行条件的客船、商品车滚装船、集装箱船、公务船等优先过坝需求外，同时也兼顾了部分符合升船机通行条件的普通货船的过坝需求，成为符合技术要求的小型船、轻载（空载）船快速分流通道。表4为三峡升船机2016—2019年通过船舶分类情况统计。

三峡升船机通过船舶分类情况表　　表4

年份	客船	货船	商品车运输船	集装箱船	其他	合计
2016	65	104	44	2	21	236
2017	411	1648	120	69	55	2303
2018	781	2839	247	335	91	4293
2019	749	1477	320	292	92	2930
合计	2006	6068	731	698	259	9762

客运量。2019年，三峡升船机客运量为14.73万人次，同比减少4.47%。三峡枢纽客运量减少主要原因为升船机4月30日起持续停航38天。图3为三峡升船机2019年分月客运量对比。

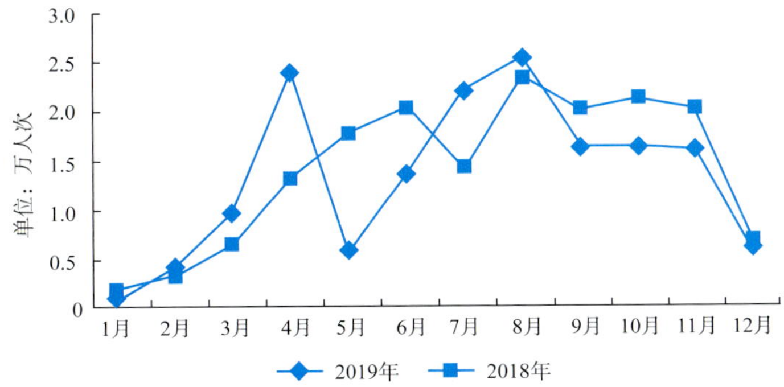

图3　三峡升船机分月客运量

三、通航建筑物运行情况

通航建筑物通航率。2019年未开展两坝船闸停航大修，全年因大雾天气致使船闸停航的总次数与停航总时间较2018年呈现下降态势，汛期没有发生因大流量造成通航建筑物停航的情况。在上述因素影响下，全年船闸停航时间少于2018年，船闸及升船机通航率均超过设计的84.13%（表5）。

船闸及升船机通航率统计表　　表5

闸号		停航时间（小时）			年通航率（%）		
		2019年	2018年	同比变幅	2019年	2018年	同比变幅
葛洲坝	一号船闸	84.08	956.40	-91.21%	99.04	89.08	11.18%
	二号船闸	81.55	156.18	-47.78%	99.07	98.22	0.87%
	三号船闸	60.38	165.77	-63.58%	99.31	98.11	1.22%
三峡	北线船闸	391.01	487.89	-19.86%	95.54	94.43	1.18%
	南线船闸	305.77	1178.52	-74.05%	96.51	86.55	11.51%
	升船机	1369.98	1126.78	21.58%	84.36	87.14	-3.19%

通航建筑物面积利用率。三峡船闸和葛洲坝一、二号船闸平均闸室面积利用率维持在70%以上（表6）。但受过闸船舶大型化等因素影响，大小船舶搭配过闸的难度进一步增加。除一号闸外，其他闸室面积利用率有所下降。

船闸及升船机闸室面积利用率统计表　　表6

闸号		2019年（%）	2018年（%）	同比变幅（%）
葛洲坝	一号船闸	71.67	71.15	0.52
	二号船闸	72.34	73.20	-0.86
	三号船闸	66.27	66.33	-0.06

续上表

闸　　号		2019年（%）	2018年（%）	同比变幅（%）
三峡	北线船闸	74.20	74.58	-0.38
	南线船闸	73.24	74.01	-0.77
	升船机	62.65	63.94	-1.29

四、三峡坝区滚装运输情况

2019年，坝上港口滚装专用码头进出滚装船舶4669艘次，作业滚装车187098辆，同比分别下降8.92%、6.36%。滚装运输量654.8万吨，同比下降6.4%。

五、三峡坝区船舶待闸情况分析

2019年，三峡河段日均待闸船舶495艘（图4），过坝船舶平均待闸时间83.33小时（图5），同比分别下降44.32%和44.88%。日最高待闸船舶968艘次（1月7日），最大待闸时间681.08小时。

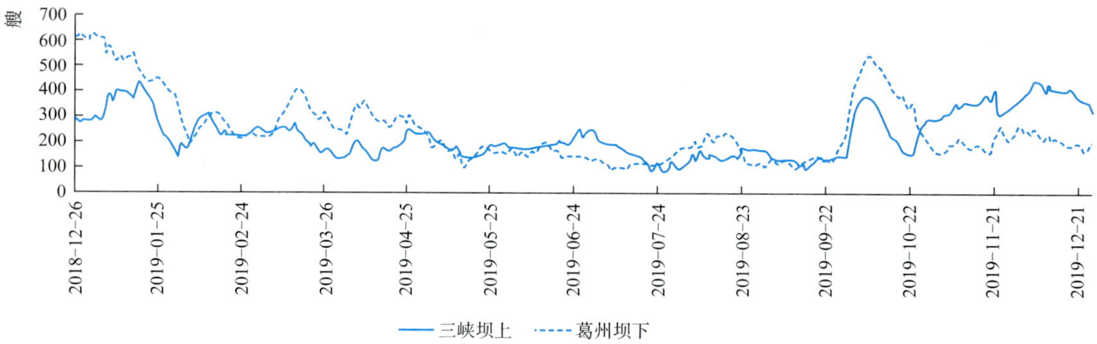

图4　过闸船舶日均待闸船舶数变化趋势图

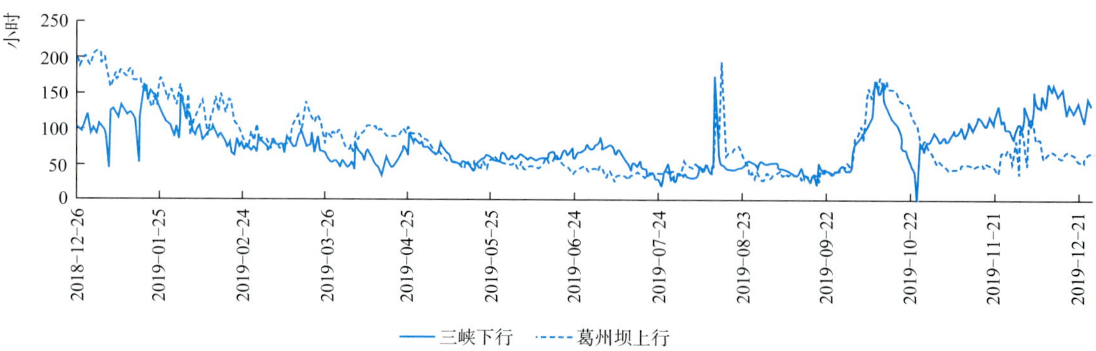

图5　过闸船舶日均待闸时间变化趋势图

六、三峡坝区通航形势展望

总体来看，2020年三峡坝区通航形势将十分严峻，船舶过坝供需矛盾将更加突出，船舶积压待闸呈常态化，船舶待闸时间将进一步延长，通航供给能力已明显不足，通航安全管理与运输组织保障的任务日益繁重。一是两坝船闸通过能力已趋饱和，几乎没有可挖潜的空间，但过坝需求持续增长，加之受新冠疫情影响，前期被压制的运输需求将逐步释放，船舶待闸形势将更加严峻，通航组织、船闸运行、锚地管理等面临更大压力和严峻考验。二是设备设施安全运行的压力进一步增加，三峡船闸和葛洲坝船闸计划性停航检修延期一年，延期期间需要切实加强三峡和葛洲坝船闸运行监测，落实预检预修和设备维保，保障安全运行。三是三峡河段大风大雾等恶劣天气出现频度和强度依然严峻，两坝间汛期通航水流条件更趋复杂，液货危险品过闸需求进一步增长，大型船舶比例已超过70%，保障通航安全的压力进一步增加。

（长江航运发展研究中心）

专题 9

长江三峡游轮旅游发展分析

一、三峡游轮

（一）企业及运力

2019年，重庆、湖北经营长江干线豪华旅游运输的企业共有7家、游轮34艘、客位数11917个。其中：重庆长江黄金游轮有限公司7艘、3521客位；重庆冠达世纪游轮有限公司7艘、2634客位；重庆东江实业有限公司7艘、1806客位；长江轮船海外旅游总公司5艘、1192客位；武汉扬子江游船有限公司5艘、1907客位；重庆大美长江三峡游轮股份有限公司2艘、749客位；重庆乾升游轮有限公司1艘、108客位。表1为经营长江干线豪华旅游运输企业船舶情况统计。

经营长江干线豪华旅游运输企业的船舶情况表　　表1

公司名称	游轮艘数	邮轮名称	客位总数
重庆长江黄金游轮有限公司	7	长江黄金1号、长江黄金2号、长江黄金3号、长江黄金5号、长江黄金6号、长江黄金7号、长江黄金8号	3521
重庆冠达世纪游轮有限公司	7	世纪钻石、世纪宝石、世纪辉煌、世纪天子、世纪神话、世纪传奇、世纪荣耀	2634
武汉扬子江游船有限公司	5	总统一号、总统二号、总统六号、总统七号、总统八号	1907
重庆东江实业有限公司	7	凯珍、凯娜、凯蒂、凯琳、凯莎、凯蕾、凯娅	1806
长江轮船海外旅游总公司	5	长江壹号、长江贰号、维多利亚5号、维多利亚7号	990
重庆大美长江三峡游轮股份有限公司	2	华夏神女1号、华夏神女2号	749
重庆乾升游轮有限公司	1	马可波罗	108
合计	34		11917

（二）运营情况

市场分析。长江水路旅客运输实名制系统保持稳定运行，全年三峡游轮完成客运量66.5万人次，同比增长2%。其中重庆企业完成52.08万人次，湖北企业完成14.42万人次。从上下水比例分析，上行32.67万人次，同比增长9.4%；下行33.83万人次，同比减少3.3%。尽管旅游市场行情较好，但业内竞争激烈，票价较往年并无较大变化，较近年份建造的豪华游轮标准间平均价格在2200元/人左右，较早年份建造的游轮标准间平均价格在1800元/人左右。市场良性发展使游轮负载率稳定在可观区间，全年游轮平均负载率为78.0%。2019年，重庆以旅游产业为重心的服务产业发展势头良好，对区域经济增长做出的贡献超过制造业。重庆高度重视旅游产业发展，通过2019年上合组织地方领导人会、全国公共文化领域重点改革任务暨旅游厕所革命工作现场推进会等大型会议或活动对重庆旅游进行了全面宣传，对相关工作进行了全面部署，重庆旅游品牌热度持续高温。作为重庆旅游重要组成部分的三峡游轮旅游抓住发展契机，各公司加大宣传力度，与重庆及长江三峡沿线相关景点展开深度合作，在旅游的淡旺季、国家法定假日等特殊时段推出了丰富的旅游产品，持续吸引了国内外的宾客前来重庆及长江三峡游玩。表2为经营长江干线豪华旅游运输企业客运量完成情况统计。

经营长江干线豪华旅游运输的主要企业客运量完成情况 表2

排名	单　　位	运量（万人次）	占市场总量比重（%）
1	重庆黄金游轮有限公司	17.08	25.68
2	重庆冠达世纪游轮有限公司	12.81	19.26
3	武汉扬子江游船有限公司	11.54	17.35
4	重庆东江实业有限公司	10.09	15.17
5	长江轮船海外旅游总公司	6.60	9.92
其他		8.38	12.60

国内游客。2019年，乘坐三峡豪华游轮的国内游客（含港澳台）为57.1万人次，西南地区、华东地区仍为最主要客源地，四川、浙江、江苏三省游客均超过4万人。国内游客来源地构成如图1所示。

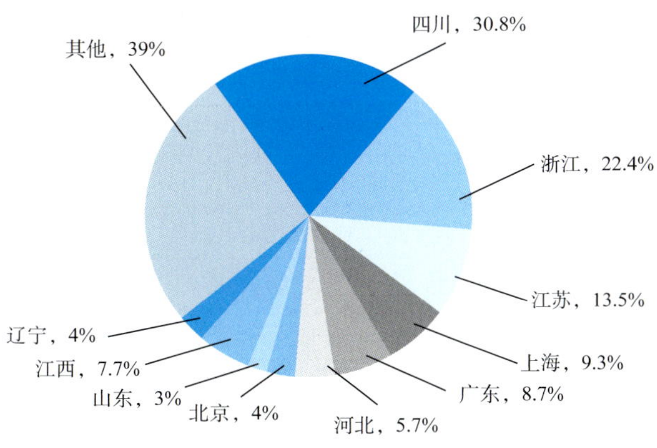

图1　国内游客来源地构成

国外游客。2019年，乘坐三峡豪华游轮游玩的国外游客总数为9.4万人次。主要客源为北美的美国、加拿大，欧洲的德国、英国，亚洲的韩国、新加坡和马来西亚。外籍游客来源地构成如图2所示。

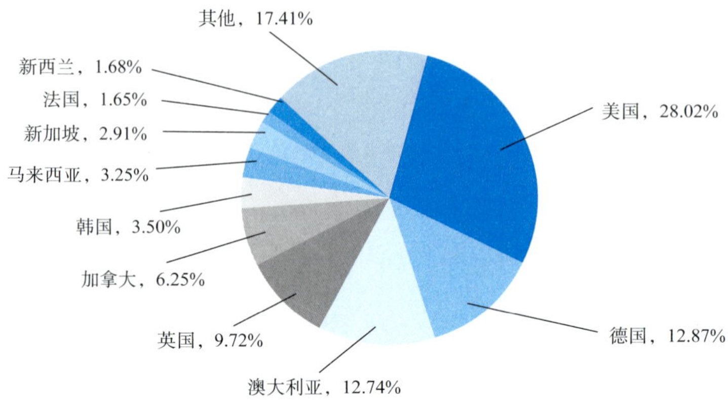

图2　外籍游客来源地构成

年龄结构。2019年，乘坐三峡游轮旅游的旅客中，60岁以上游客仍占到整个市场的半壁江山，达到49.57%；其次为35~60岁游客，占37.65%；18~35岁游客占6.10%；12岁以下游客占4.03%；12~18岁游客占2.65%。根据数据显示，三峡豪华游轮旅游消费的主要群体主要集中在具有闲暇时间的60岁以上退休人士，以及35~60岁的具有消费能力的青中年人士。12~18岁的学生出行机会较少，该年龄段游客占比最低。

二、经济型游船

2019年，渝鄂两地经营经济型游船的企业共9家，其中重庆3家、湖北6家，运行船舶共21艘。全年完成客运量32.12万人次，同比增长38.0%。其中重庆完成9.98万人次，湖北完成22.14万人次，经济型游船负载率在67.7%左右，略低于豪华游轮负载率。表3为经济型游船单位及运行船舶数量统计。

经济型游船单位及运行船舶数量　　表3

地　区	序号	单　位	运行船舶（艘数）
重庆	1	重庆渝鸿船务有限公司	3
	2	重庆市客轮有限公司	1
	3	重庆市环湖船务有限公司	1
湖北	1	宜昌隆基旅运公司	3
	2	宜昌江腾游轮公司	5
	3	巴东县楚天轮船公司	4
	4	皇家长江旅游船有限公司	2
	5	宜昌交运长江游轮有限公司	1
	6	宜昌新高湖滚装客船有限公司	1
合计			21

三、两江游船

2019年，重庆经营两江游船的企业共3家（表4），分别是重庆长江轮船公司、重庆市客轮总公司、重庆汇东船务有限公司，运行游船8艘、4500客位。两江游船全年运行10896艘次，完成客运量325.35万人次，同比分别增长45.3%、38.5%。其中，重庆市客轮总公司127.97万人次，占39.33%；重庆长江轮船公司完成客运量114.10万人次，占35.07%；重庆汇东船务有限公司完成客运量83.28万人次，占25.60%。

两江游船运力统计表　　表4

序号	企业名称	船舶艘数（艘）	船舶名称	客位总数（个）
1	重庆长江轮船公司	3	朝天皓月、朝天门、朝天宫	1900
2	重庆市客轮总公司	3	交运明月、交运明珠、满江红	1500
3	重庆汇东船务有限公司	2	金碧女王、金碧皇宫	1100
合计		8		4500

（重庆航运交易所）

专题 10

长江港口资源整合与一体化发展综述

港口是基础性、枢纽性设施，是经济发展的重要支撑。在长江经济带、长三角一体化发展等战略实施和共建“一带一路”背景下，各地大力推进区域内或跨区域港口资源整合，港口资源整合规模和范围不断扩大，区域港口一体化发展进入快车道。

一、推进港口发展格局一体化

高度重视港口资源整合与一体化发展。各地将港口一体化发展纳入地方经济社会发展全局，成立港口改革工作领导小组，全面加强组织领导，做到多层级协调、多平台互动、多渠道沟通。成立长江经济带港口服务平台联盟、长江港口物流联盟等机构，推动长江经济带港口互通互联、信息共享、合作共赢。在建设长三角世界级港口群中，上海完善运作平台，构建决策层、协调层和执行层“三级运作”的区域合作机制，设立交通、能源、信息、科技、环保、信用等12个重点合作专题，促进区域间交通规划、建设、管理等方面的有效衔接。安徽省港航集团与上港集团签订“沪皖港口联盟”深化合作协议书。河南省推动上下游、区域内、内河与沿海港口间经营资源整合，组建沙颍河、淮河等内河港口物流产业联盟。表1为各地港口资源整合与一体化运营情况。

组建港口运营管理平台。按照“一省一港一主体”发展模式和“统一规划、统一建设、统一经营、统一管理”的要求，各地加快推进国有企业公用货运码头整合，稳妥推进其他公用码头和企业自用码头整合，规范推进新改扩建码头建设，加强港口资源整合，推进港口一体化运营，依托省级港口企业集团，提升区域港口一体化运营水平。

加强区域港口互动联合。以更高质量一体化为导向，合作建设完善专业化码头服务网络。强化枢纽港的引领作用，加快建设布局合理、功能完善、优势互补、协同高效的区域港口群。上港集团与中远海运港口签署部分长江码头股权转让协议，上港集团将收购中远海运港口持有的张家港永嘉集装箱码头有限公司、扬州远扬国际码头有限公司及南京港龙潭集装箱有限公司的股权。江苏省港口集团收购国投交通控股公司所持镇江港务集团65.2%股权、苏州港集团收购北京国投交通控股公司所持张家港港务集团37%股权。四川与长江中下游港口、北部湾等沿海港口合作进一步深化，“天天直航快班”稳定开行，品牌效应逐步显现。川渝合作深入推动长江经济带发展行动计划，广元港与重庆果园港签订合作协议，川东北地区货物实现通江达海。

各地港口资源整合与一体化运营情况　　表1

地区	进展情况
上海市	进一步明确外高桥和洋山深水港区功能定位，推进罗泾、吴淞港区功能优化。调整优化长江口锚地，完成上海港锚地总体优化布局方案研究，启动上海吴淞口锚地浅区疏浚和布局优化，推进洋山金山水域锚地优化调整立项工作
江苏省	江苏省港口集团深化“区域一体化+专业化经营”经营体制改革，着力提高航运板块综合服务能力和市场竞争力。以南京港股份上市公司为主体，打造以南京区域航运物流中心为核心的宁镇扬海江河中转综合枢纽。推进集装箱运输、散货运输和航运服务三大业务板块的一体化运营。集装箱板块“内外并举、干支协同、高效运转”的港航融合不断深化。大宗散货板块先行先试宁镇扬散杂货商务一体化，集团大宗散货事业部功能作用逐步彰显。重组航运板块，划转集团持有的太仓海运、远东海运、中集东瀚股权，组建江苏远洋公司，作为集团航运板块的决策中心、运营中心和利润中心，搭建集团航运板块规划、投资、运营、管理平台。物流板块先后重组成立欣海物流、嵘海国际、长江砂石物流公司
浙江省	先后完成宁波舟山港一体化、浙江沿海“五港合一”，浙江海港形成了以宁波舟山港为主体，以浙东南温州港、台州港和浙北嘉兴港为两翼，联动发展义乌国际陆港及内河港口的“一体两翼多联”新格局。浙江省海港集团参与长三角港航一体化系列研究，提出打造“一群三中心”即全球领先的国际综合枢纽港群、国际综合航运中心、国际海事服务中心、国际临港智造中心的发展定位
山东省	2019年3月，山东海洋集团组建成立水运发展集团，打造全省海运和内河水运投融资和建设运营平台；8月，在青岛港、日照港、烟台港、渤海湾港基础上，组建成立山东省港口集团。山东省港口集团是山东省政府批准设立的国有企业集团，定位为统筹全省港口等重大交通基础设施建设、推动港口一体化发展的投融资和市场运营主体
安徽省	加快推动省港航集团运营发展，全面落实港口品牌、规划、运营、建设一体化发展措施，加快推进全省港口一体化运营。加快全省国有港口资源整合，省属国有资产和沿江五市市属港航资产已基本整合到位。先后与上港集团、中远海运集团等国内多家知名港航企业签订战略合作协议
江西省	制定出台《江西省港口资源整合工作方案》《江西省港口资源整合工作实施细则》，确立了港口资源整合主体，组建江西省港口集团。与14家码头企业签订合作或划转协议，与9家码头企业达成合作意向，清产核资、审计与资产评估全面展开，整合工作取得阶段性成效
湖北省	修订《湖北省港口布局规划》，以优化层次布局、整合港口资源、提升港口效率为基本出发点，提出了“五主十一重”的港口体系布局，并对集装箱、煤炭、矿石、矿建材料、油气、公务等各类码头提出了总体布局原则。武汉市与中远海运集团、上海港务集团签署合作备忘录，推进阳逻港整合经营，阳逻港二、三期完成整合
湖南省	湖南省港务集团有限公司作为湖南省港口码头整合的市场主体，负责湖南“一江一湖四水”（长江湖南段、洞庭湖、湘江、沅水、澧水、资水）及其他区域性重要港区国有涉港核心有效资产的资源整合，公共码头及配套设施的投资建设和统一运营，港口物流及相关产业的投资开发。印发《省港务集团战略发展规划》，在整合岳阳港并提质改造、扩容后，继续统筹推进，分步实施、逐步整合长沙港、常德港、衡阳港等全省重要港口资源，形成岳阳港为龙头，省内其他港口为喂给港的整体战略布局
重庆市	将重庆港九股份有限公司作为港口资源整合平台，推动集团内部资源整合，通过发行股份方式购买国投重庆果园港港务有限公司100%股权、重庆珞璜港务有限公司49.82%股权和重庆市渝物民用爆破器材有限公司67.17%股权，推动重庆果园集装箱码头有限公司吸收合并重庆国际集装箱码头有限责任公司，实现物流系统与港口资源整合
四川省	组建四川省港航投资集团有限责任公司，作为全省重大港航基础设施投资经营平台，注册资本93.7亿元，控股泸州港、宜宾港、乐山港、南充港、广安港等5个规模以上港口

二、推动港口资源利用高效化

制定区域港口一体化发展方案。各省加强战略合作，准确把握沿江地区港口发展趋势，推动港口资源统筹与差异发展，初步形成优势互补、错位协同、融合发展的新格局。上海出台《贯彻<长江三角洲区域一体化发展规划纲要>实施方案》，提出要巩固世界级国际海空枢纽港地位。浙江印发《推进长江三角洲区域一体化发展行动方案》，提出围绕上海国际航运中心建设，推动上海港和宁波舟山港分工合作、错位发展；巩固提升宁波舟山港综合能级，积极推动大、小洋山全域一体化开发合作，合力打造长三角现代化世界级港口集群；推动组建长三角港口联盟，加强以资本为纽带、以增量业务为重点的港口资源整合、项目合作、业务协同，探索建立相对统一的港航政策体系和经营机制。安徽省港航集团与舟山市人民政府、浙江省海港集团共同签订《推进长三角港航一体化加强江海联运合作框架协议》，三方将在推进长三角港航一体化、打造安徽货物集散中转基地、探索多式联运发展模式、加快航运服务集聚区建设、开展港航物流数据信息共享、建立高效联动机制等方面发展加强合作。

完善港口总体规划。加强规划编制的科学性，规范港口开发建设，提高港口规模化、集约化发展水平，为港口资源整合提供上位指导。浙江开展现代航运服务业发展、宁波舟山港一体化2.0版等重大课题研究，编制完成全省沿海港口布局规划，完成沿海港口中长期规划、内河航道和港口布局规划中期成果。江苏组织开展了港航国土空间规划编制、世界一流强港建设、长三角一体化港口群建设实施方案编制工作。安徽完成合肥港、芜湖港、马鞍山港、安庆港中心港区、宿州港、宣城港、淮南港、亳州港、滁州港、阜阳港等港口总体规划的修订调整工作。湖北省政府批复《湖北省内河航道发展规划》《湖北省港口布局规划》。四川规划建成“两核六翼多点”港口群，基本建成以泸州、宜宾港为主枢纽，以乐山、广安、南充、广元、凉山、达州港为区域枢纽，一般港口为节点，布局合理、功能完善、衔接高效、区域协同的港口群。

提升港口营运能力。加快构建干支联动、近洋远洋航线合理布局的协调发展格局。上海港与大丰港设立集装箱码头公司，共同经营大丰港集装箱业务，实现大丰港与上海港集装箱航线“天天班”服务。山东以航线为纽带，开通运营中外运“日照—青岛”、中创“岚山—青岛”2条集装箱外贸内支线，将青岛、日照、岚山串联为一体，实现港口码头、货源、航线、技术等资源共享共用，推动山东省港口集团集装箱业务深度融合。宁波舟山港开展“进长江、拓内陆、联大洋”行动，在南京组建长江区域公司，鼓励长江沿线市场物流企业、生产企业参与宁波舟山港长江支线业务开发，逐步实现长江内支线班轮稳定运营，业务辐射长江中上游重庆、武汉、合肥、芜湖、马鞍山、南昌等区域。江苏重点发展近洋航线和内贸沿海集装箱运输，为长江中上游集装箱提供中转、集并、分拨等服务，2019年5月开通南京至上海内外贸直达航线，提升南京区域性航运物流中心和太仓港集装箱干线港服务能力。安徽提升长江、淮河干线港口运营能力，加强与长三角港口合作，将芜湖港、马鞍山港打造成安徽省江海联运散货过泊中转基地，将芜湖、蚌埠等港口打造成上海航运中心重要集装箱喂给港。

三、促进港产城发展协同化

促进港产城一体化发展。加强港口规划与城市规划、产业规划衔接，将港口污染防治融入城市生态环境保护体系，推进城市景观岸线与港口生产岸线协调发展。强化港口与临港产业、物流园区的有效对接，依托港口建设物流中心、商品车和大宗商品交易平台、跨境贸易中心，推动港、航、运、产、城联动发展，推进各类要素集聚和能力释放。上海自由贸易试验区临港新片区获批，新片区南接洋山国际枢纽港，未来将打造成为港产城融合的现代化新区。湖南省实施岳阳城陵矶老港提质改造项目，建设长江流域首个巨型“胶囊式”港口散货仓库，建成散货装卸全封闭、全自动的公园景观式港口，为城市发展焕发出新的活力。重庆市依托寸滩港、果园港，将保税港区水港片区打造成以邮轮旅游、文化休闲、保税服务贸易、商务办公、品质生活度假区为主的西部自由贸易先行示范区。四川省充分发挥泸州、宜宾等对外开放水运口岸优势和港口汇聚水陆交通、衔接物流链条的重要作用，促进区域一体化联动和临港产业合理布局。

辐射带动腹地发展。推进港口后方腹地运输大通道建设，优化内陆无水港节点布局，拓展内陆服务网络，促进沿江港口与内陆无水港联动发展。上海北外滩利用岸线资源，探索“邮轮、游艇、游轮”协同发展，推出了长江中下游内河航线产品。推动浦江游览水岸联动，陆续推出“快线游”“吴淞口长航线”等特色旅游航线。浙江省利用运河文化资源，建设运河博物馆，打造“大运河文化带”，推动水上旅游产业蓬勃发展。重庆荣昌与四川泸州港牵手，共同设立泸州港务荣昌无水港，为辖区内企业提供便捷服务的公水联运服务平台和进出口物流新通道。四川泸州港与贵州赤水建立无水港，已设立昆明、成都、攀枝花、德阳、乐山、赤水、雅安7个内陆无水港；宜宾港启用雅安无水港，打通雅安与长江黄金水道的物流运输通道，延伸港口服务功能。

四、推动港口综合服务品质化

延伸上下游产业链。积极发展全程物流，推动码头物流向全程物流延伸，完善港口服务网络，发展门到门物流服务。山东推进港口物流电商云服务平台示范工程，重点搭建港口物流电商服务平台，打造“互联网+港口供应链”业务操作平台，建设平台式信息共享与交换体系，打通以港口为枢纽的全程物流通道。安徽芜湖港口岸单证无纸化平台成功上线，长江空箱调拨中心同步启用，进一步优化了安徽省口岸营商环境、提升了港口服务能力。

积极发展联运业务。上海推动上海港集装箱支线班轮与长江中下游主要港口的对接，开发了南京、芜湖、九江至上海的点对点直达航线，实现与洋山深水港区江海直达班轮化。浙江嘉兴、绍兴等地出台集装箱发展扶持政策，宁波首次开通了杭甬运河集装箱航线，衢州成立首家航运公司，开辟首条集装箱海河联运航线。湖北成功实现武汉至日本（神户、大阪、名古屋）集装箱国际直航班轮航线首航。重庆“渝黔桂新”铁水联运通道实现常态化运营，果园港开通至四川、贵阳等地铁水联运集装箱班列，万州新田等港口铁路集疏运中心开工建设。宜宾—水富公共集装箱班轮实现常态化运行，新开通宜宾—上海“五定”集装箱班轮航线；达州开行首趟达州至万州港东出铁水联运班列，泸州到广州双向班列、宜宾至钦州班列、广西防城港—广安铁海联运班列顺利开行；宜宾港参与筹建南向班列平台公司，推动南向班列稳定运行。

加强国际交流合作。参与“一带一路”沿线港口投资建设，在港口建设、临港工业、海洋产业等方面加强国际合作。上海航交所与中国—东盟信息港股份有限公司签署战略合作协议，在航运信息、航运标准、数字技术等方面开展多元合作。浙江海丝港口合作宁波倡议、中印尼港口合作项目、16+1贸易指数及宁波港口指数等列入第二届“一带一路”国际合作高峰论坛成果，浙江省海港集团与西班牙阿尔赫西拉斯港、一带一路迪拜站等国际合作项目加快推进。

五、推动口岸通关便利化

加强口岸监管与政策创新。首家外国船级社法国必维船级社（中国）有限公司在上海自贸试验区开展国际登记船舶入级检验业务。浙江省印发《关于进一步推进中国（浙江）自由贸易试验区改革创新的若干意见》，提出推动自贸试验区投资便利化与贸易自由化，再次明确加快打造国际油气交易中心、国际石化基地建设、国际油品储运基地、国际海事服务基地、宁波舟山液化天然气登陆中心等重点任务，批复设立杭州、宁波、温州、嘉兴、金华、台州等6个自贸试验区联动创新区。湖北自贸区襄阳片区首次设立外贸集装箱还箱点，为企业提供更快捷方便的集装箱服务。重庆市施行《中国（重庆）自由贸易试验区条例》，推动自贸试验区跨境铁路单证、多式联运单证的融资、结算便利化。四川省完善自贸试验区内泸州港临时开放口岸功能，推动泸州保税物流中心（B型）升级为综合保税区，提升口岸服务能力和便利化程度。2019年8月，江苏和云南两省自贸试验区获批，对推动长江航运服务业发展具有重要作用。

推动运输和通关便利化一体化。14省市全面深化单一窗口建设，有效推动了通关一体化。上海市将国际贸易单一窗口与上海“一网通办”平台对接，上海口岸实现进口边界合规时间大幅压缩到37小时，进口、出口边界合规费用分别压缩71%和53%，单证合规时间和费用双降。浙江省创新应用国际贸易“单一窗口”标准版运输工具（船舶）“一单四报”，率先开展国际航行船舶进出境通关无纸化和口岸港航通关服务一体化“4+1”功能，进一步提升了船舶境内续驶业务口岸通关效率，船舶进出境申报数据项减少66.7%，通关时间从16小时缩减到2小时。安徽省全面实施“一次申报、一次查验、一次放行”“无纸化通关”“批次进出、集中申报”“属地申报、口岸验放”等举措，国际贸易“单一窗口”实现货物申报、舱单申报、运输工具申报、企业资质办理、原产地证书申领、许可证件申领、查询统计、税费支付、出口退税等功能。湖北省推进进口大宗资源性商品检验“先放后检”，探索鲜活农产品快速通关和检验检疫监管机制，推进税单无纸化改革，完善海关企业信用管理体系。云南国际贸易“单一窗口”实现运输工具（船舶）申报功能，并已实现对云南省水港口岸全覆盖，船舶进出境通关申报时间将从平均16小时压缩到2小时左右。

更好服务口岸扩大开放。2019年3月，安徽省蚌埠港二类水运口岸通过省政府联合验收。10月，国务院批复同意江西省九江港口岸扩大开放瑞昌港区和彭泽港区。12月，重庆港口岸扩大开放果园港区、湖北省黄石港口岸扩大开放棋盘洲港区、山东省烟台港口岸扩大开放及江苏省连云港口岸扩大开放赣榆港区、徐圩港区、灌河港区通过国家验收。

（长江航运发展研究中心）

专题11

上海国际航运中心现代航运服务业发展综述

2019年，上海全力推动国际航运中心建设，继续实施《上海国际航运中心建设三年行动计划（2018—2020年）》，取得了新的发展和成就，基本建成具有全球航运资源配置能力的国际航运中心的目标日渐接近。

一、航运服务业高质量发展

营商环境不断优化。发布《上海口岸深化跨境贸易营商环境改革若干措施》，在提前申报、提前换单、单证办理、提升监管通关效率、港航作业、规范和降低口岸费用、规范服务等方面提出了相关措施，进一步提效降费。发布《上海市落实2019年港口建设费减负政策措施的通知》，2019年在上海港范围内向上海海事局缴纳的港口建设费地方留成部分退付缴款人，退付金额为《港口建设费专用收据》缴费金额的20%。

服务业进一步扩大开放。印发《上海市新一轮服务业扩大开放若干措施》，强化现代航运服务业对外辐射能力，提升全球航运资源配置能力。主要措施包括：推进符合条件的外国船级社对自贸试验区内登记的国际航行船舶，实施法定检验和单一船级检验；推进符合条件的外国船级社等相关机构、企业，开展拖航检验及船运集装箱检验业务等。

探索航运开放新政策。2019年7月30日，上海市政府第60次常务会议审议通过《中国（上海）自由贸易试验区临港新片区管理办法》。8月6日，国务院印发《中国（上海）自由贸易试验区临港新片区总体方案》。8月20日，中国（上海）自由贸易试验区临港新片区正式揭牌。9月20日，上海自贸区临港新片区管委会发布《中国（上海）自由贸易试验区临港新片区支持金融业创新发展的若干措施》。11月20日，中国（上海）自由贸易试验区临港新片区管委会发布《中国（上海）自由贸易试验区临港新片区支持人才发展若干措施》。新片区是以投资自由、贸易自由、资金自由、运输自由和人员从业自由等为重点，打造更具国际市场影响力和竞争力的特殊经济功能区。新片区的设立是中国再一次制度创新、高水平对外开放的一次探索，将为上海国际航运中心的创新发展带来新一轮机遇。

二、长三角港航一体化发展

长三角航运创新联盟成立。7月11日，在长三角一体化发展论坛上，长三角航运创新发展联盟正式成立，首批共有15家发起单位。联盟旨在通过贯彻落实国家战略、建立区域协调机制、发挥港航联动机制、打造优质营商环境等一系列举措，积极推进长三角港航更高质量一体化发展。联盟发布了四大倡议：贯彻落实国家战略，推动区域创新发展；建立区域协调机制，打造信息共享平台；提升航运产业能级，发挥港航联动机制；打造优质营商环境，促进市场有序竞争。

长三角海事司法服务提质增效。坚持"互联网+海事审判"信息化发展模式，上海海事法院研发海事案件智能办案辅助系统、在线智能海事诉讼系统、船舶数据分析系统并上线运行，开展网上立案、在线调解、网络拍卖、远程庭审、移动办案、在线诉讼等工作，满足长三角地区海事海商纠纷异地诉讼，全方位升级法院智能办案和诉讼服务水平。

区域一体化发展规划出台助力长三角强劲发展。2019年12月2日，中共中央、国务院印发《长江三角洲区域一体化发展规划纲要》，到2025年长三角一体化发展将取得实质性进展，在科创产业、基础设施、生态环境、公共服务等领域基本实现一体化发展。届时长三角一体化发展达到较高水平，成为最具影响力和带动力的强劲活跃增长区域。

三、科技创新赋能航运发展

智慧港口发展取得新成效。随着信息技术和港口的不断融合，智慧港口的发展取得新的成效。在8月29日的世界人工智能大会上，上海洋山深水港智能重卡示范运营项目正式发布，打造全国首个"5G+智能驾驶"的智慧港口。9月24日，上海临港新片区码头实现"双档靠泊"，港区通航功能提升取得新突破。"双档靠泊"试验成功将在一定程度缓解洋山港内支线船舶泊位紧张的问题，港口中转效率将大幅提升，江海直达"水水中转"的时间和成本优势将进一步凸显。上海国际港务（集团）股份有限公司与华为技术有限公司于11月4日签署战略合作协议，双方将持续赋能港口自动化、数字化与智能化，助力航运事业发展及上海国际航运中心建设。洋山深水港四期自动化码头安全运行两周年，这一全球规模最大、自动化程度最高的全自动化集装箱码头自2017年12月10日开港以来，累计吞吐量522.5万TEU。

智能船舶发展取得新发展。2019年5月18日，"中远海运荷花"号智能集装箱船交付，载重13500TEU。该船实现智能航行、智能机舱、智能能效和智能平台等智能目标。该船首创通过了整船网络安全评估，获得了中国船级社签发的第一份《船舶网络安全符合声明》，在智能船舶发展历程中具有里程碑的意义。在上海举行的第20届中国国际海事展上，"全球首艘大型集装箱智能船商用发布仪式"在展会期间举行，此次发布的首艘大型集装箱智能船成果，依托中国第一个智能船舶重大示范项目，为中国智能化船舶工程提供了可供借鉴的典型案例。

探索航运指数期货产品。2019年1月9日，上海期货交易所与上海航运交易所在上海签署战略合作框架协议，双方将共同推动航运指数期货的开发，进一步增强期货市场服务实体经济的能力和水平。2019年11月28日，香港交易及结算所有限公司（香港交易所）与上海航运交易所签订合作备忘录，双方将充分发挥各自资源优势，建立长期、稳定、共赢的战略合作伙伴关系。上海航运交易所与金融机构的合作，共同探索航运指数期货产品的开发，将加快中国航运衍生品市场的发展。

航运信息服务日趋丰富。上海航运交易所联合货讯通科技有限公司，利用全球集装箱船舶实时运行大数据，打造衡量全球集装箱班轮服务品质的“刻度尺”。2019年11月28日，上海航运交易所发布全球集装箱班轮准班率指数。

四、绿色引领航运发展潮流

海事监管确保绿色航运。根据国际海事组织决议，自2020年1月1日起全球范围内国际航行船舶不得使用硫含量高于0.5%的燃油。12月12~13日，上海海事局利用空巡飞机开展限硫令监管，开创了国内使用有人机实施船舶尾气监测的先河。洋山港海事局采取多种监管服务举措：携手洋山四期码头共同研发船载危险品集装箱智能监控系统（E核载），通过建立海事—码头数据共享机制，实现了对船载危险品集装箱的智能化监管，提高了危险货物运输的安全监管实效，提升了洋山四期码头的营运效能。

加快岸电设施推广应用。出台《上海港靠泊国际航行船舶岸基供电试点工作方案》，加大岸电设施建设费、电力增容费、船舶使用岸电所致的电费差价和运行维护费方面的支持力度。

航运金融趋向绿色化。随着环保法规日益严苛，金融机构逐渐加入到航运业的“绿色阵营”之中，将信贷政策向环境友好型船舶倾斜。针对航运业激增的船舶改造计划、绿色港口建设需求，浦发银行推出一系列金融服务，包括能效融资、清洁能源融资、环保融资、碳金融、绿色装备供应链融资等。

五、航运文化日趋浓厚

打造邮轮经济全产业链。大力发展邮轮经济、建设国际一流邮轮母港是上海建设国际航运中心和世界著名旅游城市的重要内容。2019年8月6日，国家文化和旅游部正式批复上海创建全国首个邮轮旅游发展示范区。9月5日，中船邮轮科技发展有限公司（以下简称“中船邮轮”）与宝山区政府就中船邮轮运营与配套产业基地项目签订了合作协议。宝山区将全面支持中船邮轮发展，探索设立产业链投资平台，共同开发建设2平方公里的上海中船国际邮轮产业园，在上海打造世界范围内有影响力的邮轮总部基地。12月3日，招商局工业集团有限公司在2019年中国国际海事展期间举行了招商局（上海）邮轮研究院有限公司揭牌仪式。

打造丰富的交流互动平台。2019年在上海举办了各类航运相关会议，吸引国内外众多航运人士齐聚上海交流，共同探讨全球航运领域的最新发展。航运界网与航运区块链平台MarineX于2019年6月18日在上海举办全球航运科技大会，探讨区块链与航运的现在与未来。7月11日，中国交通运输部在宁波举办了中国航海日论坛，主题为“推动航运高质量发展”，包括一个主论坛、一个平行论坛（海丝港口国际合作论坛）、四个分论坛（中国国际海员论坛、中国国际船舶技术与安全论坛、民营港航企业高质量发展论坛、行舟致远航海文化论坛）。11月6日，以“全球航运产业链构建与价值”为主题的2019年国际海运年会在上海举行。11月7日，以高端航运服务、绿色航运及可持续化、航运人才发展为主题的陆家嘴航运节在上海召开，组织开展大小活动14场，其中重要的专业论坛4场，进一步扩大了陆家嘴航运影响力。11月28日，上海航运交易所主办以“航运风险的应变之策”为主题的上海航运交易论坛。

（上海航运交易所）

专题12

舟山江海联运服务中心建设综述

2019年，舟山江海联运服务中心建设工作紧扣国家总体方案及年初确定的目标任务，强化担当、创新作为，深入实施"7234"工程，全力打好"自贸区+江海联运"融合发展七大攻坚战，各项工作取得了新突破、新成效。

一、主要工作成效

港口合作项目实质性启动。持续深化沿江沿海港口合作交流，一批重大合作项目加快落地推进。小洋山港区综合开发项目签约落地，小洋北侧Ab区成陆工程开工建设。江海港口合作持续深化，启动首单矿粉分拨业务试点，促成浙江省船东协会、长江船东协会建立常态化互动机制，与张家港信息互联、黄石多式联运等一批合作项目全面启动。甬舟一体化扎实推进，虾峙门口外30万吨级人工航道扩建工程启动实施，与省海港集团合作引进现代航运服务企业6家。

港口综合枢纽能力全面提升。主要货种运输体系更加完善，六横、衢山南等4个LNG港址纳入《全国沿海与内河LNG码头布局方案（2035年）》，绿色石化基地12个万吨级泊位、黄泽山油品储运基地一期等标杆性项目投入使用。大浦口集装箱码头3#泊位、新奥LNG二期加快推进，马迹山三期码头工程、六横LNG项目前期加快。港口集疏运通道加快建设，条帚门航道、白泉港区进港航道完成竣工验收，黄泽山航道、鱼山进港航道一期完成建设，鱼山进港航道二期前期加快推进。甬舟铁路加快工可报批。马目至鱼山原油管道投入试运行，鱼山至慈溪成品管道、马目至鱼山天然气管道、新奥LNG管道项目舟山段加快建设。

产业转型步伐不断加快。亚太铁矿石分销中心建设全面推进，鼠浪湖码头全年混配矿量达到1572万吨，同比增长21.3%。省海港集团与淡水河谷达成重大合作，混矿配额将由2000万吨扩大到4000万吨。引进铁矿石贸易企业11家，累计达到23家，实现贸易额84亿元。国际油品贸易中心扎实推进，浙江国际油气交易中心揭牌运行，与上期所等签署《共建长三角期现一体化油气交易市场战略合作协议》，全年实现油品交易额3212亿元、油气贸易额2872亿元。绿色石化基地炼化项目一期投料试车，累计加工原油342万吨、实现产值114亿元。国际农产品交易中心加快建设，国际粮油产业园区已初步建立粮食中转装卸、生产加工、包装出运的全流程物流体。远洋（进口）水产品交易市场建成投运，澳牛进境加工项目加快建设。

江海联运物流体系不断优化。参与舟山至长江江海联运航运企业577家、运力规模1853万吨；完成江海联运量2.4亿吨，同比增长12.2%。首个专业化江海直达运输企业落户舟山，已在舟开建2艘1.4万吨特定航线江海直达船；积极引导浦盛海运、新一海等企业借鉴江海直达船型经验，启动建造优化型海船；全国首艘2万吨级江海直达船常态化运营，投运以来累计完成81航次、货运量172万吨；特定航线江海直达船船员培训考试工作扎实推进，首批船员培训即将开班。推动全程物流平台业务不断纵深，辐射区域已延伸至长江中上游及中西部地区，业务覆盖近30家钢铁企业，全年完成全程物流量1540万吨。海江铁联运模式探索初见成效，探索形成宁波舟山港—川渝地区粮食“散改集”海江铁联运，较传统物流周期由40天缩短至20天以内，促成全国首个海港铁路集装箱无轨站落户舟山。

深化江海联运公共信息平台建设。平台新增应用企业144家，累计达到1141家，年均访问量超过30万次。江海联运公共信息平台2.0正式上线，形成公共服务一张图、物流监管一条链、数据交换一张表、航运交易一张网的架构体系。与张家港电子口岸等9家港口、平台实现数据互联共享，累计交互平台达到14家。深化与国家交通物流公共信息平台等数据交互，月均电子数据交换量超过70万条。编制《江海联运大宗散货数据交换共享规范》，统一数据交换代码集、技术接口、交换方式及机制。

现代航运服务功能持续提升。新引进供油总部和经营企业各2家，中海油低硫油生产前期工作基本完成，8500立方米LNG加注船预计2020年10月投用，在条帚门外锚地、马峙锚地新增一批加油锚位，累计达到16个，5000吨级和9000吨级2艘专用供油船只全面开建，全年完成船用燃料油供应410万吨，同比增长14.2%。做大外轮供应市场，出台国际航行船舶物料供应管理办法，全国首创开展内外锚地综合海事服务业务，实现外轮供应货值22亿美元。航运服务集聚区核心产业快速发展，荷兰仕宝全球顶尖检验检测机构常态化运作，海事仲裁能力逐步增强，船舶交易规模继续保持全国第一，全年累计交易船舶1082艘、实现交易额47亿元，船员评估中心项目前期工作有序推进。航运服务产业链招商实现量质双提升，制定招商目录，锁定目标企业近200家，实施精准招商。全年引进航运服务机构和企业69家，累计达到173家。

口岸营商环境持续优化。持续完善国际贸易“单一窗口”功能，口岸通关效率继续走在全国前列。2019年10月舟山口岸进、出口整体通关时间分别为28.22小时、1.05小时，较2018年12月分别压缩16.6%和55%。实现国际航行船舶进出境、引航调度、补给供应等全链条通关无纸化，取消纸质单证97种。全面落实“131+X”通关监管专项工作方案，创新监管便利化举措近30项。在全国率先试点船舶区域通关一体化改革，企业重复申报数据量减少95%。宁波舟山港集装箱跨关区中转取得重大突破，舱单申报功能正加快完善。进一步扩大口岸开放，条帚门锚地及常石、外钓、惠群3家企业所属码头获批开放。

二、2020年总体思路和主要任务

2020年是完成舟山江海联运服务中心三年建设目标任务的收官之年，也是进入全面建成现代化江海联运服务中心的开启之年。主要预期目标是：力争完成江海联运重大项目投资400亿元以上，港口货物吞吐量达到5.67亿吨，江海联运量达到2.56亿吨。江海直达、全程物流、“散改集”等示范效应更加突出，江海联运公共信息平台实现与长江5个以上节点、平台数据互联互通；引进现代航运服务企业和功能性机构10家以上，船用燃料油供应突破500万吨，实现外供货值32亿美元以上；混配矿量达到1500万吨，成为全国规模最大的混配矿基地。

全面融入长三角一体化等国家和全省重大发展战略。合力共建洋山合作示范区，加强与上港集团协作联动，共同推进小洋山北侧作业区规划和项目报批，力争小洋山北侧集装箱内支线泊位开工建设，启动大洋山联合开发研究。协同推进长三角港航一体化发展，推进与安徽省港航集团合作，以粮食“散改集”、江海直达运输为纽带，加强与黄石新港、宜昌港、九江港等沿江货物集散中心合作，推动与沿江自贸区、综保区间协作联动，推动沿江沿海航运企业组建航运联盟。围绕升级建设宁波舟山港一体化2.0，进一步优化港口功能布局，合力推进宁波舟山港LNG登陆中心，推动建立两地基础设施共谋共建共管共享长效机制，探索建立两地船舶港口服务业许可互认、联合监管、利益共享机制。开辟国际港口合作，以探索“矿山、油气田”前移为抓手，推动淡水河谷项目落地，引进国外油商到舟山储油。

增强港口综合枢纽能力。着力完善油气运输体系，完成新奥LNG项目二期建设，加快黄泽山二期、大浦口集装箱3#泊位等项目续建，力争六横LNG接收站等项目开工。完善港口集疏运网络，加快虾峙门口外30万吨级人工航道扩建工程、鱼山进港航道二期等航道锚地建设，加快推进黄泽山至鱼山输油管道、册子至马目输油管道、马目至鱼山输气管道等一批油气管网管道工程项目，提升港口作业保障水平。

深入推进江海联运物流体系建设。推进江海直达船队规模化建设，加快推进散货江海直达船队和集装箱专业化船队建设，继续对接引入沿江更多市场主体参与江海直达运输。启动江海直达船舶船员培训考试工作。提升全程物流配送能力，推动沿江航运企业合作，加大业务腹地纵深，力争全年全程物流量达到1800万吨以上。推进粮食“散改集”海江铁联运常态化，启动老塘山多用途码头建设。探索舟山至浙北地区海河联运。

加大江海联运公共信息平台推广应用。力争实现与长三角、长江沿线5个以上港口、平台数据对接和共享开放。探索江海联运数据服务联盟。启动外轮供应信息服务系统建设，逐步实现船货交易、船舶供应、船舶管理等综合服务。完善港口作业环境信息、船舶口岸申报动态、船舶在港作业动态等数据及共享接口标准，启动干散货江海联运数据标准申报工作。

大力推动港口产业转型发展。推动宁波舟山港与淡水河谷合资公司落地，进一步扩大混矿和分销业务并争取铁矿石国内贸易落地，全年力争完成混矿量1500万吨。完善铁矿石贸易金融服务平台建设。加快谋划建设进口粮食保税交易中心，启动中储粮浙江粮食仓储物流一期项目建设。全年力争完成粮油吞吐量约700万吨、贸易额约35亿元。推动绿色石化基地一期全面投产，推动现有混兑资质企业利用低硫油市场机遇扩大混兑调和规模。支持浙江国际油气交易中心与上海期货交易所深化“期现合作”。

构建现代航运服务生态链。大力发展海事综合服务，加快布局北部供油基地，在洋山和绿华港区试点开展跨港区供油；开辟低硫油、LNG供应市场，试点开展LNG车对船加注、码头对船加注业务，谋划推进LNG锚地船对船加注；出台海事服务产业扶持政策，深化“三大平台”建设，实现锚地综合海事服务业务常态化并逐步延伸至码头和主要船厂。全年力争船用燃料油供应突破500万吨，实现外供货值32亿美元以上。加快VTS船舶交通管理中心迁建，力争船员评估中心项目开工建设。全力推动海事仲裁中心、检测机构、船舶总代等标杆企业发展壮大，继续做大做强船舶交易。继续加大推介和招商力度，力争引进知名航运服务机构和企业10家以上。

建设一流口岸营商环境。完善国际贸易“单一窗口”运输工具（船舶）申报功能，提升境内续驶船舶进出口岸通关效率。推进通关监管改革创新，推广“提前申报”模式，全面实施“两步申报”“两段准入”通关模式改革，推动铁矿砂品质检验放开、登轮和搭靠等边检行政许可在国际贸易“单一窗口”办理，争取试点“临时入境许可”互认或免签及144小时过境免签。推进六横等6个港区扩大开放，全力推进鱼山绿色石化基地、普陀山机场、中澳产业园等项目临时开放获批，黄泽山等码头对外启用，适时启动鱼山港航道、东霍山锚地等开放申报工作。

（舟山市港航和口岸管理局）

专题 13

南京区域性航运物流中心建设综述

2019年，南京区域性航运物流中心深入贯彻党的十九大精神，落实长江经济带“共抓大保护、不搞大开发”“生态优先、绿色发展”及高质量发展要求，贯彻新战略、新理念，抢抓江北新区和江苏自贸区获批及深水航道贯通等契机，着力打造高质量的区域性航运物流中心。

一、建设完成情况

2019年南京区域性航运物流中心年度计划投资39亿元，新建7个项目，续建14个项目，全年完成投资49亿元，完成全年建设计划127%，建成项目11个。南京港口完成货物吞吐量2.66亿吨，完成集装箱吞吐量331万标箱。

二、重点建设任务

打造综合立体交通枢纽。建设龙潭、西坝、铜井、七坝四大公用新港区，完成投资1.2亿元。建设四大公用新港区配套的疏港公路、疏港铁路、内河航道，完成投资31.7亿元，龙潭港区铁路专用线工程疏港公路交叉段施工结束，国铁龙潭站改造招标工作启动，专用线正线段全线施工。西坝港区铁路专用线扩能改造工程完成专用线全部平改立道口建设，具备通车条件。物流园区建设完成投资14.4亿元，加快推动临港型现代服务产业发展，重点打造集现货交易、电子商务、仓储加工、物流配送为一体的综合性物流产业园。口岸物流配送基地的效应不断显现，强化保税功能发挥，推动现代服务业成为引领区域经济发展的重要引擎。龙潭枢纽获批为国家第一批港口型（生产服务型）国家物流枢纽。龙潭综合物流园区获批成为国家示范物流园区。江北新区西坝港物流中心、四方源物流科技产业园、宇培电商产业园、泉康南京电商物流园等项目进入收尾阶段。

优化航运服务支撑体系。下关航运物流服务集聚区航运服务大厅投入使用，区域航运管理服务功能日益凸显。集聚区已引入航运管理机构及企业40家总体入驻率88%。政务服务资源集聚进展相对较快，南京海事和长航驻宁引航、公安、航道、通信、工程等机构已入驻，同时引进包括中集凯通等国内港航企业，德国普及货代、万豪集团等世界500强公司分支机构，省港口集团、南京港集团、中长燃、中油新能源等龙头航运企业，省港口信息公司、长江汇等航运物流类互联网科技型企业，以及建设银行、南京银行等金融配套机构。积极争取省级部门支持，继续推进落实进出南京港集卡车辆免收通行费政策，全年全路网优惠车辆达58.2万辆次，优惠金额8057.8万元。航运交易中心初步建成集货运交易、船舶交易、船舶竞拍、航运人才等功能于一体的南京航运交易综合信息管理平台。船舶交易再创新高，2019年累计成交各类船舶356艘，交易额9.51亿元，累计585777总吨。船舶在线竞拍平台成功竞拍12批次拍品，成交价1203.4万元。货运交易影响初具雏形，累计发布货运交易信息25482笔，成交1334笔，承运量1625.7万吨，交易额5.1亿元。航运人才服务有效提升，全年组织2场航运人才专场招聘会，累计341家企事业单位参与，提供了12200多个岗位。

发挥港口辐射带动效应。加强与长江经济带沿线港航企业合作，构建辐射长江流域物流链。南京港集装箱航线体系逐步完善，月航班达720班（近洋航线月航班36班），构建了直达日本、韩国主要港口及沿海辽宁、河北、福建、广东等主要港口的集装箱国际国内干线网络；开通至上海洋山的外贸内支线，实现与欧、美、地中海三大国际远洋干线无缝衔接；中转支线深入赣江、湘江、大运河，运行宁镇扬区域集聚龙潭港区“穿梭巴士”，航线网络覆盖长江流域“六省一市”。国际货运班列常态化运行，“南京—中亚”班列周双班，“南京—欧洲”班列周班运行、并新增回程班列。基本形成了东西双向开放、海陆联动统筹的物流网络。

推进绿色生态港口建设。严控港口岸线开发利用，停止新批危化品码头。积极开展“263”专项行动、水污染防治行动等，推动港口绿色发展。开展港口和船舶污染物治理，在西坝、新生圩建成2个港口船舶污染物接收、转运、处置项目。加快港口粉尘综合治理，推进西坝、新生圩、龙潭等港区散货码头堆场建设防风抑尘设施或实现封闭储存。有序推动石化码头油气回收治理，完成各阶段油气回收装置建设任务。加快岸电系统建设应用，在西坝、龙潭等港区建成30余套岸电系统。完成沿江27处非法码头、956艘“三无”船舶及2处水上过驳设施整治任务，推进非法码头整治后的生态修复工作。落实国家长江办关于洗舱站建设的要求，起草了《南京市洗舱站建设行动方案》，明确了江南和江北两个洗舱站的建设主体和选址。

三、工作打算

加强规划引领。推进南京区域性航运物流中心规划修编工作，提请省政府批复实施。积极对接交通强国、长江经济带、长三角一体化发展等战略及自贸区、深水航道等机遇，明确新形势下南京区域性航运物流中心发展方向和发展路径。围绕提升南京城市首位度，立足江苏全域，服务长江经济带，统筹谋划南京区域性航运物流中心发展，制定更有竞争力、操作性强的发展举措。争取部省支持尽早批复南京港总体规划，更好支撑航运物流中心发展。

完善枢纽功能。加快龙潭、西坝、铜井、七坝四大公用港区及其配套疏港公路、疏港铁路建设，构建通道+枢纽+网络物流运行体系。全面建成龙潭、西坝两大核心港区。补齐锚泊供给短板，推进尹公洲航段通航能力提升研究，进一步发挥长江12.5米深水航道效应。加快推进重点港区集疏运体系建设，完成西坝港区疏港铁路扩能改造和龙潭港区疏港铁路、疏港快速公路建设，完善疏港铁路管理运营体系。推动宁西铁路宁合客运专线建设，释放既有宁合铁路货运能力，构建以南京港为中心辐射中西部地区公铁水联运大通道。积极推进四大临港物流园区建设，全面建成龙潭、西坝两大临港物流园。重点打造龙潭港口型（生产服务型）国家物流枢纽。

优化航线网络。聚焦集装箱航线航班和国际班列，打造对内对外双向开放的航运物流服务体系。与太仓港联动合作，强化航线开发，重点推进近洋航线新突破，继续巩固加密日韩航线，开通至东南亚沿线国家及中国台湾航线，加密内贸干线、洋山快线，拓展长江支线，建设长江流域重要的集装箱近洋航线及内贸干线始发港，推动南京港与长江中上游港口及安徽和本省内河港口的集装箱联盟化运营。推动中欧班列向龙潭港区转移，打造“南京—中亚”“南京—欧洲”国际集装箱班列品牌，将欧洲班列目的地延伸至莫斯科以远地区，构建以中欧班列、近洋航线为支撑的国际多式联运服务体系。发挥龙潭海港港区和腹地汽车产业优势，积极争取汽车整车进口口岸和二手车出口试点口岸，做大做强滚装商品汽车运输。

促进要素集聚。加快下关航运物流服务集聚区建设，打造航运管理机构、航运企业总部、航运商务配套、航运研发创意、铁北物流交易等五大功能区，吸引港航物流服务产业落户，完善航运物流服务全链功能。推进功能性机构入驻，以泛集聚区理念，协调解决相关配套政策，重点引进长江引航中心、海事法院、海关和船级社等入驻集聚区或本市。推进航运总部经济发展，以南京为中心打造全省港航物流经济总部，发挥省港口集团优势，加大对国内外旗舰型航运企业的招商力度，引导高端船员服务外派机构及长江中上游和省内重要港航物流企业在集聚区或本市设立总部基地或区域总部。加速航运物流服务业集聚，扩大船货代理、船舶供应等基础航运服务，培育航运金融、保险、咨询等高端航运服务，全面提升服务支撑能力。

（江苏省交通运输厅港航事业发展中心）

专题 14

武汉长江中游航运中心建设综述

2019年，突出规划引领，聚焦枢纽港建设，拓展航运航线，丰富服务平台功能，探索智慧航运，推动绿色发展，武汉长江中游航运中心建设取得积极进展，辐射力和影响力进一步提升。

一、工作成效

主要经济指标。武汉港完成集装箱吞吐量170万TEU，同比增长10.9%，运输规模稳居长江中上游港口首位；武汉航交所完成交易额72.8亿元，同比增长34.7%，位居国内航交所先进水平；武汉新港空港综保区完成进出口货值21.6亿美元，同比增长130.5%，入围全国综保区30强。

航运中心规划体系。编制完成《武汉长江中游航运中心发展规划纲要（2019—2035年）》，明确武汉长江中游航运中心立足中游、服务流域、辐射全球，承载国家经济发展重要引擎功能和支点作用，打造战略融合、枢纽集聚、智慧引领、市场一体、生态示范的国际一流航运中心的战略定位，提出打造“五区”、建设“十大工程”，成为武汉长江中游航运中心建设的纲领性文件。

阳逻核心枢纽港建设。深化“一城一港一主体”战略，武汉市政府与中远海运集团、上海港务集团签订合作备忘录。阳逻港二、三期完成整合，集装箱铁水联运一期稳定运营，全年集装箱吞吐量突破100万TEU、铁水联运量3.2万TEU。集装箱铁水联运二期香炉山工程全力推进。航运产业总部区项目启动土方工程，项目三通基本完成，同步开展政策研究。

国际联运新通道建设。开辟武汉近洋直航，提升武汉航运中心辐射能力，促进武汉与东北亚地区经贸往来。武汉至日本（神户、大阪、名古屋）集装箱国际直航班轮航线11月28日首航，组织中外运湖北公司、武汉中远公司、武汉华航集团等企业组建航线经营团队，制定出台项目扶持政策。

航运运输组织。“上游全中转、下游全分流”的运输组织模式常态化，水水中转箱比例超过45%。武汉—东盟四国、武汉—日韩、泸汉台集装箱快班等航线服务品质稳定，武汉—洋山航线共开行348个航班，345个航班实现点对点直航、72小时内到达要求，航线准点到达率为99%，已成为长江中上游外贸集装箱运量最大、船舶载重吨位最大、最为繁忙的航线。建造完成"汉亚1号""汉亚2号"江海直达560T专用船型，为长江中上游首创江海直达船型。1140型集装箱示范船行业影响持续扩大，汉海3号、7号相继下水运行，汉申线共投入运营4艘，规模化、绿色化、有示范带动作用的千箱级船队基本成型。

航运综合服务功能。武汉航运交易所稳步推进物流、资产、航运人才、航运知识产权等基础交易业务，新增济南等9个招募基地，达成知识产权服务20项。与中国大地保险公司、太平财产保险公司共同设计开发航运保险产品，与华夏银行签订战略合作协议，航运仲裁庭审中心实现挂牌。武汉新港空港综合保税区正式开展跨境电商1210业务，引进香港嘉里大通、法国最大农业集团英维沃等重点企业入驻开展业务，拟注册入驻项目及企业43个。武汉电子口岸公司完成电子口岸智能通关服务系统建设，全力保障平台7×24小时不间断运维服务，稳定运行率100%，全年智能通关服务系统服务企业6447家。武汉长江航运产业研究中心大力推动航运产业基础研究，港口岸电项目突破七项关键技术，研制了五种新型岸电装备，完成阳逻港三期岸桥监测系统示范项目建设和第一轮广州南沙现场实验及电控箱整改，完成近洋直达液化天然气（LNG）动力船舶技术研发、设计制造过程中的技术服务等工作，成立武汉理工大学绿色智能江海直达船舶与邮轮游艇研究中心，组建武汉爱航绿色智能船舶科技有限公司。

生态智能长江建设。全面完成长江和汉江核心区27个公务码头的优化调整工作，加大岸线生态修复力度，及时组织对取缔码头后方滩地开展坡岸补植复绿或江滩建设，累计补植复绿滩地面积604.69万立方米。协调港口、航运企业，做好军运会期间阳逻国际港环境污染管控工作，岸线整治和港口环境治理成效显著。发挥政、产、研、学、用一体化优势，聚焦智能航运、绿色发展，组织编制《武汉市绿色港口建设技术标准》并通过专家评审，武汉市全年安装使用岸电系统51台套，实现武汉地区集装箱码头、滚装码头岸电设施全覆盖。

二、2020年工作任务

2020年，武汉长江中游航运中心将深度融入国家长江经济带战略和"一带一路"建设，持续深化航运供给侧结构性改革，着力建通道、强枢纽、促转型、优服务，全力实现高质量发展。

（一）提升航运中心枢纽功能

完善航运中心规划体系。推动《武汉长江中游航运中心发展规划纲要（2019—2035年）》纳入国家部委支持武汉疫区事项，争取获国家层面批复，并拟订实施方案。结合规划纲要实施，拟订加快新时代武汉长江中游航运中心建设发展意见，提请市委、市政府审议并印发实施。组织武汉新港发展（武汉市）"十三五"规划总结评估及"十四五"规划编制。

加快推进阳逻核心港统一经营。支持中远海运集团、上港集团和港发集团三方落实合作协议安排，成立合资经营公司，统一经营和管理阳逻港区集装箱码头。协调武汉新港海关集约监管资源，实现阳逻港集中查验、集中监管，提高效率、优化服务，提升港区整体竞争力。启动阳逻港西港区建设，完成宝武码头陆域堆场平整，改造3个泊位水工部分，使其基本具备集装箱运输功能。开行市域港区间“穿梭巴士”，优化港区箱船适配度。支持花山港、经开港开行始发航线，鼓励金口港拓展新箱源，做大做强。

持续推动重大项目建设。将阳逻国际港集装箱铁水联运二期工程作为枢纽港建设的重要突破口，纳入国家部委支持武汉疫区事项，争取专项资金支持。充分发挥项目建设指挥部机制协调督办作用，推动解决征地拆迁、饮用水源地迁改等重难点问题，实现项目全面开工，力争铁路Ⅰ工程年内建成投用。支持铁水联运一期常态化运营。加快航运产业总部区产业集聚化发展，出台支持产业总部经济发展的政策措施，对接大型航运骨干企业和民企并吸引进驻总部区。按照市政府安排，协调推进总部区项目建设。

深化集装箱运输组织模式创新。坚持“上游全中转、下游全分流”水运集装箱运输组织模式不动摇，进一步提升集聚辐射能力，做大集装箱运输规模，实现吞吐量170万标箱。稳定运行江海直达、武汉至上海、江苏等地港口点对点直航，加大长江上游和汉江流域港口至武汉港航运航线发展，提高中转箱比例至45%以上。协调长航、长海等航企组成1140武汉江海直达集装箱示范船队联盟，提升汉申线千箱级船队服务品质。应对航运市场变化，调整航运航线补贴政策。

（二）形成国际物流通道闭环

稳定运营武汉至日本集装箱国际班轮航线。强化航线服务功能，执行周班运输，规范服务流程及标准，在市场培育阶段加大政府扶持力度，鼓励和引导物流企业加大箱源组织，挖存量、拓增量，提高载箱率，降本增效，全年航班准班率达到98%以上。

实施江海联运带路互通合作项目。以对日直航航线为基础，加快实施中国湖北—日本关西江海联运带路互通合作项目，深化日本—武汉—中亚（欧洲）铁海联运方案，启动国际物流中转业务，促进物流互通和贸易拓展，形成国际物流通道闭环，支持中日相互投资等深度合作。协调临时联检锚地建设，推动航线与中欧班列（武汉）对接，适时启动铁海联运。

谋划武汉至韩国直航航线。立足武汉市场需求，借鉴武汉对日直航好的做法和成功经验，启动船舶准备、运营组织、货源集并等方面研究，形成武汉至韩国直航航线实施方案。

（三）打造对外开放新高地

加快综保区建设发展。发挥口岸、物流、综合保税及“区港联动”优势，探索内陆综保区发展新模式，吸引培育新业态，着力推进国际进口商品展示中心、进口大宗商品交易、跨境电商、进口冷链、国际贸易产业、供应链服务平台以及保税期货的现货交割等创新项目在综保区落地。完成进口汽车检测设施建设，推进武汉整车进口水运口岸建设纳入国家部委支持武汉疫区事项，推动项目审批、落地运行。积极研究推动冰鲜口岸建设。

创新发展航交所。做实航运基础交易，提升船舶、货运、人才、航运知识产权服务能力，加大对区域、流域的服务力度，实现交易额突破75亿元。按照构建统一有序长江流域航运大市场总要求，继续丰富内河航运指数体系。探索建立中西部（武汉国际）海员服务中心，大力发展第四方物流市场，推动初步建立中国长江（内河）航运发展论坛常态化机制。

拓展电子口岸服务功能。进一步扩大电子口岸智能通关服务系统使用范围，优化升级服务系统功能。加强与流域口岸公司合作，发挥对地方口岸经济的促进作用。贴近航运拓展服务，成立口岸服务公司，依托汽车检测线及通关物流服务等，开展进口汽车检测配套服务，探索开展汽车贸易业务。参与智能船舶产业发展服务，延伸增值服务。

促进航运产业研究中心发展。联合武汉理工大学等科研机构，加快智能船舶技术研发推广，开发智能水平的智能驾驶及AI综合管理系统，推进智慧靠泊技术应用，固化合作成果，进一步发挥产业中心监委会的作用，共商新的合作模式，推动产业研究中心创新、可持续发展。

（四）开启绿色智慧航运新时代

落实长江大保护各项举措。按照省、市统一部署，围绕港口码头整治持续发力，会同有关单位开展长江、汉江干线港口码头再清查、再整治，全面清理整理无证、手续不全或集中式饮用水源地保护区、自然保护区功能区内码头设施。做好市级河湖长制相关工作，落实巡护检查、督办整改各项安排。

推动绿色智能港航建设。全面落实《武汉市绿色港口建设技术标准》，重点推动1~2个港口的试点示范。推动智慧港口等前沿技术在阳逻港应用，提高港区智能化水平。深化智能船舶研究，实现2项成果转化。完成建造实验船，上船安装试验系统。

（武汉新港管理委员会）

专题 15

长江经济带综合交通运输发展综述

长江经济带是重大国家战略发展区域，是具有全球影响力的内河经济带、东中西互动合作的协调发展带、沿海沿江沿边全面推进的对内对外开放带，也是生态文明建设的先行示范带。改革开放以来，长江经济带交通基础设施建设成效显著，路网规模持续扩大，结构布局不断改善，技术水平明显提升，运输能力大幅增强，形成了以长江黄金水道为依托，水路、铁路、公路、航空、管道等多种运输方式协同发展的综合交通网络。

一、综合交通网络有序完善

长江经济带各种运输方式汇集，是我国综合交通基础条件较为优越的区域。习近平总书记多次就长江经济带交通运输做出重要指示。2018年4月在深入推动长江经济带发展座谈会上明确提出沿长江通道“集合了各种类型的交通运输方式，要注意加强衔接协调，提高整体效率”；2018年12月在中央经济工作会上再次强调长江经济带要“整体设计综合交通运输，发挥铁路、公路、水路各自优势，形成综合交通运输体系”。各地贯彻落实习近平总书记重要指示精神，加快实施《长江经济带综合立体交通走廊规划（2014—2020年）》，交通运输建设发展取得重要进展，战略支撑作用明显增强。依托长江黄金水道，长江经济带11省市推进公、铁、水、空、管的有效衔接（表1），交通网络规模不断扩大，2019已提前完成长江经济带综合交通走廊规划建设的目标。图1为2014—2019年长江经济带综合路网变化情况。长江经济带综合运输通道布局如图2所示。

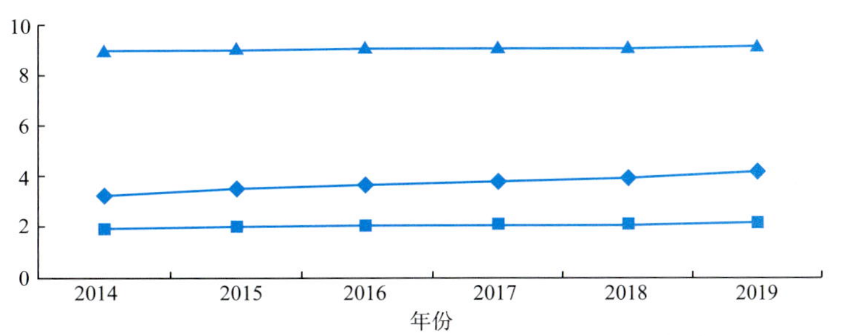

图1　长江经济带综合路网规模图（2014—2019年）

长江经济带11省市综合交通发展现状 表1

省市	综合交通发展
上海市	形成“枢纽型、功能性、网络化”的综合交通体系架构、长三角区域“多三角、放射状”城际交通网络
江苏省	形成“四纵四横”综合运输大通道，南京、徐州、连云港三大国家级和苏州、南通、淮安等区域性综合交通枢纽错位发展
浙江省	形成“三纵四横”的综合交通主骨架，“三纵四横”铁路主骨架，“两纵四横”干线航道网，杭州、宁波国家级综合交通枢纽，温州、金华—义乌区域性综合交通枢纽功能提升
安徽省	贯通“三纵五横四联”综合运输通道，以合肥为中心，芜湖、蚌埠、阜阳、安庆、黄山为支撑，其他各市为节点的综合交通枢纽体系初步建立
江西省	形成“六纵六横”综合运输通道，“五纵五横”铁路格局，建成“四纵六横八射”布局的高速公路网，“两横一纵”干线航道网，打造南昌—九江全国性综合交通枢纽，建设赣州、上饶、蚌埠综合交通枢纽
湖南省	形成“六纵六横”综合运输通道，“七纵七横”高速公路骨架网，完善长沙全国性综合交通枢纽，建成岳阳、怀化综合交通枢纽
湖北省	基本建成“两中心两枢纽一基地”，“五纵三横”铁路通道，“九纵五横三环”高速公路网，“一主五支四通用”航空发展格局，打造武汉国际性综合交通枢纽，宜昌、襄阳综合交通枢纽
重庆市	形成“米”字形高速铁路网和“两环十干线多联线”普速铁路网，打造了“1+3”（果园港、珞璜港、新田港和龙头港）重庆国际多式联运枢纽体系
四川省	建设“八射三联”综合运输大通道，打造成都—重庆国际性综合交通枢纽，泸州—宜宾、攀枝花全国性综合交通枢纽
贵州省	形成“一环七射”综合运输大通道格局，“六横七纵八联”高速公路网，“两主三辅”出省水运通道，打造“一核七心三节点”的枢纽布局
云南省	打通“七出省五出境”高速公路网和“两出省三出境”水运通道，建设昆明市全国性综合交通枢纽和曲靖市、大理州、红河州等区域性综合交通枢纽

铁路。长江经济带铁路运输系统纵横交错，区域铁路骨架网基本形成，沿江、沪昆通道横贯东西，京沪、京九、京广、京昆、广昆等通道连接南北，长三角、长江中游、成渝地区城际铁路网逐步建设，覆盖范围逐步扩大。通过完善沿江铁路网、建立运输联动机制、开行沿江货运班列等举措，长江黄金水道与沿江铁路枢纽的互联互通程度不断提升。

公路。长江经济带公路是全国路网的重要组成部分，在国家加快推进综合交通运输体系建设中，公路基础设施建设投资力度持续加大，公路总里程迅猛增长，路网通达度显著提高。其中，沪瑞、沪蓉、沪陕、沪聂线、G347线（上海—安康）东西运输通道，京港澳、福兰线联通南北，交通的互联互通，增强了长江经济带联通国内其他地区腹地重要节点城市人口和产业集聚能力。

航空。长江经济带民航机场设施水平不断提升，航线网络和机场规模不断拓展，航线网络覆盖率大幅提高，航空运输保障能力显著增强，形成了国内国际、客运货运、干线支线、运输通用协调发展格局。

水运。江汉运河、合裕线、京杭运河等航道扩能，长三角高等级航道加快成网，金沙江、岷江、嘉陵江、乌江、沅水、湘江、汉江、赣江、信江等通过航电枢纽等梯级建设，支流航道网络体系不断完善。建成了一批专业化码头，集疏运体系逐步完善，港口一体化进程加快。

管道。途经长江经济带的管道包括甬沪宁（宁波至上海、南京）、仪长（江苏仪征至湖南长岭）两条原油输送管道和忠武（忠县至武汉）天然气输送管道及新疆川气东送管道（四川普光至上海），总里程4560余公里。

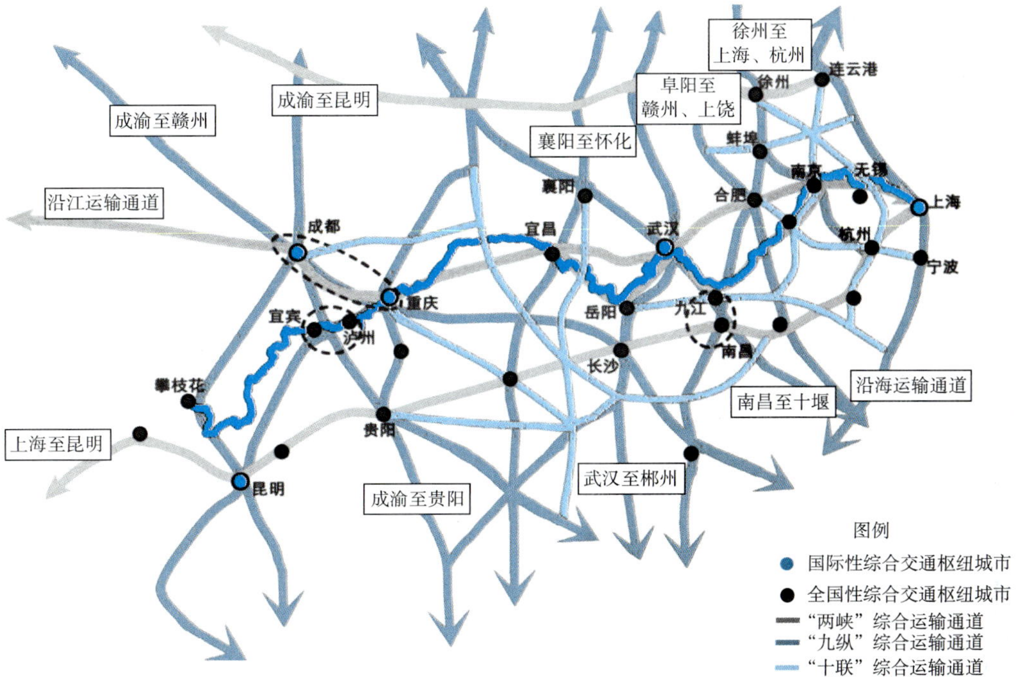

图2　长江经济带综合运输通道布局图

二、黄金水道潜能有力释放

畅通高效的长江大通道是构建综合立体交通走廊的主轴，是推动长江经济带发展的坚强支撑。长江是世界上运输最繁忙的通航河流，是连接我国东中西部、沟通国内外市场的重要纽带，九省二市境内干支流通航里程9万公里、占全国内河航道的71%。在长江黄金水道的连接下，11省市发展综合交通运输体系加快发展，黄金水道运输潜能进一步释放。

航道条件逐步改善。长江水系基本形成以“一横一纵一网十线”高等级航道为骨架，通江达海、干支衔接的航道网络体系。南京以下12.5米深水航道贯通运行，宜昌至武汉段、武汉至安庆段航道整治工程稳步推进，完成荆江航道整治工程，三峡船闸和升船机投入运行，宜宾至重庆航道提升为Ⅲ级航道。长江干线主要航段维护水深进一步增加长江干线全面建成高等级航道，支流已建成高等级航道6540公里。

港口枢纽作用增强。长江沿线港口形成了主要港口为枢纽、地区性重要港口和一般港口协同发展的港口布局形态，形成了上海国际航运中心、武汉长江中游航运中心、重庆长江上游航运中心三大航运中心以及南京区域性航运物流中心、舟山江海联运服务中心。建成了上海洋山深水港四期、重庆果园港区二期等现代化码头，形成了以上海国际航运中心为龙头的港口体系。2019年，长江干线完成货运量29.3亿吨，11省市水路货运量占比高于全国平均水平7个百分点。

多式联运发展迅速。武汉阳逻港多式联运、江苏省新亚欧大陆桥集装箱多式联运等12个示范工程项目通过验收。“公转铁”“公转水”的推进使水路方式分担的货运量比重有所提升，中欧班列覆盖范围逐步扩大、运行稳定性明显增强，合肥—宁波铁海联运班列、武汉—洋山和泸汉台集装箱快班、“渝黔桂新”铁海联运班列等使黄金水道充分发挥运输潜力，长江黄金水道辐射范围进一步扩大。

三、经济支撑能力有效增强

随着长江经济带综合立体交通走廊建设的逐步推进，长江经济带初步形成“一轴、两翼、三极、多点”的发展大格局，交通网络规模不断扩大，运输组织和运输结构不断优化，多种运输方式之间的衔接不断强化，综合运输能力和品质不断提升，最大限度发挥出长江的综合运输效益，有力支撑了区域经济发展。长江经济带货运公路分担占比较多，达75%，占全国公路货运的一半左右；水运分担占比达22%，占全国水运的66%。旅客运输中公路分担较多，其次是铁路，四种运输方式均承担了全国一半左右的客运量，长江经济带11省市为全国客货运提供了坚实支撑。图3为长江经济带十一省市2014—2019年客货运量变化情况。

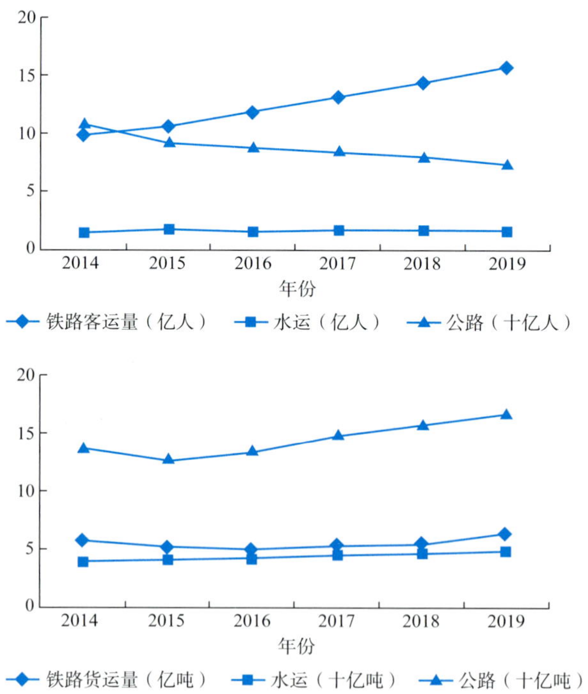

图3 长江经济带十一省市客货运量（2014—2019年）

（长江航运发展研究中心）

专题 16

水上交通行政职能事业单位改革综述

承担行政职能事业单位改革是全面深化事业单位改革的重要内容，是推进政府治理体系和治理能力现代化、构建发展新体制的基本要求。各地按照中央部署，紧扣事业单位职能交叉、政事不分、公益属性弱化等问题，以职能清理为基础、以政事分开为核心、以优化职能为重点、以严控编制为底线，积极、稳妥、高效地推进水上交通行政职能事业单位改革工作。

一、改革总体情况

2016年3月，中共中央办公厅、国务院办公厅印发《关于开展承担行政职能事业单位改革试点的指导意见》（中办发〔2016〕19号），明确交通运输行业承担行政职能事业单位改革，将行政决策、行政许可、行政裁决等职责划归行政机关承担，执法职能由综合行政执法机构承担，公益服务职能由事业单位承担，市场经营业务由企业承担。2017年9月，中央编办和交通运输部联合印发《关于地方交通运输行业承担行政职能事业单位改革试点有关问题的意见》，全面推进交通运输行业承担行政职能事业单位改革工作。

按照党中央决策部署和交通运输部工作要求，各地全面推开水上交通行政职能事业单位改革，理顺行政机关与事业单位的关系，推动实现行政职能回归机关、执法职能综合行使、公益服务强化。改革前，各地交通运输管理部门下设多个承担行政职能的港航事业单位，如地方海事局、港航管理局等。通过改革，原由事业单位履行港政、航政、水路运政、地方海事等有关行政决策、行政许可、行政裁决的行政职能划归行政机构，执法职能交由综合行政执法机构承担，公益服务职能则由事业单位承担。截至2019年底，江苏、浙江、安徽、江西、湖南、重庆、山东、陕西等省市已经完成省级水上交通行政职能事业单位改革，上海、湖北、贵州、四川、云南、河南等省市改革工作正加快推进；各地省级以下层面改革工作也在稳步推进当中，根据本地实际成立了相应的市县级机构。有关省市改革情况见表1。

各地承担行政职能的港航事业单位改革动态

表1

省市	改革动态
上海市	行政许可职能归口市交通委，下设上海市港航事业发展中心，为公益一类事业单位，机构规格为相当于正处级，事业编制核定为170人；同时组建新的上海市交通委员会执法总队，为执法类公务员单位，人员编制690人
江苏省	试点省份。2018年，整合组建省交通运输综合行政执法监督局，机构规格为相当于副厅级，由省交通运输厅管理，承担原先事业单位的行政执法等职能；将省交通运输厅港口局（江苏沿江港口锚泊调度中心）、省交通运输厅航道局整合组建省交通运输厅港航事业发展中心（2018年9月25日正式挂牌），承担港航公益服务和事业发展职能，原事业单位的行政许可、行政裁决职能划入交通运输厅相应内设机构。2019年，市、县层面的改革渐次展开，相继组建交通运输综合行政执法支队、港航事业发展中心等
浙江省	成立浙江省港航管理中心（2019年4月11日正式挂牌），原浙江省港航管理局的部分职能和工作回归省交通运输厅机关
安徽省	试点省份。设立省交通运输综合执法监督局，为省交通运输厅所属公益一类事业单位，副厅级建制，原省地方海事局（省航港管理局、省船舶检验局）的行政执法职责由其承担；成立安徽省地方海事（港航）管理服务中心（2018年8月1日正式挂牌）
山东省	将原山东省交通运输厅公路局、道路运输局、港航局（省地方海事局、船舶检验局）承担的行政职能划入省交通运输厅，整合上述三个专业局承担的公益服务职能，组建山东省交通运输事业服务中心（2019年6月19日正式挂牌）
河南省	新乡、商丘、周口等3个省辖市级航务海事机构改革工作完成，原航务海事机构承担职能全部移交交通运输局或港航管理局；11个省辖市、1个省直管县印发“三定方案”
江西省	2019年4月29日，江西省11个设区市海事（船检）职能正式划入当地交通主管部门
湖南省	湖南省水运管理局（湖南省地方海事局、湖南省船舶检验局）更名为湖南省水运事务中心（2019年10月19日正式挂牌）
四川省	行政许可事项归交通运输厅，下设四川省交通运输厅航务管理局（四川省地方海事局、四川省船舶检验局），是行政类参公管理事业单位，受厅委托承担行政辅助工作。全省21个市州均有航务海事机构，其下设航道养护单位20个，153个县级航务海事处，除部分航道养护机构外其余实行参公管理，各地正处于改革阶段，已挂牌成立航务海事或港航中心4个
重庆市	重庆市港航海事事务中心为市交通局管理的副局级公益一类事业单位，承担港口、航道、水路运输、地方海事等管理相关辅助性、事务性、技术性等具体工作。重庆市港航海事事务中心更名后（2019年12月27日正式挂牌），重庆市地方海事局、重庆市船舶检验局将调整在市交通局内设的港航管理处挂牌
陕西省	2019年1月14日，陕西省地方海事局（陕西省交通运输厅航运管理局）更名为陕西省水路交通事业发展中心

二、主要做法

深化机构改革，是以习近平同志为核心的党中央从党和国家事业发展全局和战略高度作出的重大政治决策，是新时代全面深化改革的重大举措。各地积极稳步开展省市水上交通行政职能事业单位改革，有效实施了水上交通运输管理职能调整优化，达到了行政职能回归机关、执法职能综合行使、公益服务得到强化的改革目的。

强化组织领导。各地高度重视水上交通行政职能事业单位，强化组织领导，成立改革工作领导小组，切实加强对改革工作的统筹协调和工作指导。始终坚持注重发挥党建引领作用，以党建推动改革创新，明确改革中及时调整和优化党组织设置、理顺隶属关系以及加强党组织能力建设等相关内容，为改革工作的顺利推进提供了强有力的组织保障。江西省先后成立了推进水上交通运输行政执法体制改革领导小组、3个工作小组、9个督导组，加强组织、协调、监督，确保了全省地方海事（船检）职能交接工作的顺利完成。

明确改革路径。各省市加强涉改单位职能梳理工作，以法律法规规章、规范性文件和部门“三定”为依据，结合权力清单，认真梳理承担的行政职能项目，全面摸清底数，准确掌握基础数据，夯实改革基础。积极主动与编办对接，随时掌握政策动向，确保改革工作稳妥推进。充分结合各地发展实际，加强与各涉改部门沟通协调，研究制定改革工作实施方案，明确职能调整、机构调整、编制置换、人员安置等具体办法，理清改革思路。

大胆先行先试。各地结合事业单位分类改革工作取得的经验成效和工作实际，积极主动争取改革试点任务。长江水系14省市中，江苏、安徽名列中央编办确定的4个试点省份之中。2017年，江苏省在省级，无锡、常州、南通和盐城等4个设区市及12个县（市、区），开展承担行政职能事业单位改革试点。其中，水上交通行政职能事业单位改革内容主要包括：撤销省地方海事局（省船舶检验局、省水上执法总队）；整合组建省交通运输综合行政执法监督局，承担事业单位的行政执法等职能；将省交通运输厅港口局（江苏沿江港口锚泊调度中心）、省交通运输厅航道局整合组建省交通运输厅港航事业发展中心，承担港航公益服务和事业发展职能；原事业单位的行政许可、行政裁决职能划入省交通运输厅相应内设机构。2018年9月25日，江苏省交通运输厅港航事业发展中心正式揭牌。江苏省水上交通承担行政职能事业单位改革基本完成，市、县层面的改革渐次展开。2018年5月，安徽省批复省交通运输厅承担行政职能事业单位改革方案，全面展开安徽省交通运输厅承担行政职能事业单位改革。水上交通行政职能事业单位改革方面，撤销省地方海事局（省港航管理局、省船舶检验局），在省交通运输厅设立港航处；综合设置交通运输行政执法机构，承担原省地方海事局（省航港管理局、省船舶检验局）划入的交通运输厅行政执法职责；整合设置交通公益服务机构，设立省地方海事（港航）管理服务中心，为省交通运输厅所属公益一类事业单位，主要承担水运港航公益服务职责。2018年8月，安徽省地方海事（港航）管理服务中心正式挂牌成立。

分步分类推进。各地加强统筹规划、上下统一，及时召开工作部署会，统一思想、明确要求、制定措施，严格按照规定的时间节点，先易后难，分类施策，分步推进改革，确保改革工作达到预期成效。在工作中，统筹考虑单独设置、整体并入、部分归并、系统整合等方式，将改革试点与综合行政执法体制改革、行政审批制度改革、生产经营类事业单位改革等工作有机结合。对个别完全承担行政职能、职责任务较重的事业单位，在机构限额内单独设置；对完全承担行政职能的事业单位，将其行政职能划入主管部门，撤销原事业单位；对部分承担行政职能的事业单位，将其行政许可、行政裁决等职能划入主管部门；对交通等领域事业单位进行全面整合，彻底改变长期以来由事业单位履行行政职能的管理方式。

严格控制编制。各地改革始终严把机构编制总量关，在“减”字上做文章，在盘活存量上想办法。坚持以全面清理职能为基础，以严格控制机构编制为前提，按照“单独设置为行政机构、只转职能不转机构、划转职能撤销机构”等不同类型有针对性实施，科学测算行政编制数。通过修订行政主管部门“三定”，将原先由部分事业单位承担的行政职能回归行政机关，行政机关承接职能的同时，按需调整充实工作力量，保障行政职能顺利履行。江苏南通坚持“编随事走、人随编走”，行政编制也向基层倾斜，“事业”转“行政”人员以考察选调和考试考核相结合，坚持公平、公正、公开，实现平稳过渡。

（长江航运发展研究中心）

附　录

附录 1

2019年14省市航运基础数据表

水路交通固定资产投资完成情况 表1

省市	内河建设（万元）	为去年同期（%）	沿海建设（万元）	为去年同期（%）	其他建设（万元）
总计	5687786	99.9	2592519	104.1	2504733
上海市	266969	109.4			130289
江苏省	847436	112.2	529800	92.5	37476
浙江省	843760	93.7	1230494	113.6	46388
安徽省	1074520	103.9			645
江西省	474804	141.1			1768
山东省	225912	113.3	832225	99.6	316970
河南省	129392	71.3			246946
湖北省	779472	106.4			410628
湖南省	157256	76.0			295201
重庆市	253345	72.7			16508
四川省	455203	85.1			442577
贵州省	79643	70.8			312863
云南省	99980	95.9			6392
陕西省	94	2.2			240082

数据来源：交通运输部网站。

内河航道通航里程及构成

表2

省　市	总计（公里）	长江干流				支流及其他水系							等外航道
		一级	二级	三级	四级	一级	二级	三级	四级	五级	六级	七级	
合计	96536.3	1140.1	1283.5	384.1	30	192.7	1181.9	5311.1	8020.8	4818.1	13753.1	12776.1	47644.8
上海市	2232.1	119.9				139.6		150.0	116.1	87.4	407.0	121.4	1090.7
江苏省	24354.5	369.9					514.5	1500.4	778.3	1004.4	2097.1	2475.1	15614.8
浙江省	9771.4					14.4	12.0	318.5	1258.0	478.3	1553.3	1401.2	4735.7
安徽省	6621.8	342.8						599.0	681.2	459.1	2397.5	874.9	1267.3
江西省	5637.9	78.0					175.0	356.9	87.0	110.6	381.7	1159.8	3288.9
山东省	1415.0					38.7	8.0	378.7	26.0	74.4	477.9	364.8	46.5
河南省	1639.0								519.0	265.0	460.0	278.0	117.0
湖北省	8544.9	229.5	688.1					932.6	376.1	982.2	1889.9	1230.2	2216.3
湖南省	11967.7		80.4				454.4	604.0	274.0	67.0	1549.2	1190.2	7748.5
重庆市	4472.3		515.0	159.8			18.0	382.3	172.0	192.0	126.2	364.0	2543.0
四川省	10540.0			224.3				74.7	1233.0	535.0	415.0	1738.0	6320.0
贵州省	3755.3								988.2	277.7	812.0	440.9	1236.5
云南省	4366.8				30.0			14.0	1360.0	275.6	1037.9	889.6	759.7
陕西省	1217.6								151.9	9.4	148.4	248.0	659.9

注：上海市支流一级航道包括黄浦江53.6公里及长江口12.5米深水航道南槽5.5米航道86公里；安徽省支流三级航道包括长江干线支汊航道87.5公里。

内河航道通航建筑物基本情况 表3

省　市	枢纽数量	通航建筑物数量	通航建筑物数量			
					正常使用	
			船闸	升船机	船闸	升船机
	（处）	（处）	（座）	（座）	（座）	（座）
上海市	89	83		49		44
江苏省	705	594	112	0	111	0
浙江省	328	70	51	19	45	11
安徽省	97	49	48	1	27	
江西省		17	16	1	5	
山东省		15	15		9	
河南省	37	7	7		3	
湖北省		10	9	1	9	1
重庆市	3		3	1	3	1
贵州省	14	3		3		2
云南省	11	2	1	1	1	1
陕西省		1		1		

内河航道维护里程表 表4

省　市	维护里程（公里）			
	合计	一类维护	二类维护	三类维护
上海市	1972.6	484.9	678.1	809.6
江苏省	23984.5	4922.5	3161.5	15900.5
浙江省	9735.6	1565.7	2091.9	6078.0
安徽省	3810.4	535.6	2854.8	420.0
江西省	5560.0	494.0	537.0	4529.0
山东省	2636.2	700.9	968.3	967.0
河南省	615.0	89.0	526.0	
湖北省	2636.5	683.6	928.7	1024.2
湖南省	9122.0	1304.0		7821.0
重庆市	3649.4	196.0	607.4	2846.0
四川省	4661.3		3131.2	1530.1
贵州省	767		565.8	201.2
云南省	4538.5		79.0	4459.5
陕西省	600.9			600.9

注：贵州省为长江水系乌江、赤水河航道维护里程。

港口生产用码头泊位和能力基本情况

表5

省市	泊位长度（米）	泊位个数（个）	泊位设计年通过能力					
			散装件杂货物	集装箱		旅客	滚装汽车	
			（万吨）	（万TEU）	（万吨）	（万人）	（万标辆）	（万吨）
总计	1263600	16868	566240	6227	82529	32997	1242	15811
沿海合计	286671	1886	203456	3525	29412	10428	829	9582
江苏省	28905	165	23809	284	2251		23	46
浙江省	139534	1118	101826	1738	14069	6866	421	3660
山东省	118232	603	77821	1503	13092	3562	385	5876
内河合计	976929	14982	362784	2702	53117	22569	413	6229
上海市	41650	833	10555			18		
江苏省	419521	5398	175088	1155	9042	344	80	797
浙江省	127558	2643	36986	122	1326	2183		
安徽省	70656	859	53082	137	625	707	14	140
江西省	33622	574	16463	64	597	721		
山东省	17256	244	7937					
河南省	3213	71	187			30		
湖北省	75415	689	30750	422	34675	2266	136	2317
湖南省	27669	490	7237	88	740	695	8	100
重庆市	61659	632	15306	481	3848	5287	124	1995
四川省	52584	1661	5775	233	2264	5030	30	380
贵州省	25939	436	2548			3221	21	500
云南省	9060	194	511			1549		
陕西省	11127	258	359			518		

水上运输船舶拥有量

表6

省市	船舶数（艘）	其中		载客量（客位）	净载重量（吨位）	标准箱位（TEU）	总功率（千瓦）
		机动船	驳船				
总计	108574	98970	9604	549130	193276886	1559864	52805537
其中内河	101330	91761	9569	449149	114759691	246407	28067274
沿海	6743	6708	35	90379	45665368	252541	13459458
远洋	501	501		9602	32851827	1060916	11278805
上海市	1558	1515	43	39276	24717607	1145218	12703528
江苏省	30415	27291	3124	48430	39037576	73456	9429171
浙江省	13913	13912	1	89186	30810642	64758	7435957
安徽省	24950	24145	805	12985	48432157	131646	10781261
江西省	2386	2384	2	13360	2543435	4843	752355

续上表

省市	船舶数（艘）	其中		载客量（客位）	净载重量（吨位）	标准箱位（TEU）	总功率（千瓦）
		机动船	驳船				
山东省	10493	6425	4068	71810	17133203	9551	3440891
河南省	5467	5153	314	14680	9808149		2184443
湖北省	3366	3270	96	34747	7277910	3783	1846820
湖南省	4724	4484	240	59886	4300598	10769	1420331
重庆市	2818	2783	35	42765	7569902	111482	1964243
四川省	5160	4307	853	45878	1322171	4358	549539
贵州省	1287	1285	2	31172	116524		117949
云南省	1244	1239	5	30181	173257		131962
陕西省	793	777	16	14774	33755		47087

注：贵州省、陕西省为长江水系部分，下同。

客运船舶运力情况 表7

省市	合计		其中					
			内河		沿海		远洋	
	船舶数（艘）	载客量（客位）	船舶数（艘）	载客量（客位）	船舶数（艘）	载客量（客位）	船舶数（艘）	载客量（客位）
总计	10572	548932	9987	448951	574	90379	11	9602
上海市	128	39276	127	38960			1	316
江苏省	411	48430	409	48330	2	100		
浙江省	1267	89186	1096	46098	171	43088		
安徽省	347	12985	347	12985				
江西省	260	13660	260	13660				
山东省	1114	71810	703	15333	401	47191	10	9286
河南省	491	14680	491	14680				
湖北省	339	34747	339	34747				
湖南省	1695	59886	1695	59886				
重庆市	502	42765	502	42765				
四川省	1512	45878	1512	45878				
贵州省	910	31172	910	31172				
云南省	1073	30171	1073	30171				
陕西省	523	14586	523	14586				

货运船舶运力情况 表8

省市	合计		其中					
			内河		沿海		远洋	
	船舶数（艘）	净载重吨（吨）	船舶数（艘）	净载重量（吨）	船舶数（艘）	净载重量（吨）	船舶数（艘）	净载重吨（吨）
总计	96288	193012732	90515	114429577	5999	45664961	492	32918194
上海市	1386	24709578	517	360933	581	2604136	288	21744509
江苏省	29249	38985827	27777	24859169	1349	9364290	123	4762368
浙江省	12596	30800419	9689	4933157	2892	25243942	15	623320
安徽省	24490	48427714	23904	44551126	586	3876588		
江西省	2122	2543435	2803	2362646	37	180789		
山东省	8939	16973825	8530	8757026	345	2573802	64	5642997
河南省	4963	9805080	4963	9805080				
湖北省	2971	7277351	2779	5565912	192	1711439		
湖南省	3025	4300598	3008	4069030	15	86568	2	145000
重庆市	2289	7569741	2287	7546334	2	23407		
四川省	3466	1322171	3466	1322171				
贵州省	375	111189	375	111189				
云南省	167	159251	167	159251				
陕西省	250	26553	250	26553				

集装箱运输船舶运力情况 表9

省市	合计				其中：内河			
	船舶数（艘）	标准箱位（TEU）	净载重量（吨）	总功率（千瓦）	船舶数（艘）	标准箱位（TEU）	净载重量（吨）	总功率（千瓦）
总计	833	1310862	14272847	8811028	429	62603	1104488	280935
上海市	276	1113391	11268863	7795753	71	5767	92817	39200
江苏省	102	37197	571067	195967	31	3700	77309	21986
浙江省	192	60391	948005	406390	143	6304	170122	38822
安徽省	86	50451	706424	214431	30	6249	113160	28308
江西省	6	1154	18562	6170	4	730	12055	3498
山东省	9	3747	56745	24561				
湖北省	13	3783	62252	15433	10	2734	47653	10195
湖南省	26	6935	97781	25487	17	3306	48224	12090
重庆市	101	31259	484838	110124	101	31259	484838	110124
四川省	19	2512	56729	12948	19	2512	56729	12948
云南省	3	42	1581	3764	3	42	1581	3764

水路旅客运输量

表10

省市	客运量			旅客周转量		
	全年（万人）	为上年同期（%）	其中：内河	全年（万人公里）	为上年同期（%）	其中：内河
全国	27267	97.4		802202	100.8	
上海市	443	103.2	—	8697	109.5	—
江苏省	2083	87.4	2062	35819	105.9	19165
浙江省	4785	106.4	1342	69486	110.3	13576
安徽省	222	92.5	222	3039	77.7	3039
江西省	198	78.1	198	2751	82.0	2751
山东省	2014	98.5	505	143864	112.7	2466
河南省	306	92.8	306	6556	107.1	6556
湖北省	632	97.5	632	47583	100.4	47583
湖南省	1641	94.9	1641	34516	95.0	34516
重庆市	756	103.5	756	57294	102.6	57294
四川省	1930	96.9	1930	18182	95.5	18182
贵州省	1647	74.5	1647	49294	110.8	49294
云南省	1147	85.5	1147	22955	75.9	22955
陕西省	285	78.9	285	4998	80.6	4998
14省市合计	18089	94.4	12672	505035	99.2	282374

水路货物运输量

表11

省市	货运量			货物周转量		
	全年（万吨）	为上年同期（%）	其中：内河	全年（万吨公里）	为上年同期（%）	其中：内河
全国	747225	106.3		1039630352	105.0	
上海市	69981	104.6	2329	294286125	105.3	533329
江苏省	95541	103.3	64373	68412768	104.2	21208163
浙江省	106878	108.8	23381	100737050	107.7	3599623
安徽省	124982	108.8	115252	62246781	110.5	52585813
江西省	10331	90.0	9967	2553766	107.3	2078738
山东省	17758	98.9	3799	18955465	103.3	1532157
河南省	17236	121.0	17236	12123284	118.7	12123284
湖北省	39105	107.3	31526	29255507	102.7	21586185
湖南省	20090	95.2	19944	4215476	102.7	3406464
重庆市	20991	108.4	20991	24447754	109.6	24447754
四川省	6897	100.5	6897	3055534	113.1	3055534
贵州省	1029	61.6	1029	315867	70.1	315867
云南省	696	101.2	696	174375	100.6	174375
陕西省	196	111.3	196	5853	112.9	5853
14省市合计	531711	106.7	317616	620785605	106.3	146653139

港口货物吞吐量

表12

省市	总计		沿海港口		内河港口			
					总计		其中：长江干线港区	
	全年（万吨）	与去年同期（%）	全年（万吨）	与去年同期（%）	全年（万吨）	与去年同期（%）	全年（万吨）	与去年同期（%）
总计	835745	112.0	394354	106.5	441211	118.3	323743	110.9
上海市	71677	100.0	66351	98.3	5449	128.0		
江苏省	283113	116.5	31575	105.5	251247	118.0	209964	
浙江省	175045	111.1	135364	108.3	39669	122.1		
安徽省	55488	113.6			55488	113.6	44754	
江西省	15971	164.1			15971	164.1	11358	
山东省	166955	107.5	161064	108.9	5891	80		
河南省	1773				1773			
湖北省	30661	126.7			30661	126.7	27208	
湖南省	15337	109.3			15337	109.3	10810	
重庆市	17127	109.0			17127	109.0	17127	
四川省	1909	83.2			1909	83.2	1860	
贵州省	27				27			
云南省	662				662		662	

港口外贸货物吞吐量

表13

省市	总计		沿海港口		内河港口			
					总计		其中：长江干线港区	
	全年（万吨）	与去年同期（%）	全年（万吨）	与去年同期（%）	全年（万吨）	与去年同期（%）	全年（万吨）	与去年同期（%）
总计	239644	103.7	196813	104.8	42645	105.5	42425	
上海市	39664	100.2	39664	100.2				
江苏省	52527	106.9	14900	111.7	37362	106.2	37506	
浙江省	53654	102.7	53478	102.8	177	87.9		
安徽省	1591	95.2			1591	95.2	1540	
江西省	386	98.3			386	98.3	354	
山东省	88771	98.4	88771	107.1				
湖北省	1971	102.9			1971	102.9	1971	
湖南省	512	100.6			512	100.6	409	
重庆市	567	97.8			567	97.8	567	
四川省	79	104.5			79	104.5	79	

港口集装箱吞吐量 表14

省市	总　计		沿海港口		内河港口			
					总　计		其中：长江干线港区	
	全年（万TEU）	与去年同期（%）	全年（万TEU）	与去年同期（%）	全年（万TEU）	与去年同期（%）	全年（万TEU）	与去年同期（%）
总计	13073	105.3	10908	105.3	2166	105.4	1940	110.9
上海市	4331	103.1	4330	103.1	1			
江苏省	1877	105.0	505	101.9	1373	106.3	1325	
浙江省	3158	106.0	3063	105.7	95	117.5		
安徽省	179	119.9			179	119.9	136	
江西省	71	113.5			71	113.5	52	
山东省	3010	108.7	3010	108.7				
湖北省	209	111.0			209	111.0	206	
湖南省	69	100.5			69	100.5	51	
重庆市	125	107.2			125	107.2	125	
四川省	44	45.0			44	45.0	44	

港口分航线集装箱吞吐量 表15

省市	箱数（万TEU）		国际航线（万TEU）		内支线（万TEU）		国内航线（万TEU）	
	合计	重箱	合计	重箱	合计	重箱	合计	重箱
总计	13074	5161	4173	2591	1141	768	3353	1806
沿海合计	10908	3790	4072	2522	425	267	2081	1001
内河合计	2166	1371	101	69	722	501	1272	805
上海	4331							
其中：沿海	4330							
内河	1							
江苏	1877	1131	366	138	459	327	1052	666
其中：沿海	505	210	265	69	40	27	200	114
内河	1373	921	101	69	419	300	852	552
浙江	3158	1896	22723	1403	277	178	608	315
其中：沿海	3063	1841	2273	1403	242	159	548	279
内河	95	55			35	19	60	36
山东	3010	1739	1534	1050	143	81	1333	608
其中：沿海	3010	1739	1534	1050	143	81	1333	608
安徽	179	94			71	39	109	55
江西	71	48			32	19	39	29
湖北	209	160			112	86	96	77
湖南	69							
重庆	125	93			47	38	78	56
四川	44				6		38	

内河港口主要货类吞吐量

表16

省市	煤炭及制品	石油、天然气及制品	金属矿石	钢铁	矿建材料	粮食	滚装汽车
合计	92197	13679.7	67043	20430	131197	8981	2075
上海市	6	16.1	7	606	3338	98	
江苏省	62295	9641.7	47219	9746	67180	6200	53
浙江省	2981	460.9	51	3419	21203	207	
安徽省	8135	496.2	6273	2305	20472	505	13
江西省	4069	487.9	849	838	3652	278	
山东省	4162	42.6	33	25	1422	5	
河南省	391		29			248	
湖北省	2949	867.0	4853	1919	8153	396	1088
湖南省	4786	1151.7	5136	725	1032	520	24
重庆市	2128	839.9	1654	830.6	4384	495	898
四川省	258	75.8	110	17	250	28	
贵州省	27						
云南省	12		258	1	112		

注：单位为万吨。

沿海港口货物吞吐量（分港口）

表17

港口	货物吞吐量		其中：外贸货物吞吐量		集装箱吞吐量	
	全年（万吨）	比上年增长（%）	全年（万吨）	比上年增长（%）	全年（万TEU）	比上年增长（%）
上海（不含内河）	66351	−1.7	39664	0.2	4330	3.1
连云港	23456	4.1	12904	9.1	478	0.7
盐城	8119	10.0	1992	32.2	26	27.2
嘉兴	10913	12.6	1338	7.7	187	8.3
宁波舟山港	112009	7.9	51283	3.4	2753	4.5
宁波港域	58412	2.6	35248	2.8	2617	4.3
舟山港域	53596	14.3	16043	4.7	137	8.7
台州	4901	16.9	531	−10.8	43	79.1
温州	7541	3.3	327	−42.1	80	19.1
滨州	3505					
东营	5677		548			
潍坊	5408		371		45	
烟台	38632	15.8	14176	16.2	310	3.4
威海	3730	15.8	1333	4.2	103	9.0
青岛	57736	6.6	41993	107.5	2101	8.8
日照	46377	6.0	30349	2.8	450	12.1

长江干线港口货物吞吐量（分港口） 表18

港口	货物吞吐量		其中：外贸货物吞吐量		集装箱吞吐量	
	万吨	比上年增长（%）	万吨	比上年增长（%）	万TEU	比上年增长（%）
苏州港	52274	-1.7	14653	5.6	626	1.4
其中：张家港港区	23614	1.1	5971	9.5	88	-14.1
太仓港区	21586	-5.6	7480	4.7	515	1.6
常熟港区	7076	1.5	1202	-3.5	23	-11.05
南通港	33620	26.4	5006	-17.5	154	68.5
镇江港	32917	108.7	4300	18.7	42	4.8
泰州港	28243	10.7	2780	26.9	35	-1.5
南京港	25689	4.6	3312	7.6	331	3.1
江阴港	22393	16.1	5217	18.2	54	-6.0
重庆港	17127	9	567	2.2	125	7.2
芜湖港	12778	24.4	318	0.4	101	25.3
九江港	11358	62.4	354	13.5	52	20.5
武汉新港	11275		1225		170	
其中：武汉港	9166	20.2	1225	-4.1	170	10.9
嘉鱼港	884					
鄂州港	799					
黄州港	426					
岳阳港	10810	4.9	409	4.9	51	0.4
马鞍山港	10093	-2.5	1089	-8.9	15	-15.3
池州港	9751	45	49	14.1	2	5.8
铜陵港	9621	2.4	35	11.6	3	22.8
扬州港	9475	-18.1	1039	10.2	51	1.7
宜昌港	7971	24.7	74	4.2	18	15.4
常州港	5353	10.1	1200	26.3	32	2.6
黄石港	4509	39.3	628	21.6	8	53.5
荆州港	3452	34.6	44	-15.4	12	-9.7
安庆港	2511	-10.6	48	16.2	15	30.9
泸州港	951	-13.8	55	21.8	21	-62.6
宜宾港	909	-19.3	25	-20.8	22	-44.3
水富港					1	150.0

注：数据来源于交通运输部网站。

内河重点港口吞吐量（分港口） 表19

省 市	港 口	货物吞吐量		集装箱吞吐量	
		万吨	比上年增长（%）	万TEU	比上年增长（%）
上海市	上海内河	5326	28.0	1	
江苏省	徐州	4011	33.8	4	144.6
	无锡	6353	10.4	5	14.9
	宿迁	1511	101.6	9	79.1
	淮安	7809	37.9	24	71.0
	扬州内河	598	-54.9		
	镇江内河	1096	45.2		
	苏州内河	9763		5	
	常州内河	2246			
浙江省	杭州	13881	27.4	8	23.7
	嘉兴内河	11428	17.4	27	33.6
	湖州	11621	20.8	53	9.9
	宁波内河	117			
	绍兴	2265		7	
	金华	71			
	青田	238			
安徽省	阜阳	704	158.1		
	合肥	5292	10.6	39	21.9
	六安	269			
	滁州	1448	-7.4		
	淮南	832	105.8		
	蚌埠	1626		1	
	亳州	97	47.3		
江西省	南昌	3827	69.4	19	-2.2
山东省	济宁	4671			
	枣庄	1167			
湖北省	襄阳	12			
	潜江	56			
	汉川	59			
湖南省	长沙	1263	39.7	17	0.8
	湘潭	920	44.8		
	株洲	76	-37.5		
	沅陵	8			
	常德	117		2	
四川省	乐山	42	-27.9		
云南省	昭通	669	-4	1	150

附录2

长江干线（宜宾至长江口）航道维护尺度标准表

<table>
<tr><th colspan="2">起止区段及里程</th><th>航道尺度
（深×宽×弯曲半径，单位：m）</th><th>航道维护水深年保证率</th></tr>
<tr><td colspan="2">宜宾合江门—重庆羊角滩
（长江上游航道里程1044.0～660.0公里，384公里）</td><td>2.9×50×560</td><td rowspan="12">≥98%</td></tr>
<tr><td colspan="2">重庆羊角滩—涪陵李渡长江大桥
（长江上游航道里程660.0～547.6公里，112.4公里）</td><td>3.5×100×800</td></tr>
<tr><td colspan="2">涪陵李渡长江大桥—宜昌中水门
（长江上游航道里程547.6～3.5公里，544.1公里）</td><td>4.5×150×1000</td></tr>
<tr><td rowspan="4">其中</td><td>三峡船闸航道</td><td>4.5×180×1000</td></tr>
<tr><td>三峡升船机航道</td><td>3.5×80×600</td></tr>
<tr><td>葛洲坝三江航道</td><td>4.0×110×1000</td></tr>
<tr><td>葛洲坝大江航道</td><td>4.5×140×1000</td></tr>
<tr><td colspan="2">宜昌中水门—宜昌下临江坪
（长江上游航道里程3.5～长江中游航道里程615.0公里，14.5公里）</td><td>4.5×100×750</td></tr>
<tr><td colspan="2">宜昌下临江坪—枝江昌门溪
（长江中游航道里程615.0～543.0公里，72公里）</td><td>3.5×100×750</td></tr>
<tr><td colspan="2">枝江昌门溪—荆州港四码头
（长江中游航道里程543.0～478.0公里，65公里）</td><td>3.5×150×1000</td></tr>
<tr><td colspan="2">荆州港四码头—岳阳城陵矶
（长江中游航道里程478.0～230.0公里，248公里）</td><td>3.8×150×1000</td></tr>
<tr><td colspan="2">岳阳城陵矶—武汉长江大桥
（长江中游航道里程230.0～2.5公里，227.5公里）</td><td>4.2×150×1000</td><td>试运行，不计保证率</td></tr>
<tr><td colspan="2">武汉长江大桥—黄石上巢湖
（长江中游航道里程2.5～长江下游航道里程844.0公里，201.7公里）</td><td>4.5×200×1050</td><td>≥98%</td></tr>
<tr><td colspan="2">黄石上巢湖—安庆吉阳矶
（下游航道里程844.0～669.0公里，175公里）</td><td>5.0×200×1050</td><td>试运行，不计保证率</td></tr>
<tr><td colspan="2">安庆吉阳矶—芜湖高安圩
（长江下游航道里程669.0～475.0公里，194公里）</td><td>6.0×200×1050</td><td>≥98%</td></tr>
</table>

续上表

起止区段及里程			航道尺度 （深×宽×弯曲半径，单位：m）	航道维护水深年保证率
其中	安庆南水道	黄湓闸以上	2.5×100×1050	试运行，不计保证率
		黄湓闸以下	4.5×100×1050	
	成德洲东港（铜陵东港）		4.5×150×1050	≥98%
芜湖高安圩—芜湖长江大桥 （长江下游航道里程475.0～438.0公里，37公里）			7.5×500×1050	试运行，不计保证率
芜湖长江大桥—南京燕子矶 （长江下游航道里程438.0～337.0公里，101公里）			9.0×500×1050	≥98%
其中	裕溪口水道		3.0×100×1050	试运行，不计保证率
	太平府水道	姑溪河口以上	3.0×100×1050	≥95%
		姑溪河口以下	3.5×150×1050	
	乌江水道		4.5×200×1050	
南京燕子矶—南京新生圩 （长江下游航道里程337.0～331.4公里，5.6公里）			10.5×500×1050	≥98%
其中	宝塔水道		4.5×100×1050	
南京新生圩—江阴长江大桥 （长江下游航道里程331.4～153.6公里，177.8公里）			10.5×500×1050	竣工交付前
			12.5×500×1050	竣工交付后
其中	仪征捷水道		4.5×150×1050	≥98%
	太平州捷水道		3.5×100	
江阴长江大桥—南通天生港 （长江下游航道里程153.6～104.4公里，49.2公里）			10.5×500×1050	竣工交付前
			12.5×500×1050 （理论最低潮面下）	竣工交付后
其中	福姜沙南水道		10.5×200×1050	≥98%
南通天生港—太仓浏河口 （长江下游航道里程104.4～25.4公里，79公里）			12.5×500×1500 （理论最低潮面下）	
其中	白茆沙北水道		4.5×150×1050	≥95%
	北支水道	北支口—灵甸港	维护自然水深	试运行，不计保证率
		灵甸港—启东引水闸	2.5×100	
		启东引水闸—三条港	3.0×100	
		三条港—五仓港	4.0×100	
		五仓港—戤滧港	5.0×100	
		戤滧港—连兴港	6.0×100	

续上表

起止区段及里程		航道尺度（深×宽×弯曲半径，单位：m）	航道维护水深年保证率
太仓浏河口—长江口（长江下游航道里程25.4～长江口灯船，125.2公里）		12.5×（350～460）×（W1：1500、W2：3000、W3：6500、W4：4500、Y3：2000）（理论最低潮面下）	≥95%
其中	长江口南槽航道	5.5×250	≥90%

注：（1）枝江昌门溪～荆州四码头，条件受限河段航宽不小于100米；安庆吉阳矶～芜湖高安圩，条件受限河段航宽不小于150米；芜湖高安圩～太仓荡茜闸，条件受限河段航宽不小于200米；南京新生圩～南通天生港，优良河段通航宽度为500米，受限河段单向航道通航宽度为230～260米，双向航道为350～500米，其中福姜沙中水道最小航宽260米；福姜沙北水道最小航宽260米；鳗鱼沙河段左、右汊最小航宽230米；落成洲左汊最小航宽350米（其中92号～94号红、黑浮航段最小航宽450米）；和畅洲右汊最小航宽250米；世业洲右汊最小航宽为500米。

（2）2018年5月8日零时起，长江南京以下12.5米深水航道二期工程（南京新生圩～南通天生港段）开通试运行，维护主体为长江南京以下深水航道建设工程指挥部；长江南京以下12.5米深水航道二期工程竣工交付后，维护主体为长江航道局。

（3）江阴以下为理论最低潮面下水深。

附录 3

2019年长江航运大事记

一月

16日　“长航江瑞”轮安全靠泊南京港江盛汽车滚装码头，长江最大汽车滚装码头开港。

28日　交通运输部副部长何建中视察南京长江大桥封闭维修期间水上交通安全工作。

30日　国家发改委基础产业司副司长周小棋一行到长航局就长江航运发展情况开展调研。

二月

13日　长航局与镇江市人民政府在武汉签署战略合作协议。

25日　长江港航物流联盟人才专业委员会正式成立，武汉交通职业学院为主任委员单位。

三月

1日　《长江上游界石盘至成贵高铁宜宾金沙江大桥段船舶分道航行规则（试行）》正式实施，长江干线四川段225.6公里水域来往船舶将实行分道航行。

8日　安徽省蚌埠港二类水运口岸通过省政府联合验收。

15日　贵州省乌江沙沱升船机顺利完成1.8米吃水500吨级标船过闸试验。

19日　长航局综合执法示范基地启动仪式在武汉海事局港区海事处举行。

26日　长江重庆航道局操控无人机在三峡库区瞿塘峡航段超视距自主巡航并同步图传，首次实现长江航道无人机巡航。

27日　南京航道局通过“微服务”平台发布安庆钱江嘴至九江上巢湖段海轮推荐航线，首次以“航道图+航线”的形式发布推荐航线及提示。

29日　交通运输部、水利部长江河道采砂管理合作机制领导小组（扩大）会议在武汉召开。

四月

10日　由江苏大津重工有限公司建造的目前全球最大、设备最先进、设施最豪华的特种引航船“沪港引6”顺利完工。

16日　长江首个水上绿色航运综合服务区在三峡坝区沙湾水域启动运行。

18日　全国内河首家专业化岸电运营服务公司“宜昌长江三峡岸电运营服务有限公司”揭牌。

22日　国家推进“一带一路”建设工作领导小组办公室发表《共建“一带一路”倡议：进展、贡献与展望》报告，宁波港口指数（NPI）作为“一带一路”港口合作标志性成果名列其中。

27日　武汉海事局牛百龙同志获评2018年感动交通“年度特别致敬人物”。

五月

1日　长江最大的水上绿色综合服务区“长江汇兴隆洲水上绿色综合服务区”投入运行。

8日　长航局发布《关于LNG动力船试运行通过三峡船闸有关事项的通告》，明确自2019年6月1日起，LNG动力船试运行通过三峡船闸。

13日　长航局与湖北省高级人民法院、长江水利委签订《关于加强行政执法与司法审判协调联动共同推进长江生态环境保护的若干意见》。

15日　“十三五”国家重点出版物出版规划项目——《长江航务管理理论与实践》出版。

20日　由南通中远海运川崎船舶工程有限公司建造的2万标箱集装箱船“COSCO SHIPPING AQUARIUS”（中远海运宝瓶座）轮从南通港离泊下行出长江口试航。该轮是长江通航史上尺度最大的集装箱船舶，也是目前世界上尺度最长的船舶之一。

29日　上海航交所和上海期货交易所联合主办“上海衍生品市场论坛（SDMF）航运论坛”，从推动期货与现货行业的深度融合，更好为航运业服务的角度出发，搭建了一个衍生品与航运领域良性互动的平台。

30日　长江首艘通过CCS系统认证的纯电动推进航道维护专业船舶“长江航道电001”在武昌船舶重工集团有限公司武昌基地下水。

六月

27日　江西省制定出台《江西省港口资源整合工作方案》《江西省港口资源整合工作实施细则》，确立了港口资源整合主体，组建江西省港口集团。

28日　长航局印发《防治船舶污染长江水域环境“十项严格”措施》，明确了长江船舶污染治理各主要方面的责任、各关键环节的措施。

长江航道局数字航道指挥主中心实现宜宾、泸州、重庆、宜昌、武汉、南京6个数字航道分中心的与主中心同步，标志着长江干线数字航道全线正式联通，全面试运行。

七月

1~3日　交通运输部党组书记杨传堂到湖北省武汉市、宜昌市就长航系统改革发展等情况开展调研和座谈。

10日　交通运输部印发《关于推进长江航运高质量发展的意见》，提出长江航运绿色发展、顺畅发展、创新发展、安全发展、健康发展5个方面20项重点任务。

11日　武汉联合港口有限公司（花山港）获得湖北省首张港口设施保安证书。

16日　长航局在镇江组织召开2019年安委会第三次会议暨船舶污染防治现场推进会，调研和推广江苏船舶污染防治“一零两全四免费”新模式。

29日　全国内河航运高质量发展现场推进会在江苏省苏州市召开。

31日　宜昌首艘万吨级货船“亲河1068”轮在枝江江口水域华瑞船厂码头顺利下水。“亲河1068”万吨级货船由宜昌亲河船务有限公司建造，该船全长130米、型宽16.2米、型深7.8米、设计载重吨11500吨，运营航线为宜宾至上海。

八月

2日　由湖北省政府、中国驻大阪总领事馆共同举办的日本关西地区“对话湖北”活动在武汉开幕，由湖北省交通运输厅承办的“江海联运”物流专场推介会亮相活动现场。

16日　长航局与中国移动通信集团湖北有限公司举行战略合作协议签约仪式。

22日　长江全线首套智能北斗船舶生活污水接收装置在南通如皋建成并投入使用，进一步提升了绿色航运发展的信息化水平。

23日　汉江碾盘山至汉川段375km汉江电子航道图APP通过验收，并成功发布到长江航道图APP上，“纵览长江通汉江”“两江一图”的服务模式正式开启。

九月

9日　“长江绿动 走进黄金水道”主题采访活动在武汉启动，活动由交通运输部统一组织，长航局承办。20余家中央、地方、行业主流新闻媒体和知名网络自媒体沿长江，到重庆、宜昌、武汉、南京、镇江等地采访报道，讲述黄金水道造福流域百姓精彩故事，展示绿色航运发展新气象。

30日　长江数字航道实现全面联通运行目标。

十月

1日　长航局在全系统开展庆祝中华人民共和国成立70周年活动，以“我和我的祖国·爱国情耀长江”为主题，策划开展主题宣传教育，广泛宣传长江航运70年发展成就。

18日　长江航运公安局成建制调整由公安部管理。

19日　湖南省水运事务中心正式挂牌成立。

十一月

5日　由中国水运报社联合中国港口协会长江港口分会、中国船东协会长江分会、舟山市港航和口岸管理局共同组织开展的“通江达海千里行”行进式全媒体采访活动在重庆启动。

7日　长航局和泰州市人民政府在武汉签署战略合作协议。

15日　交通运输部与重庆市人民政府在重庆涪陵水域联合举办“2019年长江干线水上联合搜救演习”，交通运输部搜救中心、长航局、重庆市交通局、涪陵区人民政府共同承办。

20日　长江沿岸中心城市地方水运协调委员会第三十三次会议在重庆召开，本次会议主题为“协调共赢 加快推动长江经济带高质量发展”。

26日　太仓港靠泊了开港以来最大集装箱船“达飞波特兰轮”。该船长286.26米、船宽32.2米、吃水9.5米，总吨51364吨，经过五台桥吊机15个小时吊装，在装载2636个标准箱后，于27日上午驶离太仓港，前往南美洲厄瓜多尔瓜亚基尔港，该船是目前在长江营运的最大吨级集装箱船。

28日　国内首创船舶污染物协同治理信息系统在宜昌上线。

武汉—日本国际集装箱江海直航航线在武汉阳逻港开通，该航线是武汉首条集装箱国际直航航线。航线开通后，由武汉出口日本关西地区货物运输时间缩短3天。

“2019上海航运交易论坛”召开，上海航交所发布全球集装箱班轮准班率指数和沿海散货运价指数挂钩合同范本。

十二月

5日　南京海事局“24小时海事政务自助服务区”启用，成为全国海事系统首个为社会公众提供全天候、全方位、智能化的海事综合一窗办事服务区。

12日　葛洲坝船闸通过量突破1.5亿吨，再创历史新高。

24日　镇江港航谏壁船闸运行中心单闸开放套闸43次、通闸2次，放行单船630条、船队9拖，船舶通过量近60万吨，再创内河船闸单闸单日船舶通过量最高纪录。

27日　长江三峡水利枢纽升船机工程通过通航暨竣工验收。

重庆市港航海事事务中心正式挂牌成立。

31日　长航局全面完成长江干线北斗卫星地基增强系统主体工程建设，局系统820艘公务船、3230座航标均安装了北斗终端并投入使用，长航局系统公务船实现了北斗应用全覆盖。